„Keiner kann anders, als er ist:
Deshalb müssen wir freier werden."

Psychotherapiewissenschaft
in Forschung, Profession und Kultur

Schriftenreihe der
Sigmund-Freud-Privatuniversität Wien

Herausgegeben von Bernd Rieken

Band 13

Die Sigmund-Freud-Privatuniversität in Wien ist die erste akademische Lehrstätte, an der die Ausbildung zum Psychotherapeuten integraler Bestandteil eines eigenen wissenschaftlichen Studiums ist. Durch das Studium der Psychotherapiewissenschaft (PTW) wird dem Umstand Rechnung getragen, dass Psychotherapie eine hoch professionelle Tätigkeit ist, die – wie andere hoch professionelle Tätigkeiten auch – neben einer praktischen Ausbildung eines eigenen akademischen Studiums bedarf. Das hat zur Konsequenz, dass die wissenschaftliche Beschäftigung mit ihr nicht mehr ausschließlich den Nachbardisziplinen Psychiatrie und Klinische Psychologie mit ihrer nomologischen Orientierung obliegt, sodass die PTW als eigene Disziplin an Konturen gewinnen kann.

Vor diesem Hintergrund wird die Titelwahl der wissenschaftlichen Reihe transparent: Es soll nicht nur die Kluft, welche zwischen Psychotherapieforschung und Profession besteht, verringert, sondern auch dem Umstand Rechnung getragen werden, dass man der Komplexität des Gegenstands am ehesten dann gerecht wird, wenn neben den üblichen Zugängen der Human- und Naturwissenschaften auch Methoden und/oder Fragestellungen aus dem Bereich der Kultur-, Sozial- und Geisteswissenschaften Berücksichtigung finden.

Katharina Ohana

„Keiner kann anders, als er ist: Deshalb müssen wir freier werden."

Willensfreiheit zwischen Wiederholungszwang und neurobiologischem Determinismus

Waxmann 2016
Münster • New York

Diese Arbeit wurde 2015 von der Sigmund-Freud-Privatuniversität Wien als Dissertation im Fach Psychotherapiewissenschaft angenommen.

Bibliografische Informationen der Deutschen Nationalbibliothek
Die Deutsche Nationalbibliothek verzeichnet diese Publikation in der Deutschen Nationalbibliografie; detaillierte bibliografische Daten sind im Internet über http://dnb.d-nb.de abrufbar.

Psychotherapiewissenschaft in Forschung, Profession und Kultur, Band 13

ISSN 2192–2233
Print-ISBN 978–3-8309-3364-9
E-Book-ISBN 978–8309-8364-4

© Waxmann Verlag GmbH, 2016
Steinfurter Straße 555, 48159 Münster

www.waxmann.com
info@waxmann.com

Umschlaggestaltung: Anne Breitenbach, Münster
Titelbild: © adimas – Fotolia.com
Satz: Sven Solterbeck, Münster

Gedruckt auf alterungsbeständigem Papier,
säurefrei gemäß ISO 9706

Printed in Germany

Für Inge Langen
als Dank für die korrigierende Erfahrung
zur Erweiterung meiner Freiheit

Inhalt

Das Wirkungsquant

Ein Wirkungsquant fliegt durch das Dorf,
es sucht das Hirn des Herrn von Korf.

Es findet dort in dem Gewühl
Ein ganz bestimmtes Molekül.

Von Korf ist grad in schwerer Not:
„Eß' Wurst ich oder Käsebrot?"

Das Quant, das wirft sich in die Brust:
„Du glaubst du willst! Allein: Du musst!

Nie kannst die Freiheit du erringen.
Doch ich bin frei und kann dich zwingen!"

Elektron „9" sprach: „Spring' mich doch!"
Das Quant: „Ich überleg's mir noch."

Dann hat durch es Elektron „8"
'nen akausalen Sprung gemacht.

Von Korf nahm daraufhin spontan
die Wurst und fing zu essen an

und nahm die Sache ganz im Stillen
dann als Beweis für freien Willen.

Dem Quant hat das den Rest gegeben:
Freiwillig schied es aus dem Leben.

(Bernhard Hassenstein: „*Willensfreiheit und Verantwortlichkeit. Naturwissenschaftliche und juristische Aspekte.*", in: „*Freiburger Vorlesungen zur Biologie des Menschen.*", Heidelberg, 1979: 204. Mit freundlicher Genehmigung des Verlags Quelle & Meyer.)

1 Einführung

Willensfreiheit und das Leib-Seele-Problem

Der Stachel der modernen Hirnforschung sitzt tief im Glauben an unsere Selbstbestimmung und Willensfreiheit. Ihre Existenz wird heute mit den modernen Mitteln der Vermessung neuronaler Vorgänge in Frage gestellt. Seit dem berühmten Libet-Experiment (s. u.) versucht die Philosophie ihn mit ihrer Pinzette der Wissenschaftstheorie aus unserem Selbstverständnis wieder herauszuziehen. Ihre Argumente gegen die Behauptung der Hirnforschung, dass das Mentale *nur* das Epiphenomen des Neuronalen sei – und wir somit keinen freien Willen besitzen – sind hauptsächlich folgende:

1. Reduzierung des Organismus auf das Reizmodell von Reflex und Reaktion (Willensdefinition auf der Grundlage eines reduktionistischen, mechanistischen Menschenbildes)
2. Strukturierung experimenteller Befunde durch die Situation des Experimentes (Konstruktivistischer Einwand gegen positivistische Methoden bei der Willensbeschreibung)
3. Vernachlässigung von Langzeituntersuchungen und Entwicklungen (Verleugnung der lebensweltlichen Relevanz bei der Entwicklung von Willensbildung)
4. Naiver Realismus einer rein empirischen Verifikation und Falsifikation (unangemessene und einschränkende wissenschaftstheoretische Grundlage zur Definition von Willensfreiheit)
5. Die Lebenswelt dient als Erklärungsebene für den Befund ihrer Leugnung (performativer Widerspruch wertender Hirnforscher)
6. Unreflektierter und unbegründeter Status der Naturwissenschaft und ihrer Methoden als Leitwissenschaft (Paradigmen-Leugnung)

Diese Einwände beinhalten den grundsätzlichen Widerspruch zwischen der Gruppe von Hirnforschern, die die Willensfreiheit ablehnen, und der Gruppe von Philosophen, Psychotherapiewissenschaftlern und neuerdings auch einigen wenigen Neurowissenschaftlern, die für die (mögliche) Selbstbestimmung und Eigenverantwortung des Menschen eintreten[1]. Dahinter steht der langwierige wissenschaftstheoretische Streit zwischen den Natur- und Geisteswissenschaften um die prinzipielle Gültigkeit ihrer Forschungsergebnisse und Methoden. Er hat im cartesianischen Leib-Seele-Problem bzw. Körper-Geist- Substanzdualismus seinen modernen Ursprung und findet seine wissenschaftstheoretische Auflösung bereits in den Ausführungen von

---

1 Im deutschsprachigen Raum befinden sich auf der Seite der prinzipiellen Gegner der Willensfreiheit unter den öffentlichkeitswirksamen Hirnforschern vor allem Gerhard Roth, Wolf Singer und Wolfgang Prinz. Auf der anderen Seite der medialen Diskussion stehen, als Vertreter einer menschenmöglichen Selbstbestimmung, vor allem Thomas Fuchs, Gerald Hüther und Manfred Spitzer.

Thomas Kuhn und Michel Foucault (vgl. Kuhn, 1976/1962; Foucault, 1971, 1973)[2]. Doch die Reflexion der eigenen Erkenntnisvoraussetzungen findet bei vielen Wissenschaftlern erst heute einen allmählichen Eingang in das Verständnis ihrer eigenen Forschung und Wissensproduktion: Die postmodern-relativierenden, sozialhistorischen und machtpolitischen Hintergründe des positivistischen Ideals kränken nach wie vor das Selbstverständnis vieler Forscher – besonders wenn es um das empfindliche Thema unserer geistigen Fähigkeiten und unserer Selbstbestimmung geht.

Mit der Aussage Descartes' *„Ich denke, also bin ich"* manifestierte im 17. Jahrhundert der Geist bzw. das menschliche Bewusstsein seinen modernen, privilegierten Zugang zur Welt. Als eine scheinbar sichere Grundlage des Wissens grenzt dieses erhabene Selbstverständnis seine banalen physischen Eigenschaften aus. Das gilt auch für die eigenen Handlungsmotive und ihre Steuerbarkeit.

Für Descartes war die Unsterblichkeit der gottgegebenen Seele in Form von Vernunft eine Reaktion auf den religiösen Dogmatismus und den 30-jährigen Krieg[3]. Vernunft und Verstand, als Motive der Rationalitäts-Gläubigkeit, spiegeln dagegen

---

2   Auch andere Denkmodelle können mit den Regeln der klassischen, kausal-analytischen Wissenschaftstheorie schon länger nicht mehr schlüssig dargestellt werden (z. B. die Quantenphysik oder Chaostheorie).

3   An dieser Stelle wird auch deutlich, dass jede Wissenschaft ursprünglich der Theologie und ihrem einheitswissenschaftlichen Bestreben entstammt. Viele Naturwissenschaftler scheinen aber hinter diesen (ersten postmodernen) epistemologischen Grundsatz Nietzsches heute noch zurückzufallen: Gott ist tot. Doch unser Glaube an die Wissenschaft ruht immer noch auf diesem *„metaphysischen Glauben",* der sein *„Feuer noch vom Brande nehme, den ein Jahrtausend alter Glaube entzündet hat, jener Christen-Glaube, der auch der Glaube Platos war, dass Gott die Wahrheit ist, dass die Wahrheit göttlich ist."* (Nietzsche, 1988/1887: 577) Die Unsterblichkeit des göttlichen Geistes in uns hat bei Descartes (neben den gesellschaftlichen Lebenswelt-Umständen) auch noch einen persönlichen, traumatischen Ursprung, der auf den Tod seiner fünfjährigen Tochter 1640 zurückzuführen ist. Descartes empfand ihren Tod als großen Schmerz und schrieb an seinen Freund Huygens: Der Mensch sei geboren *„für viel größere Freuden und ein viel größeres Glück, als wir sie auf dieser Erde erleben können. Wir werden die Toten dereinst wiederfinden, und zwar mit der Erinnerung an das Vergangene, denn in uns befindet sich ein intellektuelles Gedächtnis, das ganz zweifellos unabhängig von unserem Körper ist".* (Stein, 2005: 127/214). Schon hier am Beginn der Aufklärung wird klar, dass die Gefühle der große Stolperstein des cartesianischen Dualismus sind. Sie sind etwas körperlich Empfundenes, das trotzdem auch der unsterblichen Seele zuzuordnen sein muss, wenn der Mensch in seiner spezifischen Individualität sich im Jenseits wiederfinden will. Die Unmöglichkeit Gefühle im Leib-Seele-Dualismus einer Seite zuweisen zu können, reicht bis in die heutige Neurologie hinein. Burtons *Anatomie der Melancholie* von 1621 gilt dabei als erster Versuch, einem Gefühl bzw. Geisteszustand eine materielle Zuordnung zu erteilen, und ist programmatisch für die Zuordnungsproblematik des Dualismus – von der beginnenden Aufklärung bis heute.

in der modernen Naturwissenschaft vor allem den „Willen zur Macht" des transzendentalen Geistes wider – und eine große Sehnsucht nach Sicherheit, Ordnung und greifbarer Identität: Ein leibloser Geist re-produziert die Welt und misst sie an den Regeln der Physik (als scheinbar höchster Form der falsifizierbaren Allgemeingültigkeit – vgl. Grünbaum, 1988, 2006).

Dieser modernen Hoffnung auf Minimierung von Selbsttäuschung durch die Macht der Rationalität gelang es, das Unbewusste *„als Aberglaube des Jahrhunderts"* (Mertens, 2007: 134) aus dem heiligen Tempel der Wissenschaft zu verweisen. Das Ringen um Selbstsicherheit und Selbst-Wirksamkeit des bewussten Geistes (entgegen unbewusster Abwehrvorgänge, irrationalem Verhalten und anderen unwürdigen lebensweltlichen Phänomenen im Wissenschaftsbetrieb), führte zu einer selbstherrlichen methodologischen Wertung – und zu normativen Ansprüchen bei der Wahrheitsproduktion.

Die Herauslösung des Phänomens aus seinem Kontext im Rahmen des Experimentes soll das Lebendige durch Logik beherrschbar machen und das Bedürfnis nach Eindeutigkeit befriedigen. Durch das Zeitalter des Empirismus, bis in die Neurologie und experimentelle Psychologie unserer Tage, kann man dieses (primärnarzisstischen) Mangels an Selbstreflexion und seinen Machtansprüchen gewahr werden: Der (psychisch) kranke Mensch wird in der Moderne zum kranken Körper – ohne Lebenswelt. Er wird dem Regime der physikalischen Gesetze unterworfen, um die Macht der Wissenschaft zu manifestieren.

Gerade auf dem weiten Feld der psychischen Phänomene wird der naive, widersprüchliche Standpunkt eines selbstbestimmenden und selbsterkennenden Geistes, der seine Existenz gleichzeitig leugnet, besonders deutlich. So meidet die positivistische Beweissicherung in der experimentellen Psychologie und in weiten Teilen der Neurologie den Entdeckungs- und Geltungszusammenhang der Lebenswelt (vgl. Feyerabend, 1975; Fuchs, 2013: 26 ff.). Ihre letzthin völlige Absage an unsere Willensfreiheit ist nur das Negativ zu diesem *„kortikozentristischen"* (Solms/Panksepp, 2012: 147) Menschen- und Selbstverständnis. Die daraus hervorgehende empiristisch-experimentelle Wahrheitsgläubigkeit kann zwischen hinreichenden und notwendigen Bedingungen nicht unterscheiden: Das würde wohl dem eigenen überhöhten Selbstverständnis eine zu große Kränkung zufügen und den Lebenssinn gerade bedeutender Forscher in Frage stellen. Doch die in der wirklichen Welt zunehmend offensichtliche Wirkungslosigkeit bzw. mangelnde Nachhaltigkeit ihrer Heilverfahren setzt die Herren (und wenige Damen) Neurowissenschaftler/innen langsam unter Druck. Freuds Lehrer (und weltweit erster Professor der Neurologie) Jean-Martin Charcot hat an der Pariser Sâlpetrière das Problem wie folgt auf den Punkt gebracht: *„Die Theorie ist schön und gut, aber das verhindert nicht die Realität."* (Freud, 1893: 24)

Die Negierung jeder Freiheit des menschlichen Willens basiert dementsprechend und zumeist unbewusst auf einem mechanistischen, reduktionistischen Menschenbild als Grundlage dieses universalen Wissenschaftsverständnisses. Die Physik, als einzig akzeptierte Realität, verweist die Wirklichkeit der Lebenswelt auf den Rang einer virtuellen Ausgeburt unserer physikalischen Gehirne; Bewusstsein und Selbstwahrnehmung werden so zu Epiphänomenen der neuronalen Prozesse (vgl. Singer, 2002; Roth, 2004b).

Vertreter dieser Form der Wissenschaftlichkeit befinden sich aber grundsätzlich in einem performativen Widerspruch: Sie sprechen dem Menschen die Willensfreiheit ab, mit einem Wissenschaftssystem, dem ihr eigener „freier Wille zur Erkenntnis" zugrunde liegt, der ihrer eigenen soziokulturellen Lebenswelt entsprungen ist (genauso wie das Gefühl der Freiheit selbst). So widerspricht schon der Wille zu forschen – als „Wille zur Wahrheit" – dem eigenen universal-deterministischen Denkmodell der meisten Neurowissenschaftlern. Genau deshalb bzw. trotzdem versucht die Neurologie den vielfältigen Phänomenen, die mit dem Begriff der Freiheit bezeichnet werden, ihre zweckrationale und instrumentelle Definition aufzuzwingen: Hirnforscher begreifen Freiheit als Täuschung, die ihnen selbst (als getäuschte Hirnforscher) vortäuscht, die Täuschung zu durchschauen.

Hirnforscher *werten* Freiheit also als Täuschung. Sie stufen Freiheit als ein *nur* beschriebenes Gefühl (Phänomen) und *nur* der Lebenswelt entsprungen herab. Damit einhergehend wird unsere Lebenswelt als ein *nur* historischer, politisch-sozial gewachsener Hintergrund herabgestuft – zugunsten eines Einheitswissenschafts-Universalismus, ohne Selbstreflexion und Weiterentwicklung. Der ontologische Status der Welt tritt hinter den des erkennenden Geists zurück; die Lebenswirklichkeit wird zum Placebo-Effekt biophysikalischer Wahrheitsansprüche.

Damit einher geht auch die implizite Annahme vom Naturwissenschaftler als transzendentalem Subjekt, mit einer a priori Erkenntnisgarantie seiner physikalischen, linear-kausalen, quantitativen Methoden, ausgerichtet am klassischen Physikmythos. Dieser einseitige Objektivitätsanspruch einer rein empirischen Forschungspraxis (auf der Grundlage eines Reiz-Reaktions-Modells eines körperlosen, umweltlosen Hirns), beruht auf einem willkürlich gewählten, quantifizierbaren Ausschnitt der Wirklichkeit. Dieser Ansatz führt zwangsläufig zu einer Entsubjektivierung des Menschen, zu einem normierten, informationsverarbeitenden Maschinenmodell – ohne dass diese Wertung als solche ausgewiesen oder begründet würde.

Doch wir können als Menschen den Menschen nun mal nicht ablegen. Die sogenannte „Scheinwelt" unserer phänomenologischen Wahrnehmung ist zuallererst einmal (auch von den Kindesbeinen eines Wissenschaftlers an) eine Erlebniswelt, in der wir durch soziale Kontaktaufnahme überleben lernen müssen. Deshalb geben wir Dingen und Menschen Bedeutung, die für dieses Überleben wertvoll sind. Und die eigene Bedeutung (als Naturwissenschaftler) sowie die Überlegenheit der eigenen Sichtweise sind Klassiker der narzisstisch-mobilisierten menschlichen Überlebensstrategie.[4]

---

4   Der Philosoph Hilary Putnam hat mit seinem berühmten „Gehirn-im-Tank" Denkexperiment versucht eine Lösung für diesen performativen Widerspruch unseres Erkenntnisvermögens zu liefern (vgl. Müller, 2003). Die Antwort auf die Frage nach der Freiheit

Verstehen (als hermeneutisches Prinzip) ist in jedem wissenschaftlichen Tun Vorbedingung. Vorverständnis und Korrektur, Hypothesenbildung und Prüfung kennzeichnen jede Wissenschaft; jeder Erkenntnisprozess beruht auf dem Zirkel: Idee – Sachverhalt – Idee(') – ohne deshalb gleich ein circulus vitiosus zu sein oder je im vollkommenen Sinn anzugelangen. Es handelt sich also auch in der Neurologie um endlose hermeneutische Spiralen vorläufiger Erkenntnisse, die mit verschiedenen sachbezogenen Methoden immer weitergeführt werden. Nie wurde und wird ein neurologisches Experiment (seine Fragestellung, Hypothese und Methode) jenseits unserer Lebenswelt[5] und ihrer geschichtsabhängigen Art der Wahrheitsfindung stattfinden. Nie wird und wurde ein wissenschaftliches Ergebnis ohne die in dieser Lebenswelt entstandene Sprache[6], beschrieben, gedeutet und bewertet. Man kann auch

unseres Willens liegt aber nicht in ihrer prinzipiellen Befürwortung oder Ablehnung. Das Gehirn-im-Tank ist schon ein Missverständnis des Organs: Es ist die notwendige – aber nicht hinreichende – Bedingung für das Erleben von Sinnzusammenhängen. Auch die Analyse des Organs Gehirn ist nur ein solcher Sinnzusammenhang. Nur die Lebenswelt, in die das Gehirn *in* seinem Körper eingebunden ist, jenseits des Tanks, ist dagegen notwendig *und* hinreichend. Ohne Beziehung zur Umwelt hat der Hirnzustand keinerlei Bedeutung. Das Hirn wäre gar nicht als solches entstanden ohne seine dazugehörige Lebenswelt.

5   Der Wissenschaftstheoretiker Michael Hampe verweist darauf, dass die Lebenswelt mit ihren Alltagserfahrungen als Fundament wissenschaftlicher Erfahrung ein noch zu vereinfachtes Schema ist. Die Interaktionen der Lebenswelt- und Wissenschaftserfahrungen sind andauernd und unvermeidlich: Die Vorstellung der logischen Empiristen „*Theorie und Erfahrung ließen sich feinsäuberlich trennen, ist unhaltbar.*" (Hampe, 2000b: 29). Für Hampe sind selbst Mathematik und Logik „*Disziplinierungsmechanismen alltäglichen Erfahrens in den Wissenschaften, die vielfältige neue Formen der Erfahrung hervorbringen.*" (ebd.) Auch definiert Hampe neben Diszipliniertheit die Genauigkeit, Vollständigkeit, Repräsentativität und Kontrastschärfe als Ausrichtungspunkte wissenschaftlichen Erfahrens. Als weitere entscheidende Voraussetzung der Wissenschaftlichkeit gilt für ihn „*die Bereitschaft und Fähigkeit zur Intersubjektivität in der Vermittlung der jeweils unterschiedlichen Methoden, Denk- und Erfahrungsformen*" (ebd.: 33). Nur so kann man der Rationalisierung wirklich entgehen. Vernunft wird hier zur „*Enzyklopädie zweckrationaler epistemischer Verfahrensweisen*" (ebd.).

6   Der Mathematiker und Philosoph Friedrich Kambartel schreibt sehr treffend dazu: „*Wenn wissenschaftliche Terminologien Ausdrucksweisen benutzen, die außerdem einen alltäglich-praktischen Sinn haben, treten häufig hermeneutische Konfliktlagen und Begründungsprobleme auf; dann insbesondere, wenn die Wissenschaften zugleich eine rationale Rekonstruktion der Alltagssprache intendieren, den wissenschaftlichen Gebrauch also als bessere (aufgeklärter, exaktere usf.) Alternative zum außerwissenschaftlich vertrauten Gebrauch erklären. Über das Recht eines solchen Anspruchs ist dann nämlich im Blick auf die praktischen Funktionen der Alltagssprache, und deren Vernunft zu entscheiden.*" (Kambartel, 1997: 19 f.) Genau das trifft für den Begriff Willensfreiheit zu. Wahrheit basiert für Kambartel auf der „*notwendig gemeinsamen Ausarbeitung von Begründungen*" und ist damit „*auf Teilnahme an und Konstruktion von gemeinsamen praktischen Formen des Lebens gegründet*" (ebd.: 20).

sagen: Hirnforschung (genauso wie jede andere Wissenschaft) gäbe es gar nicht ohne das lebensweltliche Gefühl von Freiheit und den Willen zur Mehrung dieser Freiheit. Sie hat dazu geführt, Kausalität[7] als solche zu erkennen und über die Erkenntnisse von Ursache und Wirkung wiederum das Gefühl der Freiheit selbstwirksam zu erweitern. Wissenschaftler gehören also „Glaubensgemeinschaften der Wahrheitsproduktion" an. Beansprucht dieser Glaube ein Alleinstellungsmerkmal, gibt es bisher nur eine Wissenschaft, die diesen Anspruch als zentrales Phänomen von Wissenschaft sinnvoll erklären kann: die Psychotherapiewissenschaft (PTW). Sie verweist als Metawissenschaft vom Menschen darauf, dass auch Wissenschaftler sich (für ihren „Psychohaushalt") selbst-stabilisierende Schutzschilder schaffen gegen die Verunsicherungen durch den Mangel an Relevanz ihrer Arbeit im Weltgeschehen und der Zeit. Und gerade in der Neurologie sind diese selbstüberhöhenden Stabilisierungsversuche besonders notwendig. Denn so interessant die neuen Erkenntnisse über bio-physikalische Vorgänge im Hirn auch sein mögen, so tragen sie letztendlich doch nichts zum tieferen Verständnis des Menschen und seiner Welt bei, sondern verharren in positivistischen, naturalistischen Beschreibungen. Das Gleiche gilt für die akademische Psychologie, die an der Komplexität des Menschen völlig vorbeiforscht.

Der Anspruch der Neurologie eine Leitwissenschaft zu sein, ist deshalb aus dem Blickwinkel der PTW völlig abwegig. Denn ihre Erkenntnisse müssten dafür zumindest lebensweltrelevanter Natur sein.

Wird der Geist seiner Lebenswelt entfremdet und zum Epiphänomen des Neuronalen, sind im Folgenden die beiden Hauptkritikpunkte an der Willensfreiheit:

1. Ein bewusst denkendes Ich, als Verursacher der eigenen Meinungen und Handlungen, gibt es nicht.
2. Es ist eine falsche Annahme, dass ein Mensch anders hätte handeln können, wenn er nur gewollt hätte.

---

7 Nach Immanuel Kant ist Kausalität eine a priori (als „transzendentale Subjektivität") im Verstand angelegte Wahrnehmung der Welt: Der Verstand kann nicht anders als jeder Wahrnehmung, jeder Handlung einen Grund zu unterstellen. Die Unausweichlichkeit von kausalem Denken ist somit die Bedingung der Möglichkeit von Erfahrung (vgl. Kant, 1968/1781). Sie ist deshalb auch die Grundlage der Erfahrung der Freiheit, genauso wie die Grundlage der Erfahrung von (wissenschaftlicher) Erkenntnis. Selbst die akademische Psychologie hat in vielen Experimenten bestätigt, dass unser Verstand selbst dort Kausalitätszusammenhänge herstellt, wo sie empirisch nicht nachweisbar sind (als sogenannte „unlautere Kausalschlüsse"), wie z. B. bei Gottesbeweisen (vgl. Kahneman, 2012 (deutsche Ausgabe): 102, 208 ff.). Doch Kant hat genauso festgestellt, dass der Mensch nur durch den Raster seiner Zwecke erkennt. Die verstandesbestimmte Kausalität verfolgt also immer ein (evtl. unbewusstes) Ziel, hat teleologische Anteile. Das wird auch heute noch oft in der Wissenschaft übersehen oder verleugnet (vgl. Rieken, 2010: 306; 2013; Fuchs, 2013: 131). Dieses Telos kann man grundsätzlich als intentionales „gutes Überleben" beschreiben (s. u.).

Beide Einwände gegen die sogenannte „alternativistische Willensfreiheit" finden auf der Grundlage eines sogenannten „starken Freiheitbegriffs" statt, der folgelogisch aus dem Epiphänomenalismus und der Abwertung der Lebenswelt hervorgeht. Die Leugnung der Willensfreiheit bezieht sich hierbei (als Negativ) auf eine „absolute Willensgröße". Als solche ist sie aber eine metaphysische Größe – und somit ein Wille im *„leeren Raum"* oder der Wille eines *„unbewegten Bewegers"* (Bieri, 2001: 165 ff.).[8] Einen solchen starken, absoluten Freiheitsbegriff sollte man – in seiner Naivität – heute eigentlich nur noch unserer Alltagspsychologie zum Vorwurf machen können. Doch auch die vollständige Aberkennung von Entscheidungsfreiheit beinhaltet in ihrem universalen, positivistisch-transzendentalen Erkenntnisanspruch einen vergleichbar naiven Freiheitsgedanken – als Negativ des starken Freiheitsbegriffs.

Und natürlich bleibt auch letztlich ein sogenannter „schwacher Freiheitsbegriff", in dem die Willensfreiheit nicht mehr sein soll als eine *„für die Praxis höchst notwendige Fiktion"* (Vaihinger, 1911: 60), dem cartesianischen Dualismus verhaftet. Der nicht geklärte interaktive, gestalterische Lebensweltbezug dieses konstruktivistischen Ansatzes (und der daraus hervorgehenden analytischen Sprachphilosophie) verlässt ebenfalls die dualistische Grundlage nicht und bleibt deshalb unschlüssig: Reine Aussagesysteme, als „Kohärenzmodelle der Wahrheit", die auch die Korrespondenz mit der Wirklichkeit als reine Aussagesysteme werten (also der radikale Konstruktivismus, die Systemtheorie und die reine analytische Philosophie), können letztlich nicht angeben, was ihre Wahrheitsvoraussetzung – unabhängig von der Kohärenz – rechtfertigt. So ist kein Unterschied zwischen wahr und begründet auszumachen.[9]

Die Behauptung: *„Nicht das Ich, sondern das Gehirn hat entschieden!"* (Roth, 2004b: 229) steht als metaphysischer Realismus also auf derselben wissenschaftstheoretischen Stufe wie ein radikalkonstruktivistisches Ich: Der Vorwurf der analytischen Philosophie des *„naiv-realistischen Selbstmissverständnis[ses]"* (Metzinger, 1999: 154 f.) geht Hand in Hand mit Roths Behauptung, dass unser Ich nur *„ein Bün-*

---

8 Wolf Singer verweist darauf – selbst fest verhaftet im Dualismus –, dass die immateriellen geistigen Entitäten schwerlich mit den materiellen Prozessen in unserem Hirn in Wechselwirkung stehen können: *„Wenn also das Immaterielle Energie aufbringen muss, um neuronale Vorgänge zu beeinflussen, dann muß es über Energie verfügen. Besitzt es aber Energie, dann kann es nicht immateriell sein und muß den Naturgesetzen unterworfen sein. Umgekehrt stellt sich das Problem, wie sich das Immaterielle über die Welt draußen informiert."* (Singer, 2004: 38)

9 Man könnte mit G. W. Friedrich Hegel diesen philosophischen Ansätzen ihren Skeptizismus gegenüber dem Begriff der Wahrheit fast schon eine *„Furcht vor der Wahrheit"* (vgl. Hegel, 1986/1807: 70) vorwerfen. Wie wir uns auf das, was außerhalb der Sprache ist, beziehen, damit die Urteile wahr oder falsch werden, wird dabei zum Problem, das der Konstruktivismus und die analytische Philosophie nicht wirklich beantworten können.

del unterschiedlicher Zustände" (Roth, 2001: 338) sei, aufgrund von chemisch-physi-kalischen Wechselwirkungen.

Auch die Trennung von Ursache (stofflich-kausal) und Grund (mental) in der aktu-ellen Philosophie des Geistes, ist ebenfalls diesem Glauben an die neuronale Deter-miniertheit bzw. (ihrem Negativ) der geistigen Unabhängigkeit zuzurechnen[10]. Denn diese Unterscheidung nimmt ebenfalls eine (diesmal geisteswissenschaftlich gestärk-te) Wertung vor, nach der das Mentale weiterhin aus dem Neuronalen *„emergiert"* (Roth, 2004b: 232).

Der romantische Genie-Gedanke hinter dem unabhängigen, überlegenen Geist (als körperloses Ich) spiegelt diametral die metaphysischen Reste und Hybris der Hirnforscher. Eine reine Subjektivität des Geistes greift bei der Betrachtung der Wil-lensfreiheit ebenso zu kurz, wie die *„Scheinsubjektivität des Gehirns"* (Fuchs, 2013: 66). Auch die schlichte Feststellung, dass wir ohne den Glauben an Freiheit nicht in sozialen Gemeinschaften leben und überleben könnten, ist als Grundlage der Wil-lensfreiheit viel zu eindimensional.[11]

---

10 Mit der Philosophie des Geistes ist hier die Traditionslinie des Neukantianismus, vor allem die Phänomenologie Edmund Husserls und ihrer Nachfolger gemeint, die dar-auf besteht, dass die Inhalte der Geisteswissenschaften allein in den Zuständigkeitsbe-reich eben dieser zu fallen habe. Auch Poppers *„Welt 3"* steht in dieser Denktradition. Ebenso greifen Habermas (2004), Vogel (2004), Metzinger (1999) und der Hirnforscher Roth (2003, 2004b) auf die falsche Unterscheidung von Grund und Ursache für ihre Argumentation zurück (vgl. Fuchs, 2013: 177). Dagegen lässt sich philosophiehisto-risch schon Schopenhauers Kant-Auslegung oder die kritische Theorie von Horkheimer ins Feld führen: Bewusste Inhalte unseres Denkens können eben nicht allein aus dem Studium ihrer selbst verstanden werden. Es reicht dem wissenschaftlichen Verständnis nicht, aus der Existenz des Begriffenen den Begriff zu folgern. Wolfgang Tress nennt das treffend *„restaurativ-idealistisch"* (Tress, 2007: 9). Adorno bezeichnete es als *„An-strengung, über den Begriff durch den Begriff hinauszugelangen"* (Adorno, 1966: 63). Ein psycho-physischer Parallelismus, als Variante des Dualismus, ist demnach auch eher nur ein zweifelhafter Versuch dem Problem der Kluft zwischen Körper und Geist zu entgehen, anstatt es sinnvoll aufzulösen. Das weist, wie alle anderen hier aufgeführten Scheinlösungen, vor allem nur auf die grundlegend-unreflektierten Weltanschauungen und Menschenbilder der betreffenden Wissenschaftler hin.

11 Die Universitäten von Minnesota und British-Columbia führten 2008 eine interessante Studie durch: Über 150 Probanden wurden einem einfachen Mathe-Test unterzogen, der zum Schummeln einlud und darüber hinaus richtige Antworten mit je einem Dollar belohnte. Die Hälfte der Versuchsteilnehmer bekam zuvor einen Info-Text. Dort wurde der freie Wille als Illusion behauptet. Die solcherart informierten Probanden schummel-ten viel mehr als die Vergleichsgruppe: Der Unterschied lag bei deutlichen 27 % (Vohs/ Schooler, 2008). Dieses Experiment erscheint aber nur auf den ersten Eindruck als ein Argument für Vaihingers These von der Willensfreiheit als Nützlichkeit einer Fiktion. Denn auch unsere tierischen Verwandten sind von dieser so menschlichen, verstandes-mäßigen Fiktion betroffen, obwohl wir ihnen eine reflektierte Nutzerfassung abspre-chen. Der Primatenforscher Frans de Waal beschreibt das Gerechtigkeitsempfinden von

Der Einfluss des Unbewussten auf unsere Entscheidungen, seine physische und psychische Entstehung und Prägung, wurde bisher von der Wissenschaft (außer in der Psychotherapieforschung) weitestgehend vernachlässigt. Wir sind nicht nur ökologische oder ideale Subjekte: Wir sind körper-ökologische, intersubjektive, bewusste und unbewusste Subjekte.

Aber es gibt noch mehr offensichtliche Antagonismen in der Frage nach der Willensfreiheit, die sich gegenseitig bedingen – und beidseitig zu kurz greifen. Auch die Quantenphysik musste schon zur Begründung der Freiheit herhalten. Der Versuch, mit Kausallücken Willensfreiheit zu begründen, widerspricht sich dabei in sich selbst: In-determinierte Handlungen wären, wenn sie möglich wären, etwas völlig Zufälliges, für das wir selbst nicht zur Verantwortung gezogen werden können (vgl. Bieri, 2001: 230 ff.). Würde ein Handlungsentschluss voraussetzungslos – als immaterieller Impuls – plötzlich im Gehirn auftauchen, hätte das nichts mit Freiheit oder unserem Willen zu tun.[12] Denn anders herum können wir ja auch nicht aufgrund ei-

---

Primaten wie folgt: Einzelne Affen werden für ihr Verhalten von der Gruppe mit Strafen zur Verantwortung gezogen, wenn sie die geltenden Regeln übertreten. Affen scheinen im Sinne einer sozialen, überlebenswichtigen Ordnung von willentlich wählbaren Handlungsmöglichkeiten und einer individuellen Verantwortung für ihre Wahl auszugehen (vgl. de Waal, 2006: 104 ff.). Gerechtigkeit und Schuldempfinden und die damit einhergehende Wahrnehmung der individuellen Verantwortlichkeit von Handlungen sind für unser Überleben als soziale Wesen notwendig. Menschen und Affen wissen, dass unrechtmäßige eigene Vorteile unrechtmäßig sind – auch wenn sie Entschuldigungen für ihr Verhalten finden („Ich bin ja nicht willensfrei") oder hoffen nicht erwischt zu werden. Entscheidungsfreiheit hat somit immer eine biologische Komponente und ist als konstruktivistische oder geistesphilosophische Definition unzureichend erfasst. Kultur und Natur gehören zusammen und sollten nicht als getrennte Systeme behandelt werden: Das ist erkenntnistheoretisch nicht haltbar.

12 Max Planck, als Vaterfigur der modernen Physik, hat sich noch im hohen Alter in die Debatte um die Willensfreiheit eingeschaltet und deutlich gemacht, dass sittliche Verantwortung und physikalische, mikrokosmische Zufälle (z. B. Quantensprünge) nicht vereinbar sind (vgl. Planck, 2001/1936: 137 ff.). Die Quantenphysik ist auf der mikroskopischen Ebene der Neurologie irrelevant. Der Hirnforscher António Damasio schreibt sehr treffend über den zweifelhaften Versuch den bewussten willensfreien Geist auf bisher nicht erkannte Energie/Materie (wie Quantenphänomene) zurückzuführen: „Hinter dem Gedanke steckt offenbar folgende Begründung: Der bewusste Geist erscheint rätselhaft, und da die Quantenphysik bisher ebenfalls rätselhaft ist, besteht zwischen beiden Rätseln vielleicht ein Zusammenhang." (Damasio, 2013: 26) Selbst der Konstruktivist Fritz Wallner weist darauf hin, dass man nicht frei ist, weil man etwas vollkommen Unverständliches macht: Freiheit bedeutet den Vollzug von Gesetzmäßigkeiten, die durch Einsicht gewonnen wurden – ohne dass die Gesetzmäßigkeiten den Wirklichkeitsstatus eines „Ding an sich" hätten (Wallner, 2002: 218). Das Gesetzmäßigkeiten deshalb aber (nach Wallner) konstruiert sind, schreibt unserem epistemischen Geist indirekt immer noch ein übersteigertes Geltungsmerkmal zu, das die alltäglichen Sinneseindrücke (als Geistes-Input) gegenüber der Ratio herabstuft.

ner schlüssigen Kausalkette aus neuronalen Prozessen, die zu einer Handlung führt, sinnvoll begründen, dass diese zwangsläufig unfrei ist.

Letztlich bestehen wir in der Wahrheits- bzw. Wissensfindung darauf, dass sich ein Aussagezusammenhang mit der Wirklichkeit berührt, auch wenn wir natürlich nie aus der Sprache heraustreten können, um diesen festzustellen. Der Geist und seine Repräsentationen sind heute, ohne die Berücksichtigung der Gehirnprozesse, nicht sinnvoll zu erklären, und die Gehirnprozesse sind in ihren Zusammenhängen ohne die geistigen lebensweltlichen Verhaltens-Phänomene nicht einzuordnen. Insofern gibt es überhaupt keinen Dualismus. Man kann die geistigen Fähigkeiten weder auf die Aktivität der Nervenzellen reduzieren noch aus reiner Geistigkeit erklären. Weder dem Organ Gehirn noch den kognitiven Vorgängen sollte man Fähigkeiten zuschreiben, die nur in Bezug auf den Menschen als ganzheitliches weltliches Lebewesen Sinn machen[13].

Unsere (bewusst und unbewusst) durchdachten Erfahrungen gestalten die Welt, und die neuronalen Strukturen unseres Körperorgans Gehirn verändern sich dabei. Denn der Mensch selbst – als Besitzer seines Körpers und Gehirns und des Gefühls von Freiheit – befindet sich immer in der Welt. Wir haben es in unserer Selbstwahrnehmung und in unserem Freiheitsempfinden nicht mit körperfremden und völlig unrealistischen Phänomenen zu tun, die unsere Gehirne subjektlos hervorbringen. Nur weil ein starker Begriff von Willensfreiheit nicht zu halten ist, gibt es nicht automatisch keine oder „nur" eine fiktional-konstruktivistische Willensfreiheit. Dass alle seelischen Phänomene mit einer hirnphysiologischen Entsprechung in der/unserer Welt sind, schließt nicht aus, dass der Mensch einen Zugriff auf seine neuronalen Vorgänge hat, sich ihre Steuerung in Teilen sinnvoll und sinnsuchend aneignen kann.

Doch es gibt noch ein weiteres Argument gegen unsere neuronale Determiniertheit, das hier nicht vergessen werden sollte: Dem mechanistischen Menschenbild des deterministischen Ansatzes, das jede Form der Willensfreiheit ablehnt, steht – quasi systemimmanent – schon lange die Evolutionsbiologie, die Epigenetik[14] und natürlich auch die Bindungs- und Entwicklungsforschung entgegen. Innerhalb der Naturwissenschaft wird also selbst schon länger nach einem *„neuen intersubjektiven Men-*

---

13 Dieser sogenannte mereologische Einwand verweist auf das Verhältnis des Ganzen zu seinen Teilen (vgl. Bennet/Hacker, 2006).

14 Sie hat bewiesen, dass die Genaktivitätsmuster durch die Erfahrungen des Körpers in seinem Umfeld bestimmt werden, die die Aktivität der Gene steigern, drosseln oder ganz blockieren können. Dies weist die monokausale, mechanistische Deutung der Gene als Eins-zu-eins-Beziehung zwischen Gen und Aktivität, zwischen Genotyp und Phänotyp, zurück. Die biochemischen Prozesse, auf einer die Gene überlagernden, aktivierenden und deaktivierenden Ebene (Methylierung), reagieren sehr empfindlich auf Umwelteinflüsse (vgl. Szyf, 2012).

schenbild" (Leuzinger-Bohleber u. a., 1998/1: 19) gesucht[15]. Berücksichtigt man die Erkenntnisse dieser Wissenschaften, kommt man zu der grundlegenden Einsicht, dass, neben dem Gefühl von einem kohärenten Ich oder von Zeitabläufen, unsere „evolutionierte" Selbstwahrnehmung auch ein Gefühl hervorgebracht hat, das wir Freiheit nennen und das unser Überleben sichert (vgl. Eagleman, 2012). Es entwickelt sich in jedem Individuum in der Auseinandersetzung mit seinem Umfeld, während dieses heranwächst. „*Neuronale Bedingtheit schließt Freiheit nicht aus, sondern ist gerade die Bedingung ihrer Möglichkeit.*" (Fuchs, 2013: 86) Dabei kann es aber auch zu zahlreichen Selbsttäuschungen über das Ausmaß der eigenen Selbstbestimmung kommen. Diese zu definieren und ihre Entwicklung zu dokumentieren führt zu einer sinnvollen Definition der möglichen Ausmaße innerer Freiheit – auch in der Naturwissenschaft. Dabei handelt es sich hier nicht mehr um ein gleichbleibendes, mechanistisches Gefühl einer pauschalen Selbstwahrnehmung: Nur die Intersubjektivität in der Entstehungsgeschichte des Selbst kann eine lebensweltbezogene Basis für objektive Erkenntnisse über die Selbstbestimmung bilden. Dieser Top-down-Ansatz steht dem Bottom-up-Ansatz der bisherigen Neurobiologie, die unser Denkorgan nur auf der Ebene einzelner Zellen und Stoffwechselprozesse zu verstehen versuchte, mittlerweile anerkannt gegenüber. Eine zirkuläre Beziehung zwischen Menschen, ihrem Stoffwechsel und ihrer Umwelt, die damit einhergehende zirkuläre Kausalität als „*spiralförmige Dynamik*" (vgl. Fuchs, 2013: 121 f.), hebt alle Einseitigkeiten versöhnlich auf. Aber wer oder was ist dieses „Top-down-Selbst"?

Unser Hirn produziert kein Ich oder Bewusstsein; vielmehr *hat* unser Ich einen Körper mit Hirn und Bewusstsein. Bewusstsein ist somit keine Tätigkeit eines Einzelorgans oder einer Region in diesem Organ, sondern ein dynamischer Lernprozess eines überlebenswilligen Körpers.

> „*Die Materie ist nicht die Grundlage, die das Lebewesen erzeugt oder bildet, sondern umgekehrt transformiert der lebendige Organismus Materie in einer für ihn geeigneten Weise, assimiliert sie und verwandelt sie in seine Bestandteile. Die Form des Lebendigen emergiert nicht aus dem Stoff, sie organisiert ihn und macht ihn so zu ihrem Stoff.*" (Fuchs, 2013: 241)

„*Wir sind unser Hirn.*" (Swaab, 2012; vgl. Damasio, 2013: 48; Solms, 2010: 59; Kandel, 2006: 114; Spitzer, 2004: 283 f.; Hüther, 2001) ist als Aussage also nur dann richtig, wenn dieses „Wir" uns als immer vorangestelltes ganzes Selbst hervorhebt. Dieses

---

15 Die gerade laut gewordene Kritik zahlreicher Hirnforscher am Human Brain Projekt (HBP) der Europäischen Kommission für Forschung, das mit einer Milliarde! Euro ein Computermodell des Hirns herstellen will, ohne dass ähnlich Projekte bisher irgendeine nennenswerte Erkenntnis gebracht hätten, ist ebenfalls ein deutliches Zeichen dafür, dass sich die wissenschaftstheoretischen Prioritäten und Paradigmen langsam sogar in der Neurologie verschieben: „*Sinnvoller ist es, das Gehirn vom Verhalten ausgehend, zu untersuchen,*" schreibt die Frankfurter Allgemeine Sonntagszeitung (2014, Nr. 28: 51) in diesem Zusammenhang.

Wir-Selbst in seiner ganzheitlichen, körperlichen Selbstwahrnehmung und mit der Wahrnehmung seiner Umgebung, die Wir-Selbst mit *unserem* Organ Gehirn (bewusst und unbewusst) erfassen, dient immer dem Prinzip des möglichst guten Überlebens. Gehirn, Ich, Bewusstsein – und letztlich auch Unbewusstes – sind „Weisen des Lebensvollzugs" des Menschen. Geist, Gefühl und Selbstverständnis sind nicht (im Sinne eines Neuro-Konstruktivismus) die Gefangenen der Neuronen: Das Hirn entsteht (funktionstüchtig) erst durch die Erfahrungen des restlichen Körpers, des Subjekts. Wir können unseren physischen Leib nicht trennen von unserem empfundenen Leib. Phantomschmerzen sind Pathologien – und nicht die Regel. Es ist eine Errungenschaft der Evolution und des lernenden Kindes, dass Menschen ihre Schmerzen Körperteilen zuordnen können – oder diese einmal erlernte Körperlichkeit dann deshalb schmerzlich vermissen[16].

Neuronale Strukturen und kognitive Vorgänge besitzen charakteristische, aber keinerlei rätselhafte Eigenschaften. Beide Seiten werden erst durch die Erfahrungen des ganzen Menschen in der Welt zu dem, was jede einzelne Seite an Eigenschaften bisher alleine für sich in Anspruch genommen hat. Es gibt also keinen „missing-link", sondern einfach zwei verschiedene Aspekte der Selbstwahrnehmung.

> *„Die Behauptung, menschliche Intentionalität sei aus den physikalischen und chemischen Prozessen des ZNS* [Zentralen Nervensystems] *und anderer Organsysteme zu erklären, ist ebenso klug, als wolle jemand den Sinn einer Rechenoption aus der Hardware des Taschenrechners erklären, auf dem sie ausgeführt wurde, und dem dabei verbrauchten Strom."* (Fischer, 2008: 30)

Dementsprechend ergeben sich die Definitionen und Errungenschaften der Natur- und Geisteswissenschaften immer nur durch die Arbeit der jeweils anderen Seite: Die Geisteswissenschaft braucht die objektbezogene Wirklichkeit als Gegenstand ihrer Theorien, genauso wie die Naturwissenschaft immer eine übergreifende Theorie und wertende (hermeneutische) Analysen für ihre empirischen Untersuchungen erstellt. Nirgends wird dieser wissenschaftstheoretische, epistemologische Grundsatz so klar wie in der Frage nach der Willensfreiheit. Sie beinhaltet die zwei Seiten derselben Medaille unseres menschlichen Wesens. Lange wurden sie zwangsweise voneinander getrennt betrachtet, um die Begrenztheit bzw. banale Leiblichkeit unseres

---

16 Die Trennung von realem Körper und empfundem Körper ist (als Beispiel für die Macht der Lebenswelt) die Ursache für die immer weiter um sich greifende Epidemie der Erschöpfungsdepression. Die verzerrte Wertigkeit, die bei der Trennung von Geist und Körper entsteht (aufgrund unserer naturwissenschaftlich-mechanistisch fundierten Leistungsgesellschaft), wird hier im umgangssprachlichen Begriff des „Burn-out" deutlich. Die unterschwellig positive Wertigkeit dieses Begriffes, im Gegensatz zum Fachbegriff „Erschöpfungsdepression", spiegelt in seiner Konnotation von Leistungsstärke und Wichtigkeit der eigenen Funktion im Wirtschaftsleben, die angebliche Willensstärke des eigenen Geistes über das andere, das bezwungene Fleisch des (lange schon erschöpften) Körpers.

Wissens zu verleugnen. Doch gerade die Frage nach der Selbstbestimmung kann die Schwäche des jeweiligen Weltbildes aufzeigen und endlich dessen ungerechtfertigten Machtanspruch stürzen.

Wie in Hegels Herr und Knecht Geschichte (vgl. Hegel, 1986/1807: 145 ff.) bedingen sich beide immer gegenseitig.[17] So wie eine Medaille zwei Seiten hat, um eine Medaille zu sein, hat der Mensch ein körpergebundenes Erleben, zu dem auch seine Geistesprozesse gehören. Wir nehmen uns immer als leibliche Subjekte wahr. *„Wahrnehmend sind wir in der gleichen Welt wie die wahrgenommenen Dinge"* (Fuchs, 2013: 31). Unsere evolutionsbedingte Körperlichkeit ist Teil dieser Wahrnehmung[18].

Doch ist es kontraproduktiv, der jeweils anderen Seite ihre alten Fehlschlüsse weiterhin vorzuwerfen. Diktaturen und Aderlass, auf der Grundlage von Idealismen und weltfremden Anatomiemodellen, sind vielmehr gute Gründe heute *miteinander* weiter zu forschen: „Free will" beinhaltet als solcher immer auch „good will" – will man sich als Wissenschaftler nicht von vorne herein ad absurdum führen.[19] Und ein Bewusstsein für die Weltanschauung hinter der eigenen Forschung dient immer der Erweiterung der eigenen Selbstbestimmung.

---

17   Die Dichotomisierung der Wissenschaften in Naturwissenschaften und Geisteswissenschaften durch die Neukantianer war ursprünglich eine erste kritische Reaktion auf die einheitswissenschaftlichen Bestrebungen des logischen Empirismus, der (nachdem Gott tot war) versuchte, die Oberhand über die nunmehr ungeschützten geistigen Inhalte zu bekommen. Der Wissenschaftstheoretiker Herbert Schnädelbach plädiert sogar dafür, endlich *„den alten Fetisch Natur- vs. Geisteswissenschaft fallen zu lassen"* (Schnädelbach, 2002: 149), da diese Aufteilung jeder Grundlage entbehrt: So sind die Sozialwissenschaften schon immer weder Geistes- noch Naturwissenschaft. Das gleiche gilt für die abstrakte Mathematik oder die therapeutische Medizin. Die Philosophie als Metawissenschaft kann auch nicht zugeordnet werden. Die Trennung von allem, was den Mensch emotional bewegt, von dem, was sein reiner materieller Körper sein soll, lässt sich wissenschaftstheoretisch nicht aufrechthalten.

18   In einem Experiment von Held/Hein von 1963 wurde eine Gruppe von jungen Katzen (nach Öffnung der Augen) auf Rollgeschirre geschnallt, die von einer anderen Gruppe junger Katzen gezogen wurde. Nach ein paar Wochen befreite man die Katzen allgemein aus den Geschirren. Nur die gezogenen passiven Katzen, die aber die gleiche Welt gesehen hatten wie ihre sich bewegenden Geschwister, taumelten umher und stießen gegen Gegenstände: Sie hatten die Welt bisher nur sehend – und nicht körperlich – erfahren (vgl. Held/Hein, 1963)

19   Ein besonders peinliches Beispiel unreifen Verhaltens von Wissenschaftlern, ist das Scheitern des Schwerpunktprogramms der Deutschen Forschungs-Gesellschaft (DFG) *„Kognition und Gehirn"* aus dem Jahr 2000: Angesehene Neurobiologen (Roth, Scheich), Philosophen (Beckermann, Bieri) und Psychologen (Prinz, Scheerer) warfen sich lautstark gegenseitig vor, erst einmal dreijährige Praktika in der jeweilig eigenen Fakultät absitzen zu müssen, um überhaupt bei dem Thema der Willensfreiheit auf brauchbarem Niveau mitreden zu können (vgl. Welzer, 2006). Deutlich wird hierdurch, dass die Willensfreiheit ein wissenschaftstheoretisches Problem ist, das die psychische Reife der forschenden Wissenschaftler unbedingt mit einbeziehen muss.

Um Adornos berühmtes Zitat auf die Situation der Wissenschaft und ihre Anbindung an die Lebenswelt anzuwenden, gibt es also letztlich „kein wahres Forschen im Falschen". Kein „Ding-an-sich der Willensfreiheit oder Unfreiheit" ist jenseits unseres begrenzten körperlichen Verstandes und seiner umweltbedingten Prägung zu bestimmen. Theorien zur Freiheit des Willens sind heute nur als lebensweltgebundene, kompatibilistische Willenstheorien sinnvoll.

Der „*zwanglose Zwang des besseren Arguments*" (Habermas, 1995/1972: 161), vor dem Hintergrund eines wissenschaftlich durchdachten und diskutierten Paradigmas in Form der Berücksichtigung der (unbewussten, emotionalen) Bedingungen der Erkenntnis, ist deshalb die „*Vergewisserungsweise*" (Gloy, 2011: 144), die nicht hintergangen werden kann und wahre wissenschaftliche Aussagen ermöglicht. Eine argumentative Klärung beinhaltet immer eine gewertete Überzeugungskraft mit hohem Evidenzgrad, die in ihrer Erhebungen und/oder Deutungen neben der causa efficiens auch die causa finalis berücksichtigt. Die lebensweltliche Geltungsbegründung bzw. Geltungslogik (anstatt rationaler Methodenkonformität) ist heute das „*beweiskräftige*" (Fischer, 2008: 136) Gütekriterium jeder Forschung.

Man kann auf dieser Grundlage die psychosoziale Ebene in der Wissenschaft als höchste Ebene begründen (vgl. Fischer, 2011: 117), denn sie lässt die geprägte, gewertete Zugangsweise des Wissenschaftlers nie außer Acht. Nur vor diesem Hintergrund des Gewahrseins, dass man als Wissenschaftler (selbst als Hirnforscher oder Quantenphysiker) die letztgültige Wahrheit nicht zu fassen bekommt und der wissenschaftliche Blick auch nur ein subjektiver Blick aus Kulturhintergrund und persönlicher Erfahrung ist, kann man sich dann um maximal überzeugende Wirklichkeitsnähe bemühen. Dem Psychotherapiewissenschaftler muss genauso wie dem Therapeut dem Hirnforscher genauso wie dem Psychiater immer im Bewusstsein bleiben, „*selbst ein Teil*" (Buchholz, 1997: 83) der Forschung und Heilungsprozesse zu sein.

Darüber hinaus können Forschungsergebnisse nur durch die Angemessenheit ihrer Methoden im Verhältnis zu den Phänomenen der Lebenswelt gerechtfertigte Ergebnisse erzeugen und „*im Verbund mit Praktikern auf ihre Angemessenheit hin überprüft werden*" (Mertens, 2014a: 105): Forschung sollte an ihrer reflektierten Wirksamkeit (Brauchbarkeit, Heilungswirkung, Zukunftsplanung – jenseits von der Leistungseffizienz eines Homo Oeconomicus) gewertet werden. Wissenschaft macht nur Sinn, wenn sie Leid mit konkreten, geltungswirksamen Erkenntnissen minimiert und ein größeres Wohlergehen des Menschen anstrebt. Dazu ist ein reflektiertes wissenschaftliches Selbstverständnis auf der Grundlage des lebensweltlichen Hintergrundes des eigenen Erkenntnissystems notwendige Voraussetzung (vgl. Rieken, 2011: 51). Und so kann man vom wertenden Dualismus zwischen empirischer Beweisbarkeit und hermeneutischer Wissenschaft, zwischen Wissenschaftswelt und Lebenswelt, Abstand nehmen.

Und so stellt sich die Frage, ob sich denn eine durch die Hirnforschung empirisch fundierte Funktionsanalyse unseres Handelns mit der Praxis von unbewusster Abwehr, Träumen, Schuld, Moral, Verantwortung, Identität und Selbst-Bildern in Einklang bringen lässt. Wie fängt man die uns mögliche Wahrheit (als normativen Sinn) über unsere Willensfreiheit und unsere Selbstbestimmung mit *allen* uns zur Verfügung stehenden Mitteln zusammenhängend ein? Wie bringt man die humanistischen und neurobiologischen Untersuchungsweisen unserer Psyche, ihrer Entwicklung, ihre Auffälligkeiten und Veränderungsmöglichkeiten zusammen unter eine gemeinsame Idee von Sein und Sollen, um mit vereinten Kräften das Leid weiter zu begrenzen? Können wir mit dem Wissen über unseren Willen, für das, was sich unserer bewussten Kontrolle entzieht, trotzdem moralische Verantwortung begründen?

Beim Thema Willensfreiheit ist das große Interesse der Lebenswelt auf die sinnstiftende Frage nach der Selbstbestimmung zentriert. Ihr sind letztlich alle Aussagen unterworfen – insbesondere die stark wertenden. Die Heftigkeit der Reaktionen auf die bisherigen Wertungen aus der Hirnforschung hätte den betreffenden Wissenschaftlern ein Hinweis sein können, dass sie die Lebenswelt mit ihren Forschungen nie verlassen haben. Die Frage, ob wir anders handeln könnten, wenn wir es wollten – die Bestimmung einer alternativistischen Willensfreiheit – ist entscheidend für unser menschliches Selbstverständnis, unser soziales Zusammenleben und unsere juristischen Systeme. Menschen begreifen sich an vielen Stellen (mehr oder weniger und mit mehr oder weniger Angst) als nicht mehr verantwortungsvolle, intentionale Akteure. Das reicht von einfachen Fehlleistungen über komplexere Symptombildungen und charakterliche Eigenarten bis hin zur „fremdbestimmten" Partner- und Berufswahl und (anderen) selbstschädigenden Verhaltensweisen. Der Wiederholungszwang ist somit der eigentliche Prüfstein unserer Selbstbestimmung und Freiheit. Und: Nur ein „Mehr oder Weniger" (kein „Ganz- oder gar nicht") kann hier eine sinnvolle Definition von Willensfreiheit bestimmen (vgl. Bieri, 2001: 408 ff.). Nicht mehr *ob* wir determiniert sind oder nicht, sondern *was* in unseren Entscheidungen als fremdbestimmend zu werten ist, definiert sinnvoll einen „Freiheitsgrad des Willens". Insofern wird die Frage nach der Willensfreiheit auch auf der Ebene der durch Erfahrung geprägten Muster-Sequenzen neuronaler Erregung interessant. Und so wird man auch in der Neurologie zukünftig bei der Definition von Willensfreiheit hoffentlich nicht mehr um ihre Existenz oder Nichtexistenz streiten, sondern um den „*Grad der Willentlichkeit*" (Bieri, 2001: 193), in Abhängigkeit der zugrunde liegenden kognitiven Vorgänge als subjektive und gelernte (also emotional gewertete) Überlebens-Fähigkeiten.

Der freie Wille ist vor diesem Hintergrund als ein (Über-)Lebens-Phänomen zu bewerten, das aus der Interaktion von Personen in ihrem Umfeld entstanden ist. Dadurch wird die Freiheit der Metaphysik entrissen (vgl. Kant, 1968/1781) und in einen psycho-somatischen Zustand überführt, ohne gleichzeitig deterministisch zu werden. Denn: Durch eine sinnvolle neue Person-Umfeld-Korrelation kann das (Über-)Lebens-Phänomen Freiheit somit auch verändert, selbstbestimmt erweitert werden. Hierin ist die „*Plastizität*" (Bieri, 2001: 101) der Selbstbestimmung und Willensfreiheit begründet. Doch der analytische Philosoph Peter Bieri bleibt bei seiner wegweisenden Analyse vom *Handwerk der Freiheit* (2001) auf einer rationalen Ebene stehen: Frei werden gelingt hier angeblich als zeitlich ausgedehntes, tiefes, aber rein bewusstes Ringen mit sich selbst (vgl. Bieri, 2001: 139).

> *„Indem wir durch Überlegen und durch das Spiel der Phantasie einen Willen ausbilden, arbeiten wir an uns selbst. Wir geben dem Willen ein Profil, das vorher nicht da war. In diesem Sinn ist man nach einer Entscheidung ein anderer als vorher."* (Bieri, 2001: 382)

Ob das einem Zwangsneurotiker oder Depressivem hilft, sein Leben wieder selbstbestimmter zu gestalten, muss bezweifelt werden. Denn das „Spiel der Phantasie" kann den Willen nicht zur Handlung bringen, wenn Süchte, unbewusste emotionale Konflikte, tief verankerte Muster und strukturelle Defizite dagegenstehen. Es ist allgemein klar, dass die bloße Erkenntnis noch keine Veränderung bewirkt. Denn wie Bieri selbst bemerkt: *„Es ist die ganz bestimmte Variation zwischen Urteil und Wille, in der die Freiheit besteht."* (Bieri, 2001: 80) Wir müssen uns also fragen: *„Was ist es, was wir mit uns machen können, um von einem unfreien zu einem freien Verhältnis der Vergangenheit, Gegenwart und Zukunft gegenüber zu gelangen?"* (ebd.: 383). Nur eine dauerhafte Erweiterung unserer Handlungsmöglichkeiten, aufgrund der Veränderung des unbewussten, leidvollen Wiederholungszwangs, ist ein sinnvolles Maß für unsere persönliche Freiheit. Ein seltsam-undefiniertes „Spiel der Phantasie" hilft dabei kaum (s. u.).

Es gibt m. E. bisher keinen Ansatz in der Diskussion um die Willensfreiheit, die den entscheidenden Punkt der konkreten selbstbestimmten Veränderung *unbewusster* Verhaltensmuster behandelt. Die Frage, wie wir es schaffen, die unbewussten fremdbestimmenden Motive und Muster unserer Handlungen nicht nur zu erkennen, sondern darüber hinaus konkret zu verändern, so dass wir unsere Leben selbstbestimmter gestalten, unsere Freiheit gegen die Widerstände des Wiederholungszwangs erweitern können, wurde bisher erkenntnistheoretisch nicht erörtert. Was müssen wir tun, welchen Erfahrungen müssen wir uns aussetzen, dass wir – jenseits der rationalen Einsicht oder phantastischer Selbst-Entwürfe – wirklich neu handeln können, wirklich selbstbestimmt schädliche, ungewollte Verhaltensweisen ablegen können: Weil wir das so wollen?

Da unsere Bewertungen und Handlungsmotive von unseren Erfahrungen der Vergangenheit bestimmt sind – und hier sind sich Bindungsforschung, Hirnforschung und Psychoanalyse mittlerweile völlig einig –, ist unser Einfluss auf diese alten Erfahrungen, in Form von korrigierenden Erfahrungen, von entscheidender Bedeutung. Doch wie lassen sich korrigierende Erfahrungen selbstbestimmt so machen, dass sie auch unsere Selbstbestimmung nachhaltig verändern?

Auf der Suche nach der Definition selbstbestimmter Einflussnahme auf kognitive Inhalte gelangt man also fast zwangsläufig zu einer *„Bewusstseinsevolution"* (Mertens, 2014a: 181) über sich selbst, die auf das fremdbestimmende Unbewusste und seine Prägungen nicht verzichten kann. Dieser Begriff meint doppeldeutig sowohl die Aspekte der Entstehung von Bewusstsein im Laufe der Evolution als auch die Entwicklung des Bewusstseins im Laufe eines individuellen Lebens. Und in diesem

Zusammenhang ist die Parole Freuds vom „Bewusstmachen des Unbewussten" als Erweiterung der selbstbestimmenden Ich-Kompetenzen entscheidend. Hierzu liefert die Bewusstseinsforschung der Neurologie neue auch für die PTW überlegenswerte Einsichten.

Statt physikalisch- oder neuronal-determinierend, wird und wurde in der Psychotherapie immer schon „*ermöglichend*" (Fuchs, 2013: 132) auf das Subjekt geschaut: Es wurde vom Beginn der Psychoanalyse, bis hinein in die aktuellen PTW, immer als ein intersubjektiver, ganz-körperlicher, lebensweltlicher Mensch gesehen, den man von seinen (pathologischen) Fremdbestimmungen heilen kann.

Die Entstehung unbewusster Fremdbestimmung (durch Abwehrmechanismen, Konflikte und Verdrängungen) sowie die Heilung struktureller Beeinträchtigung und regressiver psychischer Entwicklungsstadien gelingen durch psychodynamische Prozesse. Der Freiheitsgrad der Selbstbestimmung bestimmt den Grad der Heilung. Die Definitionen und Zusammenhänge der Selbstbestimmung als Selbst-Wirksamkeit vermag bisher nur die Psychoanalyseforschung zu leisten mit ihrem seit über hundert Jahren entwickelten und erforschten Theorie- und Praxis-Modellen.

Die Frage nach der Willensfreiheit ist somit unumgänglich in eine wissenschaftstheoretische Diskussion einzubinden, in der die zugrundeliegenden und immer noch herrschenden Paradigmen der verschieden Standpunkte, die dazugehörigen Menschenbilder und das Machtgefüge der wahrheitsgenerierenden Institutionen ausgewiesen werden müssen. Dabei spüren jene Wissenschaftler die Kränkung bzw. Zerstörung des stolzen „*Cogito, ergo sum*" durch eine solche Vorgehensweise besonders schmerzhaft, die ihr Selbstverständnis und ihre Arbeit unhinterfragt auf diesem Satz seit Jahrhunderten aufgebaut haben. Doch die PTW kann ihnen an dieser Stelle (in Theorie und Praxis) ein gutes Angebot zur Regenerierung ihres Selbstwertgefühls anbieten, aufgrund einer erweiterten Selbsterkenntnis und Selbstbestimmung der eigenen unbewussten Muster und Selbst-Bilder. Denn nur die PTW liefert auch in Bezug auf die Person des Wissenschaftlers, sein Selbst-Bild und seine unbewussten Prägungen eine wissenschaftlich fundierte Antwort für dessen lebensweltlichen wissenschaftstheoretischen Hintergrund. Und im dauerhaften Gewahrsein eines jeden Forschers über seine persönlichen, wertenden Prägungen, die in seine Forschungen einfließen, liegt ein hohes Qualitätsmerkmal seiner Arbeit. Das baut Denkverbote ab, schafft kreativen Abstand und fördert die Objektivität, die als lebensweltlicher Realismus die Grundlage einer sinnvollen Wissenschaft darstellt.

Jenseits von Gut und Böse ist Gott tot. Doch selbst Nietzsche, als Begründer des postmodernen Gedankens, geht über seinen Nihilismus einen Schritt hinaus. Wie man aus dem Chaos einen „*tanzenden Stern*" (Nietzsche, 1988/1886: 19) gebären kann, der das Chaos nicht leugnet, ist als konkrete, prozesshafte Aneignung von mehr Freiheit (jenseits einer großen Freiheitsutopie) das Thema dieser Arbeit. Die sinnvolle Grundlage dazu ist das verkörperte Subjekt in seiner Lebenswelt, das *lebende* menschliche Körper-Selbst *mit* seinem Hirn *in* seiner Umwelt, mit seiner intersubjektiven Wahrheitsfindung.

2 Diskursanbindung und Forschungsfrage

Um-Programmierung versus Um-Strukturierung. Wo steht die Psychotherapieforschung heute im Verhältnis zur Neurologie?

„Wo bleiben die psychoanalytischen Forscher, wo bleibt die psychoanalytische Universität, wo ein psychoanalytisches Max-Plank-Institut?[…]Und stellen wir unser Licht nicht pausenlos unter den Scheffel, wenn wir meinen, nur eine an naturwissenschaftlichen Standards orientierte Forschung könne die Richtigkeit unseres Vorgehens beweisen?[…] Sind unsere naturwissenschaftlichen Kollegen, die unablässig experimentieren, zählen und messen, denn wirklich weiter gekommen als wir? Forschung kann wie eine Waffe, wie ein Machtinstrument benützt werden, um andere zu diskriminieren. Niemand aber hat bislang darüber Aufschluß verlangt, was unter dem Strich von naturwissenschaftlich orientierter Forschung im humanwissenschaftlichen Bereich im Verlauf der letzten Jahrzehnte wirklich an Nennenswertem hervorgebracht worden ist.“ (Mertens, 1991: 37 f.)

Im Jahre 2004 legte eine Gruppe von Neurowissenschaftlern in der populärwissenschaftlichen Zeitschrift *Gehirn und Geist* ein Manifest zum Stand und zur Zukunft ihres Forschungsgebietes vor (vgl. Roth u. a., 2004d). Es sorgte für viel Aufsehen und Forschungsgelder für die Unterzeichnenden und ihre Institute. Die Autoren prophezeiten die Enträtselung des Gehirns und des menschlichen Geistes in den nächsten zehn Jahren und manifestierten damit weiterhin den Status der Leitwissenschaft Neurologie. Eine einheitliche naturalistische Entschlüsselung aller psychologischen Phänomene sollte ein für alle Mal alle Widersprüche aufheben. Und: Die Unterzeichner dieses sogenannten „Manifestes der Neurowissenschaftler" bzw. „Manifestes der Hirnforschung" erklärten die Willensfreiheit für nichtig.

Zehn Jahre später ist die Neurologie über ein paar technische Fortschritte zur Sichtbarmachung der hochkomplexen Systemstruktur des Gehirns und seiner Milliarden von Schaltstellen nicht weit hinausgekommen. Deren Vielfalt bleibt den quantitativen Untersuchungsmethoden offensichtlich überlegen. Die empirische Detailtreue und der Anspruch an harte verlässliche Fakten haben zum Verständnis der Mechanismen oder gar der pathologischen Verhaltensphänomene so gut wie nichts beigetragen. Zwischen Funktionsstörungen und Symptomen (Depression, Angst etc.) scheint es nur geringe Zusammenhänge zu geben; die Kluft zwischen zellphysiologischen Prozessen und der funktionellen Architektur des Gehirns liegt jenseits einer experimentellen Reichweite.

Mittlerweile mussten die Unterzeichner des Manifests die völlige Fehleinschätzung ihrer Forschungsleistung und das völlig überschätzte Erklärungspotenzial des eigenen Ansatzes öffentlich eingestehen. *„Es gibt verborgene religiöse Strukturen unter der hochrationalen Oberfläche der Medizin"*, schreibt die FAZ am Sonntag dazu am 19.10.2014 (Nr. 42: 37). Es scheint der Allgemeinheit nicht länger verborgen zu bleiben, dass etwas faul ist beim selbsterklärten „Leitwolf„ der Wissenschaft. Dabei ist dem einen oder anderen Hirnforscher bis heute nicht ganz klar, dass nicht der Umfang des „Forschungsgebietes Hirn" das Problem ist. Denn selbst wenn *„alle* *möglichen wissenschaftlichen Fragen beantwortet sind, [sind] unsere Lebensprobleme noch gar nicht berührt."* (Wittgenstein, 1963: 114)

Heftige Kritik wurde der Psychoanalyse[20] nicht nur von Seiten der Naturwissenschaft, der Neurologie und Medizin entgegengebracht. Auch die sogenannten „artverwandten Geisteswissenschaften" haben ihre wissenschaftliche Existenzberechtigung immer wieder in Frage gestellt: Gerade beim Thema der Freiheit des Individuums gegenüber der Gesellschaft verweist diese Diskussion exemplarisch auf das andauernde und grundsätzliche Missverständnis gegenüber dem eigenständigen wissenschaftstheoretischen Ansatz der Psychoanalyse.

Die Kritik aus den Reihen der Soziologie und Philosophie zielt zumeist darauf ab, dass alle Psychotherapien den Patienten weniger Freiheit und Selbstbestimmung bringen und ihn dagegen in die fremdbestimmende Regelkonformität der Leistungsgesellschaft zurückdrängen (vgl. Illouz, 2012; Foucault, 1986). Psychische Auffälligkeiten sind demnach Störfaktoren, die auf die Unstimmigkeiten und den Machtmissbrauch im Gesellschafts- und Wertesystem verweisen und die von der Psychoanalyse beseitigt oder ausgebeutet werden.

Dem wird ein eigener introspektiver Ansatz in Form einer dialogischen oder selbst-verstehenden Methode als etwas angeblich Selbständiges und Freies entgegengesetzt. Dabei kommt es zu einer völligen Ablehnung des dynamischen Unbewussten, entwicklungsbedingten Prägungen oder der Übertragungsphänomene. Die Unstimmigkeiten im Leben und Gefühlshaushalt des Individuums sollen hier quasi mit dem Intellekt aufgelöst werden; den Störungen steht ein (romantisches) reines oder gesundes, verschüttetes Selbst gegenüber, das mit Erkenntnis ausgegraben und mit Phantasie neue entworfen werden muss. Doch dazu bemerkte schon Freud als entscheidenden Einwand:

> „… der Analysierte erinnert überhaupt nichts von dem Vergessenen und Verdrängten, sondern er agiert es. Er reproduziert es nicht als Erinnerung, sondern als Tat, er wiederholt es, ohne natürlich zu wissen, dass er es wiederholt." (Freud, 1914b: 129)

Die eigentlichen Motivationen hinter den pathologischen Phänomenen ist eine ehemals sinnvolle Überlebensstrategie in einem pathologischen Umfeld der primären Familiensituation – in die sicher auch immer die Gesellschaft mit hineinwirkt. Sie wird zur psychischen Struktur und ist nichts Äußerliches. Diese Entstehung der Stö-

---

20 Ich wähle hier die Psychoanalyse und ihre Forschung als Psychotherapie in meiner Argumentation, weil die Psychoanalyse die *„älteste, am gründlichsten beforschte und wohl auch anspruchsvollste Psychotherapieform darstellt"* (Mertens, 2014a: 13). Aus ihr sind die anderen Psychotherapieformen hervorgegangen und an ihr müssen sie sich (besonders die Verhaltenstherapie) mit ihren Heilungserfolgen und deren Nachhaltigkeit immer auch messen. Darüber hinaus verfügt die Psychoanalyse von Beginn an über eine eigene unvergleichliche, kulturkritische Erkenntnishaltung, die sich auch in ihrem eigenen wissenschaftstheoretischen Ansatz und Wahrheitsbegriff zeigt.

rungen (aber auch Verhaltensmuster im „Normalbereich") im psychodynamischen Wissenschaftsmodell wird von den Kritikern nicht erfasst. Und es hilft wenig, dem Patienten die Wahrheit über seine Störungen, Erinnerungen und Verhaltensweisen einfach vorzugeben oder gar subtil aufzuzwingen: Die Psychoanalyse ist entstanden aus dem Scheitern der Suggestion (vgl. Freud, 1895, 1900, 1909).

Ihr wird auch kein eigenes geltungslogisches Modell entgegengestellt. Es wird weiterhin an eine Heilung durch *rationale Einsicht* geglaubt – ohne dass diese in der Praxis als Alleinstellungsmerkmal für Veränderung je eine besondere Wirkung gezeigt hätte. Wenn Menschen durch introspektive Dialoge geheilt, von ihren Wiederholungszwängen befreit werden könnten, würden Gespräche mit Angehörigen und Freunden reichen – und Therapiesettings hätten nie einen Grund gehabt sich zu entwickeln. Jeder, der je mit einem depressiven oder zwangsgesteuerten Menschen zu tun hatte, weiß das.

Der jüngste Beitrag zu dieser Art der Psychoanalysekritik von der prominenten israelischen Soziologin Eva Illouz verbindet den Vorwurf der Wiedereingliederung der Gescheiterten in die unterdrückende Gesellschaftsordnung durch die Psychoanalyse mit einer Kritik an der Selbstoptimierung, die durch Psychotherapien angeblich (und pauschal) unterstützt würde. Das persönliche Scheitern würde mit Hilfe der Psychotherapien in die private Verantwortung des Individuums verbannt. Die Selbstbefreiung durch Psychoanalyse ist für Illouz nicht mehr als ein „*expressiver Individualismus*" (Illouz, 2012: 116), der in zwischenmenschlichen Beziehungen sichtbar versagt. Sie benennt die „*institutionelle Ordnung*" (ebd.: 14) als eigentliche Ursache der Fremdbestimmung, die die Nöte unseres Gefühlslebens prägt. Die Psychoanalyse spiele diesem Aggressor in die Hände. Selbsterkenntnis in der Therapie ist demnach die wirkungslose Methode des psychotherapeutischen Heilverfahrens, die das Leid durch die Suche nach den eigenen Fehlern überwinden helfen sollen. Wie sie von anderen, angeblich besseren Methoden der Erkenntnis der eigenen Einbindung in das Gesellschaftssystem zu unterscheiden ist, wird nicht weiter ausgeführt.

Dass die Psychoanalyse die Menschen in den falschen herrschenden Wertevorstellungen festhält oder sie sogar zurückpresst, anstatt den „stotternden Motor" zum Anlass zu nehmen, die ganze kulturelle Werteordnung in Frage zu stellen und zu verändern, ist ein Vorwurf, der immer wieder auftaucht (vgl. Foucault, 1986). Diesem Missverständnis der Psychoanalyse (in Praxis und Theorie) kann man entgegnen: Gerade die Gefühle, die „*das Gefangensein des Selbst in den Institutionen der Moderne einschließt, widerspiegelt und verstärkt*" (Illouz, 2012: 18), machen es für die Ansprüche der Gesellschaft und herrschenden Werteordnung so anfällig. Das Individuum ist ein Produkt seiner durch die Familie vermittelten gesellschaftlichen Ordnung – und nicht eigentlich oder in Teilen noch „unverdorben". Hirn und Selbst sind „verkörperlichte Werte", die durch neue Erfahrungen, die als gute Erfahrungen erforscht und lebensweltlich bewiesen sein müssen, verändert werden können. Nur im Erleben der korrigierenden, empathischen Beziehung kann das ganze Selbst so geheilt werden, dass es nach und nach sein eigenes Maß entwickelt (siehe Kapitel 3).

Illouz hat die Wirkfaktoren und die Entstehung der individuellen Wahrheit als „Patienten-Wahrheit" in der Psychoanalyse typischerweise nicht erfasst: Es ist eben nicht das Analysieren als Reden über die Prägungen, die den Veränderungen in einer Psychotherapie und der Erweiterung der Selbst-Wirksamkeit (als Freiheitsgefühl) zugrunde liegen, sondern die therapeutische Beziehung, die Anerkennung und Anteilnahme, der empathische Austausch, der grundsätzlich ist für den Heilungsprozess (siehe Kapitel 3).

Die Wechselwirkung der sozialen Umgebung mit der dynamischen Psyche, dem sich modifizierenden Gehirn, ist mittlerweile auch interdisziplinär überzeugend bewiesen worden. Die Soziologie hat hier, genauso wie viele andere Kritiker der Psychoanalyse, selbst kein schlüssiges Konzept für Veränderung. Was *„psychische Ressourcen"* (Illouz, 2012: 33), oder die *„eigene psychische Struktur"* (ebd.: 36) sind oder was das *„Selbstwertgefühl"* (ebd.) ausmacht, wird von Illouz typischerweise nicht definiert. Genau hier liegt aber die Kernkompetenz der Psychoanalyse und ihrer Forschung: Nur die Psychotherapieforschung und die PTW haben bisher ein funktionierendes, klinik- und lebenswelterprobtes Modell vom sozialen Menschen und seinen nachhaltigen Veränderungsmöglichkeiten vorgelegt.

Darüber hinaus ignoriert Illouz die Gesellschaftsanalyse und Gesellschaftskritik der Psychoanalyse. So ist es gerade, über die individuelle Patientengeschichte hinaus, für die Psychoanalyse eine *„zentrale Aufgabe […] die soziale Grundlage von Überzeugungen zu entlarven."* (Illouz, 2012: 31). Hier sollten seriöse Psychotherapie und Psychoanalyse mit ihren verschiedenen Forschungsgebieten (auch zu den kollektiven Formen von Leid) nicht verwechselt werden mit den aktuellen Moden in einer leistungsstärkenden Selbsthilfeindustrie (z. B. Personal Coaching, Familienaufstellung). Aufbauend auf dem individuellen psychodynamischen Modell[21] und seinen pathologischen Verschiebungen, hat die Psychoanalyse eine überzeugende gesellschaftswissenschaftliche Analyse und Kritik von Anfang an hervorgebracht (vgl. Freud, 1913a, 1921, 1927b, 1930).

> *„Von der psychoanalytischen Methode aus lassen sich deshalb wichtige Einblicke in kollektive Vorgänge gewinnen, weil man beim Agieren des einzelnen erkennen kann, dass hier statt einer Befriedung der engeren familiären Umwelt die Disharmonie in der Gesellschaft besonders deutlich gesehen und dort bekämpft wird, statt bei eigenen Bildungsprozessen anzusetzen."* (Kächele/Thomä, 1973: 317)

Aktuell zeigt sich dieses Bemühen um externe Kohärenz besonders in der sogenannten Konzeptforschung (vgl. Leuzinger-Bohleber, 2014).

Komplexe unbewusste intersubjektive Erfahrungsverarbeitung und ihr Einfluss auf unsere Entscheidungen und Handlungen wurden und werden bei der Theorie- und Methodenbildung der Psychoanalyse immer mitgedacht (vgl. Leuzinger-Bohleber

---

21 Spätestens seit Freuds *„Drei Abhandlungen zur Sexualtheorie"* (Freud, 1905) handelt es sich bei der Psychoanalyse um eine psychodynamische Entwicklungstheorie.

u. a., 2002). Dabei werden die eigenen Theorien ständig auf ihre Lebenswelttauglichkeit überprüft und anthropologische Fragen in schlüssigen Modellen dargestellt. Diese Methode, die auf Freuds Forderung nach dem *„Junktim zwischen Heilen und Forschen"* (Freud, 1927a: 293) basiert, begründet auch die neue eigene Form von Wissenschaftlichkeit, Beweiskraft und Wahrheit in der PTW. Auch die Selbstreflexion des Forschers (in der Gegenübertragung und Supervision) liegt in diesem eigenen wissenschaftstheoretischen Ansatz begründet.

Sigmund Freud selbst ist diesen Weg vorangegangen. Er war als Naturwissenschaftler, Mediziner und Neurologe durch die physiologische Unerklärlichkeit der Hysterie-Symptomatik gezwungen, ein neues psychologisches Modell zu entwickeln, das auf dem subjektiven Erleben, unbewussten Motivationen und einem wertenden Selbstverständnis beruht. Dabei blieb er immer von der Hoffnung beseelt, die Lücke eines Tages schließen zu können, zwischen seinen naturwissenschaftlichen Forschungsursprüngen und seiner tiefenpsychologischen Theorie und Behandlungsmethode. Orientierte er sich anfangs mit diesem Wunsch noch an naiv-realistischen, naturwissenschaftlichen Ansprüchen (vgl. Freud, 1895b/1950, 1900; Mertens, 2007: 115) – was ihm später als *„szientistische[s] Selbstmissverständnis"* (Habermas, 1968a: 306 f.) vorgeworfen wurde[22] – findet sich dagegen eine tragfähige Integration schon im Triebbegriff. *„Rücksichtslose Triebbefriedigung, wie sie das Es fordert"* (Freud, 1938: 128), fasst den Trieb als Grenzbegriff zwischen Seelischem und Somatischem, als Arbeitsanforderung des Seelischen aufgrund des Körperlichen. Das stellt die Grundlage der Freudschen psychoanalytischen Theorie und Praxis dar, auch wenn der Trieb von Freud selbst ausschließlich in seiner psychischen Realität untersucht wurde (vgl. Mertens, 2014b: 980 ff.)[23].

Freuds Orientierung am naturwissenschaftlichen Standard ist darüber hinaus weniger als Sehnsucht nach einer Einheitswissenschaft und mehr als Abkehr von Okkultismus und Religion zu werten (vgl. Hampe, 2004: 27; Mertens, 2014a: 94). Denn Freud selbst hat im Laufe der Entwicklung seiner Methode immer wieder auf die mangelnde Erkenntniskraft der Neurologie und ihrer lebensweltfremden Ansprüche hingewiesen:

---

22   Freud wurde aber auch oft aus den eigenen Reihen vorgeworfen, Sexualität, Narzissmus und Aggression als überwiegend biologische Impulse zu sehen, ohne ihre kulturelle Herkunft ausreichend zu berücksichtigen (vgl. Mertens, 2014a: 60).

23   In Freuds mehrfach geändertem Triebkonzept (vgl. Loewald, 1986) ist die Einführung des Todestriebs in seiner Schrift *Jenseits des Lustprinzips* von 1920, ein Versuch den Wiederholungszwang als andauernde Unlusterfahrung auf eine naturwissenschaftliche Basis zu stellen: Der selbstzerstörerische Wiederholungstrieb, als Reinszenierung der infantilen Konflikte, schien Freud nicht mit dem körperlichen Selbst-Erhalt kompatibel zu sein (vgl. Mertens, 2007: 117). Erst durch die Bindungsforschung und die intersubjektive Erweiterung der Psychoanalyse wurde klar: Neurosen sind Überlebensstrategien (s. u.).

„Aber heute muss ich sagen, ich weiß nichts, was mir für das psychologische Verständnis von Angst gleichgültiger sein könnte, als die Kenntnis des Nervenweges, auf dem ihre Erregungen ablaufen." (Freud, 1917: 408)

Auch in seiner Schrift *Die Frage der Laienanalyse* (1926) wendet Freud sich entschieden gegen die Vereinnahmung der Psychoanalyse durch die Medizin als dominierenden Erkenntnis- und Praxistypus, deren Illusionen, Selbstverkennungen und Ausgrenzungen von Freud hier systematisch kritisiert wird. Da die Ärzte bereit sind die *„Lebenswichtigkeit"* (Freud, 1926b: 273) des Seelischen für den Status des Naturwissenschaftlichen zu opfern, fordert Freud den *„Eigenwert"* (ebd., 1927a: 291) der Psychoanalyse in Form eines eigenständigen wissenschaftlichen Status – gegen die Rationalisierung der Mediziner. Das für die wissenschaftstheoretische Grundlage der PTW und Psychoanalyse zentrale Element der steten Selbstkritik des Forschers und Therapeuten zeigt sich hier in Freuds Selbstbeschreibung als Laie. Auf der Basis der zentralen Arzt-Patienten-Beziehung, als völlig neue Zugangsweise zum Forschungsgegenstand, lässt sich eine Brücke schlagen, vom Beginn der Psychoanalyse in der *Traumdeutung* bis hin zum Höhepunkt von Freuds Popularität Ende der zwanziger Jahre. Freuds Bemerkung: *„Die psychoanalytische Denkweise benimmt sich dabei wie ein neues Instrument der Forschung"* (Freud, 1913: 414), definiert diese grundlegende wissenschaftstheoretische Eigenständigkeit. Denn gerade weil Freud seine Methode weder der Medizin noch einer rein hermeneutischen Kultur-und Geisteswissenschaft zuordnete, bewahrt sie bis heute ihre „Doppelnatur", ist eine *„Wissenschaft zwischen den Wissenschaften"* (Lorenzer zitiert nach Leuzinger-Bohleber u. a., 1997a: 125; vgl. Kächele/Thomä, 1973: 206 f.). Gerade diese *„Eigenständigkeit als wissenschaftliche Disziplin"* (Leuzinger-Bohleber/Haubl, 2011: 29), die unvergleichliche *„eigene Form der Wissenschaftlichkeit"* (Stuhr, 1997: 167) aufgrund ihres steten Praxisbezugs aus dem ihr Wahrheitsbegriff hervorgeht, gibt ihr heute die Möglichkeit zwischen den psychologischen Disziplinen zu vermitteln – ohne selbst dabei eine dogmatische Einheitswissenschaft zu werden. Denn das Gewahrsein der subjektiven Prägungen – auch in der Forschung – gehört grundlegend zu diesem Wahrheitskonzept. In ihrer Stellung zwischen den herkömmlichen Wissenschaftsfronten kann gerade die PTW auf dieser Grundlage *„die Trennung des Menschen in ein natürliches und ein soziales Wesen dialektisch aufheben."* (Mertens, 2008: 9; vgl. Fischer, 2008; Rieken, 2011: 16)

In seinem letzten Werk *Abriß einer Psychoanalyse* behauptet Freud abschließend, die direkte Beziehung zwischen dem psychischen Leben und dem Nervensystem würde *„höchstens eine genaue Lokalisation der Bewusstseinsvorgänge liefern und für deren Verständnis nichts leisten"* (Freud, 1938: 67). Diese Aussage bezieht sich auf die latente Forderung der Kollegen aus der Medizin, die bis heute nach experimentellen Beweisen für die analytische Situation rufen. Sie richtet sich ebenfalls gegen die Vorherrschaft der behavioristischen Verhaltens-Psychologie. Fazit: Auch wenn Freud seine Ansprüche an einen überzeugenden Wissenschaftsstandard nie aufgegeben hat (aufgrund dessen es auch mit vielen seiner engsten Mitarbeitern und Schülern zur Überwerfung kam), lehnte er einen rein quantitativen, naturwissenschaftlichen Zugang zu psychischen Phänomenen immer und zurecht als unbrauchbar ab. Denn Medizin und akademische Psychologie haben bis heute weder ein den psychopathologischen Verhaltensweisen entsprechendes Erklärungsmodell noch eine funktionierende nachhaltige Heilmethode geschaffen.

Die Psychoanalyse versucht seit über hundert Jahren die Lücke zwischen Naturwissenschaft und Geisteswissenschaft direkt in unseren Köpfen zu schließen (vgl. Fischer, 2008: 39). Dem Versagen der Neurologie stehen die sehr erfolgreichen Prozess-Outcome-Studien der Psychotherapieforschung der letzten zwei Jahrzehnte gegenüber. Diese Entwicklung hat besonders der Psychoanalyse nach der Jahrtausendwende weltweit eine neue, auch wissenschaftstheoretische Anerkennung verschafft. Die großen vergleichenden Studien der letzten zwei Jahrzehnte haben die relevanten Methoden der hermeneutischen Wissenschaft und quantifizierbare Erkenntnismethoden zur Untersuchung der psychischen Phänomene praxisnahe kombiniert: mit überzeugenden Ergebnissen. Dabei gelang ihnen der längst fällige methodische und interdisziplinäre Brückenschlag zwischen den verschiedenen Ansätzen psychologischer Forschung, jenseits wissenschaftlicher Eitelkeiten und leitwissenschaftlichem Dominanzgehabe: Ihre beweiskräftigen Argumente (auch im Streit um unsere Willensfreiheit) verdankt die Psychoanalyse diesen mittlerweile vielfältigen interdisziplinären Verbindungen.

Für sich allein genommen können Gene und Neuronen kein funktionierendes Organ erzeugen. Die affektregulierende Funktion der Bezugspersonen, die frühen sozio-emotionalen Erfahrungen, bringen die biologische Struktur zur Reifung: Erst durch die soziale Umwelt – und allen voran die Bindungserfahrungen der ersten Lebensjahre –, entsteht das Organ Gehirn als Teil des sich entwickelnden Körpers, als Teil einer intersubjektiven Gemeinschaft. Soziale Erfahrungen, soziales Lernen lassen die physischen und psychischen Strukturen als Gehirngewebe entstehen; die „soziale Konstruktion des menschlichen Hirns" (Green, 2005: 36) findet sich in der realen Entwicklung der genetisch kodierten Programme. Und: Das affektive Erfahrungsgedächtnis der ersten Lebensjahre macht den entscheidenden Teil des uns (fremdbestimmenden) Unbewussten aus.

Einheitlich wird heute bestätigt, dass die frühkindliche Bindungserfahrung die Affektregulierung bestimmt, damit einhergehend die Mentalisierung und deshalb auch unsere Handlungs- und Verhaltensweisen. Das Ich als regulierende psychische Struktur und das Selbst als Gewahrsein des eigenen Daseins entstehen durch ein stabilisierendes Bindungssystem, durch strukturgebende entwicklungsfördernde Objektbeziehungen. Die psychische Stärke bzw. Gesundheit lässt sich also über die Selbst-Regulationsmechanismen beschreiben (vgl. Fonagy, 2004a, 2006). Hierin bestätigen sich die Entwicklungspsychologie, Psychoanalyse und Hirnforschung mittlerweile gegenseitig.

Und hier liegt auch der Grundstein für eine neu sinnvolle Definition der Willensfreiheit als einer Freiheit, die durch Prägungen bestimmt und durch psychodynamische Entwicklung erweitert werden kann. So hat sich also mittlerweile bestätigt, dass die Psychoanalyse *„als ein Vorgang angesehen werden* [kann], *der über kortikale Einwirkung auf überstabilisierte subkortikal-emotionale Abläufe modulierend Einfluss nimmt."* (Leuzinger-Bohleber u. a., 1998/1: 25)

Die Erkenntnisse über die Veränderungsprozesse in der Therapie haben im Laufe der Psychotherapieforschung einen großen Wandel erfahren. Ihr Ausgangspunkt war Freuds Ratschlag, die Analyse soll die für die Ich-Funktionen günstigen psychologischen Bedingungen herstellen (vgl. Freud, 1899; 1923: 253). Diese Bedingungen und ihre heilende Wirkung auf die psychische Struktur wurden ebenfalls von der Prozess-Outcome-Forschung umfangreich erfasst: Die großangelegten, therapieübergreifenden Studien lieferten epistemologisch überzeugende Ergebnisse auf die Frage, was genau in der Therapie passieren muss, damit der Patient auch Jahre *nach* Abschluss der Therapie sich selbst als geheilt beschreibt und sein Leben selbstwirksam gestalten kann (siehe Kapitel 3). Der Willensfreiheit in Form einer durch Therapie angeeigneten bzw. erweiterten Selbstbestimmung kommt hier eine zentrale Stellung zu.

> *„Die psychotherapeutische Behandlung zielt u. a. darauf ab, den begrenzten Spielraum menschlicher Entscheidungsfreiheit systematisch zu erweitern. In der Mehrzahl psychotherapeutischer Behandlungen gelingt das auch."* (Fischer, 2008: 29)

Die Untersuchungen haben ergeben, dass Patienten und Psychoanalytiker folgende Ziele einer Therapie mit der Heilung in Zusammenhang bringen: 1. Veränderung der Symptome und Beschwerden, 2. Veränderung der Lebensführung, 3. Strukturelle Persönlichkeitsveränderung (vgl. Westenberger-Breuer, 2005; Thomä/Kächele, 1992).

Der Strukturbegriff, der in den Therapieschulen (auch innerhalb der Psychoanalyse) vormals nicht einheitlich definiert war[24], wurde nunmehr als Grundlage zur Definition von Heilung und Selbst-Wirksamkeit, als Grundlage von nachhaltiger Veränderung, ausgelotet; integrierbare intersubjektive Neuerfahrung und Neubewertung durch die therapeutische Beziehung wird heute als therapieschulen-übergreifender Veränderungsfaktor anerkannt.

Die soziale Stützung des Patienten, im direkten Zusammenspiel mit der Konfliktaktivierung, wurde schon von Freud als entscheidendes Mittel des psychoanalytischen Prozesses beschrieben (vgl. Freud, 1913c: 454 ff.). Die enorme Wichtigkeit der empathischen Einstellung des Therapeuten wurde erstmals von Heinz Kohut betont (vgl. Kernberg, 1991: 14): Der Therapeut muss in der Übertragung für den und mit dem Patienten die Bindungs- und Bestätigungsdefizite nachholen bzw. neue positi-

---

24 Während Ich-Psychologie und Objektbeziehungstheorie von modifizierten Objektinternalisierungen und Konflikten ausgehen, verweist Kohut auf die realen frühen Erlebnisse, die in der Übertragung aktiviert werden. Hier entsteht die psychische Struktur also direkt aus dem Erleben, während bei den anderen eher ein „Mythos" in der Behandlung angesprochen wird (vgl. Kernberg, 1991: 9 f.).

ve Beziehungserfahrungen bereitstellen (Fonagy, 2006: 440)[25]. Katharsis, Identifikation, Bestätigung, Spannungsvermeidung, Halt, Allianz, Wärme, Respekt, Empathie, Akzeptanz, persönliche Wirksamkeit, Durcharbeiten und Deutung führen in den verschiedenen dynamischen Psychotherapien zum Entstehen (nicht Erlernen!) von neuen Verhaltensregulierungen, Neubewertungen, Selbst-Bildern.

Die Erweiterung der Freiheit als Selbst-Wirksamkeit gelingt also über die Reifung der psychischen Struktur durch die therapeutische Beziehung. Der Schwerpunkt dieser Freiheitserweiterung verschiebt sich hierbei vom Bewusstsein auf das Unbewusste. Denn „das Unbewusste bewusst machen" (als aufklärerisches Erbe der Psychoanalyse) kann nicht über das Primat des Intellekts oder der Rationalität erfolgen, sondern nur über das Primat der emotionalen Erfahrung in der therapeutischen Beziehung. Wenn wir uns durch innere Kräfte als fremdbestimmt empfinden und leiden, wenden wir uns irgendwann vielleicht bewusst der Entstehungsgeschichte dieses Leidens zu, doch die Einsicht in die Zusammenhänge reicht nicht aus für eine Veränderung. Dem Bewusstsein kommt nur eine Helferrolle zu, die immer vom Unbewussten abhängig bleibt.

> „Wir mögen noch so oft betonen, der menschliche Intellekt sei kraftlos im Vergleich zum menschlichen Triebleben, und Recht damit haben. Aber es ist doch etwas Besonders um diese Schwäche; die Stimme des Intellekts ist leise, aber sie ruht nicht, ehe sie sich Gehör verschafft hat." (Freud, 1927b: 377).

Das Bewusstsein verschafft dem Unbewussten Gehör (z. B. indem es Menschen eine Therapie beginnen lässt). Doch nur dessen kraftvoller Dynamik verdankt das Bewusstsein seine Existenz. Dies wird mittlerweile von der Bewusstseinsforschung der Neurologie bestätigt, und die fließenden, aufsteigenden Übergänge zwischen Unbewusstem und reflexiv Bewusstem können wiederum zahlreiche Widersprüche in Freuds Dreiinstanzenmodell klären helfen (siehe Kapitel 4). Doch wie konnte es (endlich) soweit kommen?

Erik Kandel hat an den Nervenzellen der Meeresschnecke Aplysia californica (und später auch bei Mäusen) mit seinen elektrophysiologischen Untersuchungen nachweisen können, dass verschiedene Formen des Lernens auf verschiedenen Funktionsveränderungen (physiologische, biochemische, molekulare) bestimmter (für das betreffende Verhalten zuständiger) Synapsen beruhen. Dafür hat er 2000 den Nobelpreis in Medizin bekommen. Kandel legte damit den auch von der Naturwissenschaft zu akzeptierenden Grundstein dafür, dass …

---

25 Heinz Kohut kann als Begründer der intersubjektiven Wende in der Psychoanalyse (in Abgrenzung zur subjektivistischen, positivistischen Ich-Psychologie) gesehen werden (vgl. Ermann, 2010, 2014). Die grundsätzliche soziale Veranlagung des Menschen (über den sexuellen Trieb hinaus) hatte aber schon Alfred Adler betont, was 1911 zum Bruch mit Freud führte (vgl. Kapitel 3.1).

1. das Gedächtnis auf Veränderung der synaptischen Übertragung beruht,
2. Lernen/Erfahrung die neuronale Erregbarkeit beeinflusst, die wiederum die Synapsen verändert,
3. die Veränderungen unterschiedliche Zeitkomponenten haben und zum Kurzzeit- oder Langzeitgedächtnis beitragen.

Die mechanistische Neurologie und die akademische Psychologie sollten sich nach Kandels Meinung aufgrund seiner Forschungsergebnisse, endlich durch *„eine Biologie des Bewusstseins und Unbewussten"* (Kandel, 2006: 257 ff.) erweitern. So könne man die Fremdbestimmung in unseren Gedächtnisprozessen aufdecken und in eine größere Selbstbestimmung wandeln.

Schon Jean Piaget hatte die grundlegende Kausalität zwischen Reiz und psychischer Reaktion als menschliche Erkenntnistätigkeit in die Forschung eingebracht. Sie bildet die Grundlage für den Vorgang der Veränderung durch Einsicht – wobei diese Einsicht auch schon bei Piaget logisch *und* emotional zu verstehen ist (vgl. Piaget, 1995/1954). Mittlerweile sind durch die bildgebenden Verfahren der CT und des fMRT der Zusammenhang zwischen Reiz und neuronalen Vorgängen auch beim Menschen hinreichend belegt (auch im naturwissenschaftlichen Sinn) – wenn auch ihre Regelhaftigkeit strittig diskutiert wird.

Die neuste Bewusstseinsforschung in der Neurologie (vgl. Damasio, 2013; Solms, 2013; Fuchs, 2013) greift mittlerweile auf ein psychodynamisches Modell der unbewusst abgespeicherten Lernvorgänge als wichtigsten Teil der Selbst-Organisation zurück (siehe Kapitel 4). Doch viele Neurowissenschaftler (Roth, Singer, Prinz) haben deshalb noch lange nicht ihre Determinierungsansprüche aufgegeben.

Die moderne Hirnforschung hat es somit geschafft, den (durch die Philosophiegeschichte bis in unser alltagspsychologisches Selbstverständnis) wirksamen Glauben an ein vernünftiges, rationales und selbstgesteuertes Handeln des Menschen endgültig als falsch zu beweisen. Die für die Psychoanalyse und PTW grundlegende Hypothese vom Primat des Unbewussten[26] in unserem psychischen Apparat wird durch die Neurologie mittlerweile eindeutig naturwissenschaftlich untermauert (Solms, 2003: 17): Wir sind nicht vernünftig, haben keinen metaphysischen, körperlich-unabhängigen Geist. Wir haben lediglich Dinge erfahren und gelernt, die in unserem direkten Umfeld viel Raum einnehmen, wichtig sind für unser Überleben (in der Gruppe) und den Erhalt unseres Körpers und für unsere Fortpflanzung. Doch: Gelernte Dinge sind auch immer gewertete Dinge. Über unsere Emotionen lernen wir

---

26 Lange Zeit galt der Begriff des Unbewussten als psychoanalytisch und somit esoterisch verpönt und wurde in der experimentellen Psychologie und in der Neurologie durch den Begriff des „Impliziten" oder „Intrinsischen" ersetzt. Erst in jüngster Zeit wird der Begriff des Unbewussten wieder synonym verwendet. Leider wird aber die Qualität des Unbewussten von der experimentellen Psychologie nur als „adaptives Unbewusstes" akzeptiert, was die dynamisch-konflikthafte Verdrängung des psychoanalytischen Unbewussten explizit ausschließt.

die Welt für unser Überleben einzuschätzen, und wir bewerten danach unser Handeln.

> *„Gehirne sind Organe, die ein Verhalten erzeugen sollen, welches das Leben und Überleben des Organismus, beim Menschen insbesondere das soziale und psychische Leben und Überleben, garantiert. Gehirne müssen nicht nur Sachverhalte erfassen, sondern vor allem Bedeutungen von Sachverhalten. Ihre Netzwerke sind daher bedeutungserzeugende und bedeutungsverarbeitende Netzwerke. Sie tun dies über unzählige Mechanismen, die Sinneserlebnisse und motorische Akte des Organismus mit emotionalen Erlebniszuständen in Verbindung bringen. Das bedeutet im einfachsten Fall ‚gut' und ‚schlecht', ‚lustvoll' oder ‚schmerzhaft', im komplexen Fall sozial erwünscht oder sozial unerwünscht.“* (Roth, 2006c: 23)

Auch wenn das Unbewusste in seiner emotionalen Bedeutungszuweisung mittlerweile von der Hirnforschung akzeptiert wird, bleibt für viele Neurowissenschaftler das (kranke) Organ Gehirn, das falsche Wertungen abgespeichert hat, weiterhin monokausal verantwortlich für unser Verhalten.[27] Der Irrtum steckt dabei, wie eingangs erwähnt, im unausgewiesenen und unreflektierten Menschenbild hinter den auf den ersten Blick überzeugenden Zuweisungen. So ist zwar die Erkenntnis, dass das Ich nicht Herr im eigenen Haus ist, auf die die Psychoanalyse seit über hundert Jahren ihre Theorie und Praxis gründet, immerhin endlich in der rationalitäts-fokussierten Naturwissenschaft angekommen. Doch leider hat die Neurologie das Ich nun gleich ganz abgeschafft und nur noch das Haus stehen gelassen.

Ein Zentrum der Entscheidungsfähigkeit ist im Gehirn nicht zu lokalisieren oder als zugeordneter neuronaler Zustand auszumachen. Der Bereich der bewusst-steuernden Tätigkeit im Hirn (präfrontale Kortex) ist indirekt mit den handlungssteuernden unbewussten Zentren verbunden (vgl. Roth, 2003: 160–181; Roth, 2007; Goschke, 2004). Eine bewusste Entscheidung ist daher nur möglich, wenn *„die Basalganglien der beabsichtigten Handlung zugestimmt haben.“* (Roth, 2003: 174) Das gilt auch für Handlungen, die wir lange hin- und herüberlegt haben. Ein autonomes, einheit-

---

27   In seinem Buch *Schnelles Denken, langsames Denken* macht auch der experimentelle Psychologe und Nobelpreisträger Kahneman ein umfangreiches Zugeständnis an die Dominanz des Unbewussten: Logisch gleichwertige Aussagen rufen (entgegen der verlässlichen Rationalität) bei *„Normalsterblichen“* (Kahneman, 2012: 331) unlogische Reaktionen hervor. Doch typischerweise beschreibt er diese lästigen Phänomene immer noch als Ergebnis einer *„assoziativen Maschinerie“* (ebd.: 447), in der Entscheidungsprobleme durch die *„Psychophysik des Wertes […] gerahmt werden und so verschiedene Präferenzen erzeugen, was dem Invarianzkriterium der rationalen Entscheidungsfindung widerspricht.“* (ebd.: 545) (auf Deutsch: Wir können nicht, wie wir besser sollten). So bleibt er – trotz der kognitiven Revolution in Form der prinzipiellen Anerkennung von der Dominanz unbewusster Prozesse – dem „Mensch-als-Maschine-Modell“ und dem Rationalismus des Cartesianismus weiterhin grundlegend verhaftet. Emotionale und motivationale Vorgänge überfordern Kahnemans einfache experimentelle Designs.

liches Ich, das den Willen zur Hemmung bzw. Selbst-Regulation innehat, ist daher neuro-physikalisch nicht nachzuweisen[28]. Und wo keine zentrale Steuerung ist, kann auch kein gezielter, personengebundener Wille entstehen, behaupten die Gegner der Willensfreiheit unter den Hirnforschern in ihrer naiven, monokausalen, mechanistischen Denkweise.

Statt einer zentralen Kontrollinstanz in Form einer Einheitsregion, die die untergeordneten Systeme (Motivationen, konkurrierende Emotionen und Bedürfnisse) koordiniert (entscheidet, plant, handelt), gibt es also „nur" viele unbewusst interaktive Hirnareale, Hirnfunktionen und elektrische Abläufe in den Neuronen. Da Gefühle *„konzentrierte Erfahrungen"* (Roth, 1996: 212) darstellen, in Form von flexiblen Muster-Sequenzen neuronaler Erregung, die nicht als feste Speichereinheiten zu verstehen sind, ist auch das Ich-Gefühl (genauso wie das eng damit verbundene Körpergefühl) aus Sicht der Willensfreiheitsgegner „nur" ein Resultat einer in den Neuronen abgespeicherten Erfahrung: Es ist die Erfahrung vom handelnden Individuum in der Welt, die uns das Hirn vortäuscht, damit wir mit den Konsequenzen unserer Handlungen und Entscheidungen umgehen können.

Doch der Hirnforscher und Psychologe Jaak Panksepp verwies als erster darauf, dass die kortikalen und subkortikalen Strukturen (entlang der Hirnfurche Fissura longitudinalis) für Verarbeitungsprozesse entscheidend sind, die auf eine permanente holistische Selbstwahrnehmung hinweisen (vgl. Panksepp, 1998: 214 f.): Er machte schon 1998 deutlich, dass das Gehirn (und seine neuronalen Vorgänge) nicht unser Herr und Meister ist. Es steht in jeder Sekunde im Dienste eines ganz-körperlichen Selbst in seiner Umwelt. Unser Hirn ist darauf ausgerichtet, als ein hochkomplexes Netzwerk, den Erhalt seines einzelnen, kohärenten Körpers zu sichern. Einzelne Prozesse sind in ihrer Bedeutung diesem lebensweltrelevanten Konzept des wollenden Selbst zu unterstellen, damit sie sinnvoll eingeordnet werden können.

Der Mensch ist also die zentrale Steuereinheit; sein Gehirn ist nur ein Teil davon. Wahrnehmung ist demnach nicht vom Interagieren des Selbst zu trennen; Gegenstände und Menschen sind immer schon in ihrer Beziehung zur ganzheitlichen Selbstwahrnehmung gespeichert; das Gehirn ist eingebettet in erfahrene Beziehungen seines Besitzers zu anderen Menschen und Dingen. Das allgemeine Richtmaß ist hier das Gefühl des Wohlempfindens des Selbst als (bewusste und unbewusste) Selbstwahrnehmung, die sich durch das soziale und kulturelle Umfeld individuell bildet und sich am guten Überleben ausrichtet – auch mit den Möglichkeiten der Zukunftsplanung.

Unsere Selbstwahrnehmung mit einem eigenständigen Willen als Urheber von (köperverteidigenden) Handlungen gegenüber anderen hätte sich – bei aller Möglichkeit seiner Täuschung – nicht evolutioniert, wenn sich nicht daraus ein Vor-

---

28 Die Überzeugung von der Illusionshaftigkeit des Ich entstammt aber nicht erst der Hirnforschung, sondern geht schon auf den Philosophen David Hume zurück, der den Homunkulus (den kleinen Mann im Hirn), der für uns denkt und steuert, als infiniten Regress verwarf.

teil ergeben hätte. Der Wille definiert sich an einer realitätskonformen Erfassung der Umwelt im Zusammenhang mit dem eigenen Selbst: Wäre unsere individuelle Selbstbestimmung nur eine Wahrnehmungstäuschung, hätte sich das längst gegen die eigene Population gewendet.

Unsere Wahrnehmung gleicht sich also dialektisch an eine reale Umwelt an, ausgerichtet auf ein besseres Überleben, das individuell und gesellschaftlich in seinen Wertigkeiten ständig neu verhandelt wird. Diese Wertigkeiten werden wir niemals objektiv erfassen, da auch das Objektive nur eine zutiefst menschliche Wertung im Sinne des Überlebens ist.

Ein monokausaler naturalistischer Ansatz greift also für die Erklärung der psychologischen Phänomene genauso zu kurz wie ein konstruktivistischer, da beide die physische Welt, in der wir täglich leben, zu schwach oder zu stark gewichten.

Bei einer Beschädigung des Hirns zeigt sich, wie wichtig seine phylogenetische, adäquate Wirklichkeitsadaption ist: Ausgefallene Funktionen, die normalerweise an einem bestimmten Platz im Hirn verortet sind, werden von anderen Regionen übernommen d. h. neu adaptiert, um das eigene Umfeld wieder überlebenswichtig-realitätsnahe zu erfassen. Die physische Beschädigung der Funktion „Ich" oder „Selbstbestimmung" stellt dabei eine besonders große Bedrohung für den Organismus dar, mit erheblichen sozialen und persönlichen Folgen einer solchen Dysfunktion.

Auch ohne ein hirnphysiologisch geschädigtes Ich ist das Gefühl der mangelnden Selbststeuerung so bedrohlich und schwer zu ertragen, dass selbst bei Entführungen und Folter noch psychische Mechanismen die Selbstbestimmung vortäuschen (z. B. ein Eigenverschulden beim Stockholm-Syndrom), damit die psychische Situation gewahrt bleibt, durch eigenen Einfluss das Überleben zu sichern. Auch wenn diese Mechanismen der Selbststeuerung zum größten Teil unbewusst geschehen, ist gerade für die Überwindung eines solchen emotionalen Traumas der Ohnmacht die erneute Selbst-Ermächtigung gegenüber der traumatisierenden Fremdbestimmung entscheidend (vgl. Bandelow, 2013: 147 ff.; Birck, 2001): Ein eigener Wille ist normal, seine (anhaltende) Einschränkung führt zu (anhaltenden) pathologischen Verhaltensweisen.

Bei Beeinträchtigungen der Selbstbestimmung, des Erkenntnis- und Handlungsvermögens durch eine funktionale Störung (z. B. durch einen Schlaganfall), aber auch durch Erfahrungen, die zu einer solchen funktionalen Störung führen können (z. B. traumatische Erlebnisse, aber auch infantile Prägungen) oder durch Manipulation (durch Drogen, Hirnexperimente oder durch Werbung), werden die verschiedenen Grade unserer Freiheit deutlich.

Was viele Hirnforscher (u. a. auch Roth und Singer) in den tradierten cartesianischen Methoden- und Denkstrukturen der Neurologie immer noch übersehen, ist also, *„dass das Gehirn nicht nur ein informationsverarbeitendes Organ ist, sondern auch ein intentionales Subjekt."* (Solms, 2013: 1019) Und: *„Intentionalität gibt es nicht ohne Subjektivität."* (Fuchs, 2013: 64) Die überlebensfördernden Wahrnehmungen, die das Gehirn verarbeitet, betreffen den gesamten Organismus – und das Hirn ist nur ein Teil davon. Es herauszunehmen und als eine Art „unbewegten Beweger" zu manifestieren, der seine prägende Lebenswelt irgendwo hinter sich lässt, ist die entscheidende, unzulässige, wissenschaftstheoretische Wertung, die den entsprechenden Hirnforschern als schwerer erkenntnistheoretischer Fehler unterlaufen ist. Ist der Mensch auch an seine biologische Struktur gebunden, die sich objektivieren lässt, ist der Gehalt jeder seiner Verhaltensweisen nicht ohne ein Selbst in seinem Überlebensumfeld sinnvoll zu erfassen. Neben der biologischen Ausstattung haben die umweltbedingten Aspekte einen *„gleichwertigen Einfluss"* (Grün, 2006: 41) auf unser menschliches (und allzumenschliches) Verhalten. Das biologische Nervensystem speichert sie in jeder Millisekunde ab, um sich zu modifizieren und wiederum angepasst an und mit der Umwelt zu interagieren: Das Gehirn als körperliches Organ *„wird erst unter einem Entwicklungsaspekt ganz verständlich"* (Fuchs, 2013: 156). Und der Entwicklungsaspekt innerhalb der Umwelt wird erst durch ein überlebenswilliges Subjekt geltungslogisch.

Dieser ökologische Kontext, in dem sich unsere Erfahrungen bis in unsere Gene niedergeschlagen haben, um dann zukünftige Erfahrungen zu bewerten und bestmöglich angepasst zu reagieren, macht diese höchste Anpassungsfähigkeit aus, die wir überhaupt von einem organischen System kennen. Ihre Exposition in jedem Individuum, durch seine konkreten emotionalen Erlebnisse bestimmt, revolutioniert das mechanistische Menschenbild grundlegend: Das körperliche „In-der-Umwelt-Erleben" ist die Voraussetzung für das Bewusstsein – evolutionär-anthropologisch und genealogisch-individuell. Umgekehrt ist das Bewusstsein nicht machtlos über unser Erleben.

Erst das „Embodiment" der neusten Hirnforschung schreibt konsequent alle mentalen und hirnphysiologischen Vorgänge systemisch dem überlebenswilligen Selbst zu. Sie werden nun nicht mehr mechanisch, sondern individuell-ökonomisch eingeordnet. Das kommt einem wissenschaftstheoretischen Erdrutsch gleich und ermöglicht die interdisziplinäre Arbeit mit dem psychodynamischen Ansatz (siehe Kapitel 4). Doch wie weit ist der Wille des Selbst vielleicht doch nur eine Selbst-Täuschung?

Die Informationen aus unserer Umwelt werden, über die Sinneseindrücke, mithilfe der in unserem Nervensystem gespeicherten Informationen analysiert/eingeschätzt, und schließlich werden bewusste und/oder unbewusste Verhaltensentscheidungen getroffen. Diese führen dann zu motorischen Aktionen: Unser Gehirn-Stoffwechsel (als biologisch ablaufende Programme) vergleicht auf der unbewussten, aber auch bewussten Ebene, die Erregungsmuster und setzt sie einem kompetitiven Prozess aus, der schließlich einen Sieger ermittelt. *„Das Erregungsmuster setzt sich durch, das den verschiedenen Attraktoren am besten entspricht."* (Singer, 2004: 250) Schon bei der Ausbildung des neuronalen Netzes bei Kleinkindern herrscht diese *„Aktivierungskonkurrenz"* (ebd.). Ungenutzte Neuronen verkümmern und sterben ab. Informationsverarbeitung und Emotion sind hierbei unauflöslich durch das andauernde Zusammenspiel von Großhirnrinde und limbischem System verbunden (vgl. Panksepp, 1998). Jede bewusste und unbewusste Entscheidung muss *„emotional akzepta-*

bel sein" (Roth, 2003: 162). Doch genau das ist eben kein *„Prozess der Selbstbewertung des Gehirns"* (Roth, 1996: 178) als ein geschlossenes System. Es ist vielmehr ein Selbst-Prozess, dem das Gehirn *dient* (vgl. Fuchs, 2013).

> *„... beim Entstehen von Wünschen und Absichten* [hat] *das unbewusst arbeitende emotionale Erfahrungsgedächtnis das erste und letzte Wort* [...]: *das erste Wort beim Entstehen der Wünsche und Absichten, das letzte bei der Entscheidung, ob das, was gewünscht wurde, jetzt und hier und so und nicht anders getan werden soll. Diese Letztentscheidung fällt 1–2 Sekunden, bevor wir diese Entscheidung bewusst wahrnehmen und den Willen haben, diese Handlung auszuführen. Sie fällt in den Basalganglien und führt zum spezifischen Fortfall der Hemmung, welche die Basalganglien auf den Thalamus ausüben* [...] *Das Bewusstsein ist nur ein Ratgeber, keine Entscheidungsinstanz."* (Roth, 2006c: 35 f.).

Gerhard Roth ist in seiner Einordnung des neuronalen Geschehens also immer noch nicht über Benjamin Libet hinausgelangt (vgl. Libet, 1985). Doch die wertenden Inhalte unserer Gedanken und Gefühle lassen sich nicht direkt neuronal messen (vgl. Damasio, 2013: 285). Sicher ist bisher nur: Etwas geschieht im Hirn Sekunden, bevor wir die Entscheidung für eine einfache, minimale motorische Bewegung (Finger heben, Knopf drücken) bewusst wahrnehmen. Woher dieses elektrische Potential kommt, was es bedeutet, ist immer noch unbekannt. Es ist lediglich ein *„Bereitschaftspotential"* (Libet, 2004: 272), eine Energiemobilisierung, die durch engagierte Konzentration auf einen Punkt entsteht[29]. Dieses Bereitschaftspotential als *„unspezifische Erwartungshaltung des Probanden"* (Fuchs, 2013: 78) bzw. seine *„unspezifische Bewegungsvorbereitung"* (ebd.: 79) sagt über die bewussten und unbewussten Erwägungen in seinem Vorfeld aber nichts aus und noch weniger über die Art der Handlung[30].

---

29   Libet selbst ging davon aus, dass dem Impuls des Knopfdrucks mit einer Art „Veto-Option" (vgl. Libet, 2004: 277) vom Probanden auch widersprochen, eine Handlungsabsicht also unterdrückt werden kann und somit ein Wille existiert. Allerdings begründet er die In-Determiniertheit hinter der Vetooption mit Heisenbergs Unschärferelation. Dies ist ein weiteres Beispiel dafür, wie die „Unexaktheiten" in der Natur (also alle Kausallücken wie z. B. Quantensprünge und radioaktiver Zerfall) auch anerkannte Wissenschaftler immer noch zu einer unbegründeten und zusammenhanglosen Annahme von Freiheit verführen. Wie oben ausgeführt, löst diese Annahme nicht das Problem der Willensfreiheit (vgl. Fußnote 12). Denn diese darf ja gerade nicht dem ungesteuerten, ungewollten Zufall entspringen, um dem Menschen als „selbstgewollt" zugerechnet zu werden. Das eingangs erwähnte Gedicht vom *Wirkungsquant*, das in sich selbstbestimmt Willen erzeugt, ist also weniger witzig gemeint, als es auf den ersten Blick erscheinen mag: Es wird in seiner zweifelhaften Existenz von zahlreichen führenden Wissenschaftlern heraufbeschworen (z. B. auch von Manfred Spitzer – vgl. Spitzer, 2004: 283 ff.) in Form von Quantensprüngen, aber auch als determinierende biophysikalische Fremdbestimmung.

30   Variiert man das Libet-Experiment minimal, indem man den Probanden die Freiheit lässt, die linke *oder* die rechte Hand zu bewegen, ist das zu messende Bereitschaftspotential der beiden Handlungsoptionen das gleiche (vgl. Herrmann, 2008). Am reinen

Bei den Libet-Experimenten wurde nur eine einfache Bewegung gemacht, deren (narzisstische, psychodynamische) Motivation nicht erfasst wurde. Drückt der Versuchsteilnehmer auf den Knopf, um dem Versuchsleiter zu gefallen, oder macht er es gerade nicht, da er gegen die Versuchsanordnung und seine Rolle darin trotzen möchte? Fazit: Ob ein Versuchsteilnehmer die Bewegung überhaupt machen wird und warum, hätte in seiner Einstellung zu dem Test sinngebend geklärt werden müssen. Libet konnte also nicht viel mehr zeigen als trainiertes, automatisiertes Bewegungsverhalten.

Entscheidungsfreiheit bekommt erst bei komplexen lebensrelevanten Fragen die Tragweite, die die große Diskussion um die Willensfreiheit rechtfertigt (vgl. Bieri, 2001: 36 ff.). Das Libet-Experiment und ähnliche Nachfolger ignorieren stets die Qualität der zu fällenden Entscheidung und ihren Zeithorizont. Wille wird hier mit Motivation bzw. Motivationsstärke gleichgesetzt. Doch die Willensfreiheitsgegner gehen mittlerweile noch einen Schritt weiter:

> *„Sofern bestimmte Dinge, die wir zu tun beabsichtigen, nicht bereits automatisiert sind, sondern das Überwinden psychischer oder dinglicher Widerstände erfordern, brauchen wir einen [...] Willensakt, denn er muss die Energien bündeln und die Handlungsalternativen unterdrücken. Das ist die Funktion des Willens, und ohne starken Willen kann ich deshalb manche Dinge nicht tun."* (Roth, 2003: 179).

Weiterhin wird für den Einfluss unseres Bewusstseins auf unsere Entscheidungen eingeräumt

> *„dass die Variablen auf denen der Abwägungsprozess beruht, im Falle bewusster Deliberation abstrakterer Natur sind und vermutlich auch nach komplexeren Regeln [im neuronalen Netz] miteinander verknüpft werden können, als bei Entscheidungen, die sich vorwiegend aus unbewussten Motiven herleiten."* (Singer, 2004: 52)

Und der evolutionäre Sinn von bewussten Entscheidungen und ihre einzigartige Qualität ist demnach die damit verbundene intersubjektive, sprachliche

> *„Mitteilbarkeit [und] hat vermutlich entscheidend zur Entwicklung und Stabilisierung sozialer Systeme beigetragen, weil sie die Option eröffnet, die Äußerungen über getroffene Entscheidungen zu bewerten, Entscheidungen als intentionale Akte zu interpretieren, Verantwortung für Entscheidungen zuzuschreiben und Sanktionen für unerwünschte Entscheidungen vorzusehen. [...] Ein weiter Vorteil bewussten Entscheidens ist, dass die Variablen nach rationalen Diskursregeln verhandelt werden können."* (Singer, 2004: 62)

Bewusste Erwägungen haben also auch für die Willensfreiheitsgegner einen modulierenden und bedeutenden Anteil an unseren Entscheidungen – auch wenn unserem unbewussten neuronalen System die endgültige Entscheidung früher bekannt

---

Bereitschaftspotential kann man also keine wertende Entscheidung ablesen, sondern nur die potentielle Einleitung einer Bewegung.

ist als unserem Bewusstsein. Genau wegen dieser bewussten Einflüsse auf unsere Entscheidungen empfinden wir sie demnach als freie Entscheidungen. Doch im Unbewussten sind emotionale Motive beteiligt, die – nicht bewusst erwogen, aber Kraft ihrer Stärke – in die Entscheidung eingeflossen sind. Also: *„Die bewussten Motive müssen […] keineswegs die entscheidenden gewesen sein."* (Singer, 2004: 60) Denn die unbewussten Entscheidungsprozesse sind immer in der Überzahl, da nur eine geringe Zahl der Variablen gleichzeitig im Bewusstsein gehalten werden kann. Und auch der Auswahlprozess der bewussten Variablen selbst bleibt unbewusst. Bei langüberlegten Entscheidungsprozessen für komplexe, existentielle Beschlüsse (Willensakte) ist dieser bewusste Anteil immerhin etwas größer. Doch Roth und Singer halten das immer noch für eine Selbsttäuschung über unsere Selbstbestimmung.

Der Hirnforscher António Damasio unterscheidet in diesem Zusammenhang die Qualität der unbewussten Einflüsse durch das einfache Feuern von Neuronen (5 Millisekunden) im Gegensatz zu *„bewusster Geisteszeit"* (500 Millisekunden) (Damasio, 2013: 135). In der Hierarchie der Hirnprozesse steht für Damasio beides deshalb auf nicht vergleichbaren Stufen. Doch auch diese Frequenzunterscheidung ist für die Gegner der Willensfreiheit kein Argument.

Weit schwerer wiegt hier aber, dass all diese Daten in einen sinnvollen Zusammenhang gestellt werden müssen. Ist das Gehirn einem überlebenswilligen intersubjektiven Individuum unterstellt, *das willentlich entscheidet, wie es überleben will?*

Bewusste Erwägungen als Grundlage der Willensakte kommen aufgrund von Reiz-Hemmung zustande. Sie ist eine erfahrungsgenealogische Hirnfunktion, die beim Thema der Selbstbestimmung den interdisziplinären Schnittpunkt zwischen Neurologie und Psychoanalyse darstellt.

Die willentliche Kontrolle der eigenen Affekte beruht in der Neurologie darauf, dass Menschen gezielt lernen können, Reize emotional umzuinterpretieren und mit alternativen Vorstellungen zu verbinden (z.B. Fähigkeit des Belohnungsaufschubs) (vgl. McClure u.a., 2004)[31]. Man kann neue Reiz-Reaktions-Verknüpfungen durch

---

31 Die Hemmung hat ihre wichtigen Regionen im medialen präfrontalen Kortex und im anterioren zingulären Kortex. Beide sind durch den erzieherischen, kulturellen Einfluss prägungsabhängiger als die älteren Hirnregionen wie z.B. der Hirnstamm (vgl. Han/Northoff, 2008). *„Zwar besteht kein Zweifel daran, dass bestimmte Hirnregionen wie der präfrontale Kortex an volitionalen Kontrollfunktionen beteiligt sind, aber unterschiedliche Funktionen, wie die Aufrechterhaltung von Zielpräsentationen, die Inhibition konkurrierender Reaktionen, das flexible Wechseln zwischen Zielen und das Überwachen von Reaktionskonflikten, werden offenbar durch jeweils separate frontale Hirnregionen vermittelt. […] Gewinnt ein selbstregulatorisches Ziel diese Konkurrenz, kann es erlernte Selbstkontrollstrategien und damit den Wettstreit zwischen konkurrierenden Reaktionen zugunsten solcher Ziele modulieren, die auf die Befriedigung antizipierter zukünftiger Bedürfnisse gerichtet sind."* (vgl. Goschke, 2004: 193). Besonders die Prozesse in den Basalganglien, in denen alle bewusste und unbewusste Handlungserfahrungen, alle Interaktionen mit dem (sozialen) Umfeld abgelegt sind, das also als persönliches Handlungsgedächtnis

Training stärken und damit ihre Durchsetzungsfähigkeit in der Konkurrenz der (alten) emotionalen Muster verbessern. Durch Einübung wird die Selbststeuerung erhöht und überschnelle, unbewusst gesteuerte Entscheidungen und Handlungen verlieren ihre fremdbestimmende emotionale Wucht. Die Willensfreiheitsbefürworter unter den Hirnforschern begründen genau hierin den selbstbestimmten Einfluss auf unsere Willensakte – über den Umweg der erweiterbaren Hemmfunktion. Doch m. E. ist diese Definition von Willensfreiheit wissenschaftstheoretisch und inhaltlich nicht ausreichend. Zum einen greift an dieser Stelle der Vorwurf von Illouz und Foucault (aber auch der Willensfreiheitsgegner aus der Neurologie), dass das gezielte Umlernen nicht viel mit Freiheit zu tun hat, weil es das Individuum nur wieder in die bestehende Gesellschaftsordnung einfügt, die am vorherigen Unwohlsein und den schlechten Prägungen (mit-)schuld ist. Zum anderen haben die großen Prozess-Outcome-Studien bewiesen, dass ein Umlernen allein durch erweiterte Affekthemmung, wie es die Verhaltenstherapie (VT) auf der wissenschaftstheoretischen Grundlage der experimentellen Psychologie vornimmt, gerade bei sehr fremdbestimmenden Strukturschäden keine nachhaltige Heilwirkung hervorbringt[32] (siehe Kapitel 3).

---

fungiert, ist am Prozess jeder Handlungsentscheidung beteiligt. Denn dort sind alle erfolgreich ausgeführten Handlungen abgespeichert. Es arbeitet mit den limbischen Zentren zusammen (diese werden von ihm kontrolliert) und hier besonders: mit der Amygdala (als Hauptzentrum für die Entstehung und Kontrolle der Gefühle und der emotionalen Kodierung von Erfahrungen) und dem Hippokampus (dem Organisator des episodisch-autobiographischen Gedächtnisses im Dienste der Kontexterfassung). Die Freigabe zu einer Handlung (das Abschalten der Hemmung) geschieht über das Dopamin. Bei der Entstehung von Wünschen und Absichten, bis hin zur wirklichen Handlung, haben diese unbewusst arbeitenden Zentren (als sogenanntes emotionales Erfahrungsgedächtnis) das erste und das letzte Wort. Die Entscheidungen fallen bis zu einer Sekunde vor der bewussten Wahrnehmung dieser Willens- und/oder Handlungsabsicht.

32 Die Psychoanalyse ist also nicht nur von ihren Gegnern missverstanden worden. Auch die systematisierte Kenntnis der Bedingungen der Möglichkeit von Erkenntnis (vgl. Habermas, 1968a: 220 f.) als *„methodische Selbstreflexion"* (ebd.: 262) bzw. sein *„emanzipatorisches Erkenntnisinteresse"* (ebd.: 317) kann einer Überhöhung der Rationalität in den Veränderungsprozessen verhaftet bleiben. Doch die Psychoanalyse bewährt sich eben gerade nicht in Form eines Bildungsprozesses (vgl. Kächele/Thomä 1973: 313 f.). Ob die *„Gewalt eines unbewussten Motivs gebrochen"* (Habermas, 1968a: 189) wurde, zeigt sich gerade nicht in der Selbstreflexion des Patienten, sondern verifiziert sich (und die Psychoanalyse) gerade durch die *intersubjektive Feststellbarkeit der Auflösung des Wiederholungszwangs* als Symptomverschwinden und nachhaltige Verhaltensänderung. Die Reflexion des Patienten über sich und seine Lebensgeschichte bleibt gegenüber der korrigierenden Erfahrung durch die therapeutische Beziehung sekundär. Innere Unabhängigkeit und die Überwindung jedweder archaischer Weltbilder *verifizieren sich im alltäglichen veränderten Handeln.*

Die Hemmfunktion als (durch Therapie) veränderbare Impuls- und Bedürfniskontrolle, die den Handlungsimpuls und die Amygdala modifiziert, werden von der Neurologie bisher wie folgt beschrieben:

„… *im Laufe einer Therapie* [werden] *aufgrund andersartiger Erfahrungen in der Amygdala ‚Ersatzschaltungen‘ anlegt* […], *die die ‚fehlverdrahteten‘ Schaltungen einkapseln und an ihnen vorbei einen eigenen Zugang zur Handlungssteuerung erlangen. Therapie wäre dann die Induktion der Bildung dieser kompensatorischen Netzwerke.*" (Roth, 2006b: 13 f.)

Diese „*adaptive Verhaltensteuerung*" (Goschke, 2006: 136) erfordert eine Entscheidung über eine momentane Verschlechterung der Bedürfnislage (Verzicht, Trauer, Schmerz) zugunsten langfristiger Bedürfnisverbesserung und größerem Wohlbefinden. Komplexere bzw. antagonistische Aufforderungen gilt es in eine neue Gewichtung der emotionalen Bewertung zu transformieren. Hierzu ist eine „*fokussierte Aufmerksamkeit*" (ebd.: 136) auf die „*zielrelevante*[n] *Informationen*" (ebd.) über die langfristigen Bedürfnisse zu richten. Dazu ist es notwendig einen möglichst „*stabilen und in sich widerspruchsfreien emotionalen Zustand*" (Roth, 2007: 162) aufrechtzuerhalten. Die Erfahrungen der Kindheit (und insbesondere die frühkindliche Bindungserfahrung) sind maßgeblich für diese Funktionen (vgl. Roth, 2007: 22 ff.).

Die Gegner der Willensfreiheit betrachten diese Vorgänge demzufolge monokausal und daher (zu Recht) als Argument gegen einen selbstbestimmten Einfluss auf unsere Handlungen:

„*An Erziehung – und übrigens auch an therapeutische Prozesse – zu glauben heißt ja gerade auch, an einen Determinismus zu glauben, sonst könnte man es ja gleich sein lassen.*" (Prinz, 2004: 25)

Deutlich tritt hier das paradigmatische mechanistische Menschenbild hinter dem naturwissenschaftlichen Menschenbild zu Tage, das als solches aber in seiner (wissenschaftlichen und lebensweltlichen) Begrenztheit gar nicht erkannt wird.

Was die Willensfreiheitsbefürworter und Gegner unter den Hirnforschen bisher leider alle ignorieren, ist wiederum die Tatsache: dass Psychoanalyse nicht durch Neu-Determinierung heilt. Jeder Versuch in diese Richtung war am Wiederholungszwang der Patienten gescheitert.

„*Freuds größte methodische Entdeckung ist, dass er den Wiederholungszwang in der Übertragungsneurose erkannt hat.* […] *An der Aufhebung des Wiederholungzwangs bewährt sich die Psychoanalyse therapeutisch und wissenschaftlich* […] *Bei der therapeutischen Auflösung der Disposition Wiederholungszwang werden typische Zusammenhänge, wie sie in der klinischen Theorie systematisiert sind, beobachtbar*". (Kächele/Thomä, 1973: 346 f.)

Wir können eine pathologische Selbst-Organisation eben nicht durch bloße Lernerfahrung und Einübung von „richtigen" Verhaltensweisen nachhaltig heilen. Die falsche Etablierung von Hemmstrukturen und ausgleichenden pathologischen Lusterfahrungen betrifft darüber hinaus eine komplexe psychodynamische Selbst-Organisation. Hierzu bedarf es einer aufwendigen intersubjektiven psychodynamischen Umstrukturierung durch eine langwierige korrigierende emotionale Bindung (an den Therapeuten).

An dieser Stelle wird das große wissenschaftstheoretische Missverständnis der Neurologie in Bezug auf die Willensfreiheit deutlich: Umlernen ist fremdbestimmt, erfolgt nach äußerlichen, oktroyierten Werten, die eine erste Determination (durch die Erfahrungen der Kindheit) nur hin zu besseren Verhaltensweisen umprogrammieren will – ohne dieses „besser" moralisch und gesellschaftspolitisch zu reflektieren oder vom Patienten individuell mitentwickeln zu lassen. Ein Umstrukturieren der Selbst-Organisation, durch emotionale korrigierende intersubjektive Erfahrung, wird dagegen *maßgeblich* durch den Patienten *selbstmitbestimmt* (siehe Kapitel 3).

Durch die therapeutische Beziehung kommt es in der Übertragung zur Auflösung des Wiederholungszwangs (aufgrund pathologischer Strukturen) und zur Heilung als Nachreifung. Hier sind individuelle salutogenetische Kräfte am Werk, die sich *auch* physiologisch abbilden lassen. Es handelt sich dabei um eine zweiseitige Medaille, mit einer physischen und einer psychischen Entsprechung, ohne dass die eine Seite der anderen zu Grunde liegt.

So findet der Psychoanalytiker (frei nach Karl Kraus) nicht die Ostereier, die er vorher selbst versteckt hat. Genauso wenig bekommt der Patient die Ostereier, die er sich aus seinem neurotischen Weltbild heraus zu Beginn der Therapie gewünscht hat. Der Prozess folgt einer individuell-intersubjektiven-psychodynamischen Wahrheit, die wiederum in den großen Prozess-Outcome-Studien (mit ihren qualitativen und quantitativen Auswertungen) Allgemeingültigkeit bekommen hat, beweiskräftig vermessen wurde (vgl. Kächele/Thomä, 1973: 212).

Die Psychoanalyse ist und bleibt eine Methode, um Selbsttäuschung aufzudecken. Diese Selbsttäuschung über die eigenen Handlungsmotive und Werte ist die große fremdbestimmende Macht in uns. Ihr Aufdecken verifiziert sich durch die Befreiung vom Wiederholungszwang, das Verschwinden von „*Ausprägungsformen des leib-seelischen Begehrens, welche objektiv als Extremvariante eingestuft werden, und solche Meinungen und Operationsebenen der Ratio, die objektiv falsch und unreif scheinen*" (Tress, 2007: 100) und zu Handlungen führen, „*die eine kreative Auseinandersetzung mit der Welt und schließlich ihre Aneignung sehr erschweren.*" (ebd.). An ihre Stelle treten neue, reife, reflektierte Handlungsvarianten und Selbst-Bilder und ein größeres nachhaltiges Wohlbefinden, durch die Auflösung des Wiederholungszwangs, aufgrund einer neuen Selbst-Organisation mit vergrößerter Selbst-Wirksamkeit. Diese neuen Strukturen entstehen aber nur im langwierigen Prozess der Selbstbefreiung durch Umstrukturierung.

Erweiterbare Selbstbestimmung und Freiheit haben in der Psychoanalyseforschung, neben der qualitativen Bestimmung als Strukturreifung, daher auch einen hohen quantitativen Aspekt: Das Gefühl der Freiheit stellt sich nicht plötzlich ein, kann sich zeitweise sogar reduzieren, um sich dann dauerhaft zu erhöhen.

Wir Menschen sind darüber hinaus in unterschiedlichen Graden dazu fähig, das eigene „So-gewordensein" und die eigene Stellung in der Welt zu begreifen. Willensfreiheit auf der Grundlage geheilter psychischer Strukturen, gelöster neurotischer Konflikte und erweiterter Selbstrepräsentanzen ist eine prozedurale. Die

> *„Stufen des Bewusstseins, die ein einzelner Mensch erreichen kann, hängen zwangsläufig davon ab, wie weit er auf der Stufenleiter der Wahrnehmung, der Empfindung und der Erkenntnis im Laufe seines Lebens bereits vorangekommen ist."* (Hüther, 2001: 115)

Freiheit ist demnach nicht universal, nicht „on" oder „off" und nicht im gleichen Maße allen Menschen zuzurechnen. Wir müssen uns dabei individuell von psychischen „Schalentieren" zu psychischen „Wirbeltieren" entwickeln. Der Anspruch an eine allgemeine, gleichförmige Selbstbestimmung ist ein Relikt des mechanistischen falsifizierbaren Menschenmodells, genauso wie die monokausalen Erklärungen für unsere Fremdbestimmung. Denn in der Geltungslogik der Lebenswelt gibt es Menschen, die sind ein Leben lang *„ohne eigenes Bewusstsein gefangen in (und abhängig von) den Vorstellungen, die er* [dieser Mensch] *von anderen Menschen unbewusst und unreflektiert übernommen hat"* (Hüther, 2001: 117). Willensfreiheit wird so zu etwas,

> *„das man sich erarbeiten muss. Man kann dabei mehr oder weniger erfolgreich sein und es kann Rückschläge geben […] Vielleicht ist sie eher wie ein Ideal, an dem man sich orientiert, wenn man sich um seinen Willen kümmert."* (Bieri, 2001: 383)

Doch es geht über ein individuelles Ideal hinaus. Mehr oder weniger selbstkritische Erkenntnis der eigenen Denk-, Wertungs- und Handlungszusammenhänge führen zu dem Gefühl eines freieren Entscheidungsprozesses (vgl. Goschke, 2002: 303), wenn ihm entsprechende Handlungen (ohne Wiederholungszwang) folgen und das Gefühl der Fremdbestimmung sich auflöst. So ist ein sinnvoller Freiheitsbegriff letztlich als *„Praxis der Freiheit"* (Kambartel, 1997: 22) auch theoretisch zu fassen und in den Veränderungsprozessen der Strukturreifung wissenschaftlich fundiert (jenseits einer Rationalitätsgläubigkeit) herzustellen.

In dieser Arbeit werde ich versuchen, diesen Prozess wissenschaftstheoretisch und handlungswirksam genau auszuloten. Die geistige Funktion, die einem selbstbestimmten Einfluss auf Entscheidungen zugrunde liegt, definiert sich demnach: 1. durch die lebensweltliche Wichtigkeit der Entscheidungen, 2. durch die Erkenntnisfähigkeit über die unbewussten, psychodynamischen, fremdbestimmenden Motive in unseren Entscheidungen, 3. über den Einfluss, den wir direkt oder indirekt auf diese unbewussten Motive als Lernerfahrungen ausüben können, um die bisherigen Automatismen zu überschreiben.

Grundlegend für meine Argumentation für eine angeeignete bzw. erweiterbare Willensfreiheit ist die von Psychologie und Hirnforschung allgemein anerkannte Tatsache, dass das Hirn das Organ für Entscheidungsprozesse des gesamten körperlichen Daseins ist und es sich physisch verändern kann, durch die Erfahrungen, die diesen Entscheidungsprozessen folgen. Doch die hirnphysiologischen Vorgänge müssen einem sinnvollen Selbstbegriff unterstellt werden, damit das Gehirn nicht länger umweltneutral im unbestimmten Raum der neuronalen Wissenschaft „herumliegt". Die Psychotherapieforschung kann durch die neurologischen Ergebnisse der neuesten Bewusstseinsforschung *„sicheren Boden unter den Füßen"* (Fischer, 2008: 65) bekommen. Doch die Neurologie hat umgekehrt aufgrund des praxiserprobten, immer wieder erweiterten psychoanalytischen Menschen-Modells und des psychodynamischen Wahrheitsbegriffs weit mehr zu gewinnen.

> *„Bei der gegenwärtigen neurowissenschaftlichen Euphorie ist die Rückbindung neuropsychologischer Konzepte an eine Phänomenologie der Lebenswelt ein notwendiges Korrektiv gegenüber neurobiologischen Spekulationen und Reduktionismus. Dann und nur dann, wenn psychologische und neurologische Forschung, und zwar unabhängig voneinander, zu strukturell vergleichbaren Ergebnissen gelangen, sind neurowissenschaftliche Hypothesen für Psychologie und Psychoanalyse wissenschaftlich akzeptabel."* (Fischer, 2007: 62)

Selbst, Hemmung und Freiheit sind immer etwas, das Gene und neuronale Prozesse durch das Erleben bilden und umbilden: Wir sind als Art und als Individuen etwas Gewordenes – in jeder Sekunde unseres Lebens (vgl. Kandel, 2006). So können wir auch freier werden. Nur die *„zirkuläre Kausalität des Lebendigen"* (Fuchs, 2013: 182) kann als Grundlage dieser Willensfreiheit eine sinnvolle Zuweisung menschlicher Belange zu wissenschaftlichen Erkenntnissen gewährleisten.

Über die Brücke der Bindungsforschung ist heute also eine Kooperation zwischen Neurologie, akademischer Psychologie und Psychoanalyse in einem sinnvollen Kontext möglich, der ein neues lebensweltnahes Menschenbild begründet. Namhafte Psychoanalytiker (jenseits ihrer eigenen Elfenbeintürme) versuchen mittlerweile, zusammen mit führenden Hirnforschern und Entwicklungspsychologen, dem Anspruch der Steuerzahler an eine geltungslogische, wirksame psychische Heil-Praxis und Theorie gerecht zu werden. Dabei kommt es wider Erwarten zu einer klinisch-therapeutisch-anatomischen Korrelation, bei der sich alle Seiten mit Wertschätzung begegnen und eine tragfähige Theorie unseres menschlichen Verhaltens und seiner Störungen entwickeln. Die Teilnehmer folgen dabei einem emanzipatorischen Vernunft-Begriff (im Gegensatz zum aufklärerischen): Sie wollen nicht letztgültig Gesundheit und Krankheit bestimmen, sondern die möglichen Grade der Selbstbestimmung über die determinierenden Elemente des Lebens (siehe Kapitel 4).

Auch im klinischen Bereich psychischer Pathologie wird nicht mehr der Anspruch an eine universalistische Definition von Krankheit und Gesundheit erhoben. Das beweist die medizinische Besonderheit der Operationalisierten Psychodynamischen Diagnostik (OPD): Es ist das „Manual für Diagnostik und Therapieplanung" mit seiner Beschreibung von psychischen Pathologien im erweiterten Rahmen des aktuellen DSM 5 (Diagnostisches und Statistisches Manual Psychischer Störungen). Die OPD als entscheidende erweiternde Neuerung, die aufgrund der klinischen Erfahrung ständig modifiziert wird (vgl. Arbeitskreis OPD, 1996, 2009, 2014), steht damit zementierten medizinischen Diagnosen entgegen. Das geht darauf zurück, dass eine exakte neuronale Abweichung, als Grundlage zur Definition psychischer Störungen, sich trotz aller Anstrengungen, in der neurologischen Forschung nicht finden lässt. Nur auf dieser flexiblen, psychodynamischen, patienten- und lebensweltorientierten Basis kann auch die Frage nach der Freiheit unseres Willens als Grad der Selbstbestimmung und Selbst-Wirksamkeit eine sinnvolle Antwort finden und alte Scheingefechte auflösen.

Unsere Freiheit oder unser selbstbestimmt handelndes Ich ist also keine spekulative Idee (wie bei Kant die Unsterblichkeit). Sie ist nicht bloß eine fiktive Voraussetzung, die wir brauchen, um in unserer Lebenswelt etwas wie personale Identität zu entwickeln, die aber nichts mit der realen Hirntätigkeit zu tun hat. Die Willensfreiheit als Gefühl ist reale, neuronale Hirnaktivität. Erfahrungen und Erlebnisse von Freiheit zu suchen und positiv zu bewerten, sichert unser Überleben. Das beinhaltet auch Befreiung aus der (genealogisch unumgänglichen) fremdverschuldeten Unmündigkeit und der selbstverschuldeten Fortführung selbiger, aufgrund eines rationalistischen Selbstverständnisses, das die eigenen inneren Widerstände (Ängste, Kränkungen, Konflikte und psychodynamische Abwehrvorgänge) ausklammert.

Insofern ist das Gefühl von Freiheit als eine Art Indikator für psychische Gesundheit einzuschätzen, der auch psychische Pathologien in ihren verschiedenen Schweregraden definieren kann. Freiheit hängt dabei immer von der einzelnen Person und ihrer Beziehung zu anderen wichtigen Personen (als Hauptmerkmal des menschlichen Umfeldes) ab.

Gleichzeitig müssen die wertenden Definitionen für ein freieres Handeln und Leben analysiert werden, genauso wie die verschiedenen Grade, die sich psychodynamisch daraus ergeben. Beides findet sich im Begriff der Selbstreifung, der selbstmitbestimmten Veränderung des eigenen Unbewussten, hin zu mehr Selbst-Wirksamkeit.

> *„Die Frage, die sich der Vernunft als Richtinstanz stellt, ist: Wie ist die wissenschaftliche Lebensform mit [...] der alltäglichen des Über- und besser Lebens vereinbar? Welche Rangfolge besteht eventuell zwischen den Werten dieser unterschiedlichen Lebensbereiche?"* (Hampe, 2000: 37)

Die Frage nach der Willensfreiheit spiegelt also auch die Probleme des 21. Jahrhunderts wider. Denn: *„So wenig wie Fieber aus einem Mangel an Acetylsalicylsäure resultiert, nur weil es nach Aspiringabe sinkt, so wenig geht Depression auf einen Serotoninmangel o.Ä. zurück"* (Fuchs, 2013: 288). Und genauso wenig lässt sich mit verstärkter Affekt-Hemmung ein (allgemeines und nachhaltiges) größeres soziales Wohlempfinden herbeiführen. So hängt es von der reifen Selbst- und Weltreflexion der Wissenschaftler ab, ob bei wichtigen problemfixierten Forschungen Dominanzbestrebungen und Letztgültigkeitsansprüche ins Spiel kommen oder ein offener, weiterführender und ein der menschlichen Lebenswelt verpflichteter Dialog im Vordergrund stehen.

Ich möchte hier somit, neben der wissenschaftstheoretischen Fundierung, den konkreten Inhalt des Begriffs der Willensfreiheit erörtern und ihn an lebensweltlichen

Prozessen, Handlungen und Selbstdefinitionen festmachen. Willensfreiheit entspricht demnach m. E. vor allem einer erweiterbaren Selbstbestimmung gegenüber emotional prägenden fremdbestimmenden Erfahrungen. Sie lässt sich nur in unserer psychodynamischen Struktur als Teil unseres Welt- und Selbst-Bildes, unseres Wertesystems wissenschaftlich schlüssig und praxisfundiert darstellen. Der Heilungsprozess der Psychoanalyse kann durch die korrigierende Erfahrung der therapeutischen Beziehung, *„erwachsenere Formen von Erfahrungen"* (Ermann, 2010: 61) unsere Willensfreiheit erweitern – besonders wenn sie durch Strukturschäden sehr eingeschränkt ist.

3 Willensfreiheit in der Psychotherapiewissenschaft

3.1 Wahrheitsansprüche: Die wissenschaftstheoretischen Grundlagen der Psychoanalyse und PTW

„Dass die meisten Kognitionstheoretiker den Affekt schlicht und einfach ignorieren, ist bemerkenswert." (Solms, 2013: 1007)

a) Empirismus versus Geltungslogik

Der logische Empirismus des vergangenen Jahrhunderts hat sich mit seinen dekontextualisierten Befunden und seinem positivistischen Verständnis von Wahrheit zum alleinigen Wissenschaftsstandard ausgerufen. Bis in das neue Jahrtausend hinein wurde und wird vor diesem Hintergrund zu wissenschaftlichen Qualitätskriterien aufgerufen, die in randomisierten Doppelblindstudien (als sogenannten Goldstandard) ihren Höhepunkt gefunden haben. Fragen nach der Ausrichtung dieses wissenschaftlichen Wahrheitsanspruchs (und dem dahinterstehenden Menschenbild) werden zumeist verweigert; jede Metakommunikation über die Begründetheit dieses Wissenschaftsparadigmas wird von den Naturwissenschaften als wahrheitsverfälschend von vorneherein ausgeschlossen (vgl. Kuhn, 1962; Habermas, 1968a/b). Doch wissenschaftliche Kausalität beinhaltet immer auch teleologische Kausalität, da alle Phänomene von wertenden, strebenden Menschen erfasst und untersucht werden (vgl. Rieken, 2010: 306; Fuchs, 2013: 131). Sie stellt die Bedingung der Möglichkeit von Kausalerklärungen. Und sie beinhaltet das emanzipatorische Moment – auch in der Erweiterung von Freiheit.

Gerade im psychologischen Fachgebiet werden die im gesamten Wissenschaftssystem verschleierten weltanschaulichen, ethischen und anthropologischen Basisannahmen besonders deutlich. Eine evidenzbasierte Medizin und experimentelle akademische Psychologie postulieren mit einem scheinbar objektiven Wahrheitskriterium, dass es bei allen psychischen Belangen *„einen einfachen logischen Prozess der Argumentation und der Entscheidungsfindung gäbe"* (Fonagy/Target, 2001a: 73). Die universitäre Psychologie verkommt dabei mehr und mehr zur effizienz- und evidenzfixierten Methodendisziplin. Sie arbeitet dem herrschenden Wissenschaftssystem zu und betrachtet die subjektive, personale Dimension des Menschen nur noch als „Normabweichung" und „Störvariable". Mit ihrer Suche nach biochemischen Diagnosen, einer eindimensionalen Verhaltenslogik und ihrer Hoffnung auf maßgeschneiderte Arzneien, hängen viele Wissenschaftler immer noch einer Art Marionettenglauben an, der ihnen schon von der kritischen Theorie der Frankfurter Schule seit den 1940er-Jahren vorgeworfen wird. Mit Verhaltensgenetik-Studien versuchen weite Teile der Neurologie weiterhin zu beweisen, dass alle psychologischen Phänomene und Funktionsstörungen angeboren sind: Nur biochemisch nachweisbarer Stress wird bei diesem „*naiven Nativismus*" (Fonagy, 2005: 194) als Genexpressionsfaktor zugelassen. Dabei wird versucht, eine stressige Umwelt objektiv zu erfassen. Einer ökonomischen Verwertbarkeit und einem daran orientierten, konformen Menschen- und Weltbild sind Medizin und akademische Psychologie damit stärker verpflichtet als einer individuellen Heilung[33]. Das Erleben des Patienten, seine strukturelle Entwicklung und die unterschiedliche Reife seiner psychischen Repräsentanzen werden als störend empfunden oder sollen bewusst manipulierbare Größen sein (Fischer, 2008: 98).

Oft sollen in der objektivistischen Wissenschaftsdiskussion durch Zahlen auch nur Kosten vergleichbar gemacht werden, und hinter einer lebensfernen Beweisbarkeit verstecken sich sehr lebensweltliche ökonomische Interessen (Kernberg, 1997: 42; Rudolf, 2001: 54; Fonagy/Target, 2001a: 77; Leuzinger-Bohleber u. a., 2001: 198; Mertens, 1997: 197 ff.). Denn eine genetisch eindeutige Fremdbestimmung befreit von der aufwendigen Analyse und Korrektur im Rahmen eines intersubjektiven Modells mit umfangreichen Einflüssen. Dieses Menschenbild und der daraus hervorgehende „Machbarkeitsglaube" versuchen daher weiterführende wissenschaftstheoretische Kontroversen zu verhindern. Leider verbaut das aber auch jede Chance auf nachhaltige Heilung, nur um wissenschaftlich keinen Widerspruch zum mechanistischen Menschenbild zu erzeugen. Denn die Quantität einer Gesamtsumme als Evidenzbasis überzeugt nicht in Bezug auf eine patientenorientierte Diagnose, Lebensqualität oder als sinnvoller Maßstab eines psychischen Veränderungsprozesses (vgl. Bachrach u. a., 1997: 315). Weil aber weiterhin daran festgehalten wird, kann der Neurologie und akademischen Psychologie eine Art mangelnder Respekt vor dem „Material Mensch" vorgeworfen werden.

Es lässt sich aber auch fragen, ob der Patient nicht zuletzt selbst auf eine schnelle Reparatur hofft, für die er sich und sein Lebenskonzept nicht schmerzhaft und mühsam in Frage stellen muss (vgl. Mertens, 2000: 122). Denn eine selbstverantwortliche, mühsame, letztlich kausal nicht ganz zu erfassende Reifung der psychischen Struktur und ihrer realistischen Selbstrepräsentanzen konfrontiert – im Gegensatz zu einer mechanisch-biochemischen Vorstellung – nicht nur die Wissenschaft mit unliebsamer Selbstkritik und Begrenzung: Krank sein ist doch viel mühsamer als eine Krankheit nur zu haben. Andererseits werden kostengünstigere, medizinevidente Psychopharmaka von Patienten immer häufiger als „fremdbestimmend" empfunden oder als etwas, das den Leidensweg nur verlängert. Und so ziehen die meisten Patienten eine Psychotherapie (als soziale Therapie für ihre sozialen Probleme) mittlerweile den chemischen Mitteln vor (vgl. Fonagy/Target, 2001a: 75).

---

33 Nur die psycho-somatische Medizin und angewandte Psychiatrie, die wie die Psycho-analyse einer Veränderungs-Logik folgen und an dieser auch überprüft werden müssen, haben ihr Menschenbild stärker an die Lebenswirklichkeit angeglichen als akademische Psychologie oder große Teile der Hirnforschung (vgl. Fischer, 2008: 21 f.).

Auch wenn viele Wissenschaftstheoretiker mittlerweile die alleinige wissenschaftliche Gültigkeit der naturwissenschaftlichen Forschungsmethoden modifizieren[34], glaubt die Vorherrschaft der quantitativen Forschung immer noch die wissenschaftlichen Ansprüche der Psychoanalyse und somit auch der PTW auf den Prüfstand stellen zu können. Dem Vorwurf der mangelnden Verallgemeinerbarkeit begegnet die Psychoanalyse von jeher mit dem Gegenvorwurf der unreflektierten Skalierung, dem persönlichen Gewinnstreben und der mangelnden Selbstkritik, die (in ihren Extremformen) dem magischen, regressiven, egozentristischen Denken des Aberglaubens nicht unähnlich ist (vgl. Rieken, 2010: 309). Der angeblichen Aushöhlung des Wahrheitsbegriffs durch Willkürlichkeit in der Psychotherapieforschung steht die Nachfrage nach den relevanten menschlichen Merkmalen gegenüber, die in ihrer Bedrohlichkeit und banalen, bedürfnisgesteuerten Körperlichkeit auszuhalten sind (vgl. Stuhr, 2001b). Und zunehmend müssen sich Neurologie und akademische Psychologie für ihre mangelnden klinik- und lebensweltrelevanten Resultate nun auch vor einer wachsenden populärwissenschaftlich geschulten, orientierungssuchenden Gesellschaft rechtfertigen: Die großzügig steuerfinanzierte Forschung und das Wissenschaftssystem werden in seiner abstrakten Logik von einer Orientierung suchenden Öffentlichkeit hinterfragt; die vollmundigen Ergebnisversprechungen seitens der Neurologie werden eingefordert.

Die Psychoanalyse kann auf dem heutigen Stand ihrer Forschung, vor dem Hintergrund ihres ureigenen wissenschaftstheoretischen Ansatzes und auf der ursprünglichen Grundlage ihrer „psychoanalytischen Identität" (Kernberg, 2001: 68), mit erhobenem Haupt in eine „konstruktive Interaktion" (ebd.) mit den themenverwandten Disziplinen eintreten – auch um den Preis, selbst einige ihrer spezifischen Eigenheiten eventuell relativieren zu müssen (vgl. Kernberg, 1997). Gerade die wissenschaftstheoretische Stärke der Psychoanalyse, das „maximale Zulassenkönnen der Subjektivität bei optimaler Reflexion dieser Subjektivität" (Mertens, 1993: 249), widerspricht einer Abschottung im Elfenbeinturm der eigenen Profession. Eine a priori festgelegte Wissenschaftsrealität, die die dynamische Psychotherapieforschung der Naturwissenschaft so gerne und mit Recht vorwirft (vgl. Leuzinger-Bohleber u. a., 1998/2: 8; Wallerstein, 1996), sollte natürlich auch in den eigenen Reihen entgegengetreten werden. Denn das Ziel eines umfassenden, wirklichkeitsnahen Bildes vom Menschen, in seinen Verhaltensweisen und Pathologien, an das man sich vielfältig annähern kann, sollte immer oberste Priorität haben. Es ist der Maßstab der Erkenntnisse der verschiedenen Wissenschaftszweige und Heilverfahren. Man sollte ihm den eigenen „psychoanalytischen Narzißmus" (OPD, 1996: 19) und darüber hinaus – bei überzeugender Beweisbarkeit – auch heilige Kühe (in den verschiedenen Ställen) opfern können.

---

34 Randomisierte, kontrollierte, prospektive Studien gelten mittlerweile nicht mehr nur für psychodynamische Prozesse als methodisch unbrauchbar (vgl. Rudolf, 2000; Leuzinger-Bohleber, 1997b, 2000, 2001; Hampe, 2000a/b). Fischer nennt sie sehr treffend „Kommunikationspathologien" (Fischer, 2008: 181) bestehend aus „Gegenstandsverwirrung" (ebd.: 31) und „Sprachverwirrung" (ebd.: 28).

b)   Dialektik versus Konstruktivismus

Die Gefahr einer Verarmung der Psychoanalyse und PTW geht m. E. heute in den deutschsprachigen Ländern und den USA nicht nur von den Geltungsansprüchen der artverwandten naturwissenschaftlichen Disziplinen und ihrer Methoden aus – sondern auch von den unhinterfragten Grundannahmen der Psychoanalyse selbst. Eine anspruchslose wissenschaftstheoretische Einordnung, eine allzu selbstverständliche Begriffsverwendung, mangelnde oder unreflektierte therapeutische Wirksamkeit und die strikte Ablehnung übergreifender Forschungsansätze schwächen die Psychoanalyse in ihren Möglichkeiten. Die Angst vor finanziellen Einbußen oder vor Statusverlust durch gerechtfertigte Kritik, genauso wie die mangelnde Bereitschaft zur Weiterentwicklung und Selbsthinterfragung, dürften hier die sehr lebensweltlichen und wenig wissenschaftlichen Gründe sein.

All das wird dem Potential der Psychoanalyse als Metawissenschaft nicht gerecht: Gerade die Verwendung der eigenen einzigartigen Methoden in der Psychotherapieforschung, in Kombination mit der Offenheit für andere Verfahren, hebt den Gegensatz von nomothetischen und ideographischen Wissenschaften auf – und damit jede vermeintliche Alleinherrschaft. Die Hybris einer Vorherrschaft, aber auch die unbegründete Abschottung ist immer ein Problem der Wissenschaftler – und nicht der Methoden oder Modelle an sich. Die PTW sollte daher mit gutem Beispiel vorangehen und den Dialog zu anderen Disziplinen und Methoden suchen. Denn der Respekt für die Unterschiedlichkeit lässt ein gegenseitiges Ergänzen, Lernen und Überprüfen zu – muss dann aber auch die Konsequenz aus der Überzeugungskraft gut begründeter externer Argumente ziehen. Dessen sollten sich gerade Wissenschaftler bewusst sein, zu deren Aufgaben es gehört, Menschen von narzisstischen Überhöhungen zu heilen, einen Realitätsabgleich als Therapieziel zu veranschlagen – und deren Methode der Selbstreflexion grundsätzlich ist, für ihren Beruf und für das eigene Wahrheitssystem. Narzisstischen Wahrheits- und Dominanzansprüchen entgeht man mit einem gut argumentierten Abgleich mit der Lebenswirklichkeit – und nicht durch Abschottung oder Vorwürfen gegen das Dominanzgehabe anderer Wissenschaften. Einer unrechtmäßigen Kritik kann besser mit guten Argumenten aus guter praxisnaher Forschung begegnet werden als mit unnötiger Abgrenzung, Trennungsgeboten und der unbegründeten Verteidigung der eigenen Nischenposition.

Auch eine Trennung von Theorie und psychotherapeutischer Praxis in nebeneinander stehende eigene Diskurssysteme, widerspricht der Ausrichtung auf das lebensweltliche Wohl des Patienten, als Existenzgrund der Psychoanalyse. Theoretische Trennungsgebote, sind als Form der Rationalisierung gefährlich (vgl. Gloy, 2006: 30). Die Gefahr einer „Anwendung von wissenschaftlich gefundenem Wissen" (Buchholz, 1997: 77), das sich von der Praxis und lebensweltlichen Geltungslogik als grundlegende Stärke der Psychoanalyse abhebt, steht hier im Raum und beschwört einen erneuten Cartesianismus und Szientismus herauf. Verwissenschaftlichung der therapeutisch vielfältigen Situationen ist immer die angemessenere Problemlösungsstrategie als „*das Versprechen der Professionalisierung der Praxis durch Wissenschaft*" (ebd.).[35]

---

35 Bisher hatte die PTW im deutschsprachigen Raum zwei unterschiedliche Forschungsansätze, die kontrovers diskutiert wurden. In Deutschland selbst kann man als führenden Vertreter der dialektischen Methode den 2013 verstorbenen Gottfried Fischer nennen. In Österreich ist die Sigmund Freud Universität (SFU) mit einem konstruktivistischen Forschungsansatz hervorgetreten, der auf der Philosophie von Fritz Wallner basiert. Beide stehen in der philosophischen Tradition ihrer jeweiligen Ursprungsländer. Verschiedene Forscher an der SFU haben den dialektischen Ansatz bisher abgelehnt und ihm einheitswissenschaftliche Bestrebungen vorgeworfen (vgl. Greiner, 2012a: 25 ff.). M. E. haben neben den unterschiedlichen philosophischen Traditionen in Österreich und Deutschland die unterschiedlichen national-lebensweltlichen Erfahrungen der Psychotherapeuten zu den verschiedenen Ansätzen in der PTW geführt – und dem daraus hervorgehenden Konkurrenzkampf zwischen der deutschen und österreichischen Psychotherapieforschung: 1998 wurde das deutsche Psychotherapeutengesetz erlassen. Seither wird in der BRD nur noch die vom sogenannten Gemeinsamen Bundesausschuss festgelegte, „*mittels wissenschaftlich anerkannter psychotherapeutischer Verfahren vorgenommene Tätigkeit zur Feststellung, Heilung oder Linderung von Störungen mit Krankheitswert*" (BGBl. I: 1311) als Psychotherapie durch die Krankenkassen erstattet. Das Gesetz trat am 1.1.1999 in Kraft und hat seither einen nie dagewesenen Kahlschlag in der Psychotherapien-Landschaft Deutschlands bewirkt. Selbst das Institut für Psychoanalyse an der Goethe Universität Frankfurt, das 1966 aus dem Sigmund Freud Institut Frankfurt auf Initiative von Alexander Mitscherlich hervorging, wurde in der Folge dieses Gesetzes 2006 wieder in den Fachbereich der akademischen Diplom-Psychologie eingegliedert. An dieser Entwicklung hatte besonders die Diskussion um Klaus Grawes Buch *Psychotherapie im Wandel* (1994) einen erheblichen Anteil. Allein die Psychoanalyse (und einhergehend die tiefenpsychologisch fundierte Psychotherapie) konnte sich aufgrund ihrer langen soliden wissenschaftlichen Forschungstradition gegen die Behauptungen Grawes rechtzeitig wehren, so dass sie als einzige – neben der VT – heute vor den deutschen Krankenkassen als „wissenschaftlich anerkannt" gelten. Durch die zunehmend finanziell angespannte Lage der Krankenkassen wird wohl demnächst auch in Österreich ein ähnlich hartes Therapiegesetz erwartet. Da hier bisher (weltweit einzigartig) 22 Therapieformen anerkannt und erstattungsfähig sind, besteht ebenfalls die Gefahr eines großen Therapieschulen-Sterbens. Trotzdem hat man das Gefühl – besonders wenn man den deutschen Prozess leider miterleben musste – auch in Österreich sind sich (wie damals in Deutschland) die Vertreter der verschieden Therapierichtungen der umfangreichen Konsequenz eines solchen Gesetzes nicht recht bewusst. Sie ziehen sich in theoretische Elfenbeintürme zurück, anstatt ihre Kräfte zusammenzuschließen und ihre therapeutische Leistung am Patienten beweiskräftig zu belegen. Die Angst vor der Einheitstherapie (vgl. Greiner, 2012a) wird als Schreckgespenst jeder berechtigten Nachfrage nach nachhaltigen Heilerfolgen entgegengehalten. Wichtige und weiterführende Überlegungen, die vereinte Verteidigung der gemeinsamen wissenschaftlichen Vorzüge, werden so aufgrund von banalen Machtverhältnissen im Wissenschaftsbetrieb blockiert. Eine Forschung, die international wissenschaftliche Anerkennung findet, quantitative Ansätze mit qualitativen Ansätzen schlagkräftig verstärkt und ihren Kritikern mit praxisrelevanten Argumenten die Stirn bieten kann, gibt

Psyche kann nicht im Labor erforscht werden. Menschen sind mehr als Gene und biochemische Abläufe; sie sind aber auch mehr als Lebensgeschichten und sozial-politische Kräfte. Psychotherapie als Wissenschaft wurde von Anfang an, entgegen der laborfixierten experimentellen Psychologie und Neurologie, anhand von lebensweltlichen Phänomenen entwickelt (vgl. Reiter/Steiner, 1996: 160). Praxisferne

es auch in Deutschland erst seit den letzten 20 Jahren (s. u.). Heute hat es die Psychoanalyse durch internationale Verbrüderung und eine dialektisch-integrative Weiterentwicklung geschafft, mit großen beweiskräftigen Studien ihren Stellenwert unter den Heilverfahren und auch in der Gesellschaft zu festigen. Hierbei handelt es sich deshalb aber nicht um den „*kleinsten gemeinsamen Nenner*" (Greiner, 2012a: 27), sondern – im Gegenteil – um den größten gemeinsamen Nenner aller Psychotherapien. Jede Abspaltung von der therapeutischen Wirklichkeit würde die PTW um ihre wissenschaftstheoretische Grundlage und um ihr stärkstes Argument gegen die Neurologie und andere positivistische Kritiker bringen. Theorien, die wir als „*grundlagenwissenschaftliche Unternehmung*" (Greiner, 2012a: 32) oder „*technisch-instrumentelles Objektwissen*" (ebd.) von der therapeutischen Realität abtrennen und nur konstruktiv-analytisch, begrifflich und rational verifizieren, entwerten die PTW. Hier läuft die Forschung erneut Gefahr, nicht mehr nach einem bestmöglichen Weg heraus aus dem (subjektiven) Leid zu forschen, sondern nach dem theoretisch schlüssigsten. Die Prozess-Outcome-Forschung und ihre Langzeitkatamnese-Erhebungen in der deutschen Psychotherapieforschung streben das therapieschulenübergreifende Erfassen der „*Wirkungsweise*" (Fischer, 2011: 171) an und gehen damit noch über den Nachweis der „*Wirksamkeit*" (ebd.) hinaus. Das geschieht durch den Vergleich von Prozessverläufen und Heilungsmechanismen, systematische Feld- und Fallstudien, auf der Grundlage eines umfassenden Menschenbildes und einer interdisziplinären wissenschaftstheoretischen Ausrichtung (vgl. Fischer, 2008: 132, 179). Hierbei werden Widersprüche zugelassen und dialektisch (erhaltend statt ersetzend) aufgelöst, indem sie auf eine Ebene größerer gemeinschaftlicher Erkenntnis überführt werden. Dort stehen sie dann nicht als Leitwahrheiten oder Leitmethoden, sondern stellen sich wiederum dem nächsten Widerspruch. So konnten sich die verschiedenen Therapieschulen weiter entwickeln und ihre Lebensweltrelevanz verstärken. Die deutsche Psychotherapieforschung entgeht durch die dialektische Methode auch verschiedenen anderen Gefahren: Sie verliert nicht vor lauter Selbstverteidigung und theoretischer Abgrenzung das eigentliche Ziel – dem Patienten bestmöglich zu helfen – aus den Augen; sie bleibt der Gefahr der Entfremdung von der klinischen Wirklichkeit und Lebenswelt gewahr; sie vermeidet ein vor-paradigmatisches Bewusstsein und somit einen überholten wissenschaftstheoretischen Ansatz. Von diesem wissenschaftstheoretischen und methodischen Standpunkt aus entgeht sie nicht nur dem großen Feind der Therapieschulen: der Einheitstherapie. Auch die „*postmoderne Beliebigkeit*" (Fischer, 2008: 149) findet hier keinen argumentativen Platz. Dem Vorwurf einer nicht nachhaltigen oder unbestimmten Wirksamkeit wird mit einer „*langfristig stabilen Katamnestik*" (ebd., 2011: 171) entgegengetreten, die sogar die überzogenen Ansprüche der Neurologie modifizieren konnte. Eine konstruktivistische Forschung in der PTW läuft dagegen immer Gefahr tautologisch zu werden, da das eigene System ja nur systemimmanent überprüft und kritisiert werden darf – und nicht durch den Maßstab einer allgemeinreflektierten Objektivität.

Bedingungen als Wahrheitskriterium und rationale Vorgaben würden die Psycho-analyse Gefahr laufen lassen, ihre größte wissenschaftstheoretische Stärke, die reale Wirksamkeit im Einklang mit dem Patienten, zu verraten. Denn der Wahrheits-begriff der Psychoanalyse ist ein interpersonaler (vgl. Mertens, 2000: 144 f.). Er entsteht innerhalb der therapeutischen Beziehung und modifiziert sich, auch über die Therapie hinaus, gekoppelt an die psychodynamische Entwicklung. In diesem Wahrheitsbegriff bleibt die intersubjektive Lebenswelt daher als Referenzrahmen und Relevanz-Kriterium immer präsent. Als solcher ist er m. E. ein dialektischer Wahrheits-begriff – entgegen einem konstruktivistischen – mit einem *„strengen Wahrheitswillen"* (ebd.: 144). Er ist interagierend, aufsteigend, zielgerichtet. Er stellt unbewusste Konflikte und Abwehrmechanismen neuen intersubjektiven Erfahrungen gegen-über und entwickelt daraus psychische Reife, Heilung und ein besseres Leben. Das theoretische und praktische Resultat der Psychoanalyse kommt dadurch einer *„um-fassenden Selbsterkenntnis"* (ebd.) gleich, entgegen eigener *„Selbsttäuschung"* (ebd.). Sie betrifft sowohl den Patient als auch den Therapeut und Psychotherapie-Wissen-schaftler: Diese angestrebte Reife wird nicht theoretisch vom Therapeuten oder der Wissenschaft alleine bestimmt, sondern maßgeblich dialektisch interagierend vom Patienten mitgestaltet, erlebt und in seiner nachhaltig freieren Lebensgestaltung be-wiesen. Rückwirkend bestimmt sie wiederum den Anspruch des Therapeuten und der Psychoanalyse selbst, als eine Forschung auf dem höchsten Niveau der Selbstre-flexion und Konfliktfähigkeit.

c)   Hermeneutik versus intersubjektive Psycho-Somatik

Das gelebte Wahrheitsverständnis der Psychoanalyse baut auf Freuds topographi-schem Modell vom Ich als regulativer, adaptiver Funktion auf. Die verschiedenen psychodynamischen Entwicklungsstadien, Konflikte, Selbsttäuschung und Selbstrei-fung können sowohl am Patienten, aber auch innerhalb der Forschung und The-orieentwicklung bestimmt werden: Die Übertragungsbeziehung der Psychoanalyse als intersubjektiver Wahrheitsmaßstab, entgegen suggestiven, normativen, unhinter-fragten Wertmaßstäben, betrifft die Praxis und Psychotherapieforschung gleicher-maßen. *„Da der Trieb ein Ziel hat und ein Objekt sucht, ist Verhalten zielgerichtet."* (Rudolf, 2002b: 3). Die Objektsuche ist Intersubjektivität als basales Motivations-system (vgl. Stern, 2005: 109 ff.). Dieses Such-System ist ein Suchsystem nach Be-friedigung (Lusterfahrung, Belohnungserfahrung), das zumeist durch andere Men-schen gewährleistet wird und das Überleben sichert. Die Erfahrung, die mit der Su-che nach Befriedigung gemacht wird (das Triebschicksal), wird in seiner Wieder-holung zur psychischen Strukturentwicklung, als Anpassung an das Lebensumfeld.

So war die Intersubjektivität von der Triebenergie bis hin zum modernen Struk-turmodell immer mitgedacht. Durch eine Weiterentwicklung von der Triebtheorie über die Ichpsychologie und Objektbeziehungstheorie, hin zum Schwerpunkt der therapeutischen Beziehung hat die moderne Psychoanalyse sich immer wieder dialektisch ihren Widersprüchen gestellt. Der Weg führte sie von der klassischen Trieb-theorie, über einen *„hermeneutic turn"* (vgl. Mertens, 2014a: 88) der 1960er-Jahre, hin zum aktuellen Stadium des *„intersubjective turn"*. Dabei ist die männlich-phal-lische Triebenergie entsexualisiert worden, durch die „primäre Liebe" von Micha-el Balint, den „Glanz im Auge der Mutter" von Heinz Kohut und das „holding envi-ronment" von Donald Winnicott (vgl. Mertens, 2007: 115, 123). Es ist der maßgeb-liche Verdienst Otto Kernbergs, die Ichpsychologie, Objektbeziehungstheorie (auf der Grundlage der Bindungsforschung) und ihre angloamerikanischen und euro-päischen Ableger in dem integrativen Modell der modernen Psychoanalyse vereint zu haben, ohne dabei das psycho-somatische Trieb- und Strukturmodell aufgege-ben zu haben (vgl. Ermann, 2010: 45 f.; Mertens, 2014a). Anstelle von Freuds primär sinnlich-sexueller Lustsuche des Kleinkindes ist die primäre Liebe als affektiver Be-ziehungsinstinkt bzw. Beziehungstrieb mit psycho-somatischer Beziehungserwar-tung getreten, die das Sexuelle (in seiner Intersubjektivität) beinhaltet[36]. Kernberg nennt das aktuelle Beziehungs-Modell die *„Selbst-Anderer-Affekt-Triade"* (Kernberg, 1988: 342)[37]. Die Repräsentanzen-Bildungen durch Intersubjektivität wird zur *„an-geborenen Kompetenz"* (Mertens, 2007: 124)[38]. Aus den verdrängten Triebwünschen Freuds sind Objektbeziehungsrepräsentanzen geworden, die mit antreibenden Af-fekten einhergehen; neurotisch-ödipale Trieb-Konflikte werden zu Beeinträchtigun-gen der Ich-Entwicklung (aus intersubjektiven Erfahrungen mit den Bezugsperso-

---

36 Durch das Paradigma der Intersubjektivität geraten auch der primäre Narzissmus Freuds und die autistische Abgewandtheit Margaret Mahlers als zu stark abgegrenzte Subjektbegriffe in die Kritik. Auch die Entwicklung des Lustprinzips hin zum Reali-tätsprinzip bei Freud und Melanie Klein musste durch die Bindungsforschung in das Zusammenspiel bzw. den permanenten intersubjektiven Abgleich von Lust- und Un-lusterfahrungen durch die Realität modifiziert werden, die Psyche und Selbst aufbauen (vgl. Schöpf, 2014: 115 f.): Gute und schlechte Erfahrung sind nicht gegeneinander iso-liert oder abgespalten. Der Säugling erfährt sie durch die Realität der ersten Beziehung. Sie kann für ihn zum Problem werden – und nicht seine Phantasien. Die direkte An-schauungsmöglichkeit und Überprüfbarkeit des Verhaltens des Säuglings ist auch eine empirische Validierung des psychoanalytischen Erklärungsmodells (vgl. Stern, 1992).

37 Wie weit Kernberg mit seinem Trieb-Affekt-Modell einen eigenen metapsychologischen Ansatz begründet oder vorangegangene Ansätze spezifiziert und miteinander verbindet, möchte ich an dieser Stelle nicht weiter diskutieren.

38 Auch Sándor Ferenczi, Heinz Hartmann, Harald Schultz-Hencke, William Fairbairn und John Bowlby wären hier noch als entscheidende Forscher für die „psycho-soma-tische Intersubjektivierung" des Triebbegriffs zu nennen. Diese dialektische Weiterent-wicklung in der Psychoanalyse – über die Hermeneutik als Antithese zum Positivismus hinaus – macht somit auch den Vergleich mit dem *Such*-System von Panksepp in der heutigen Neurologie möglich, durch die Triebenergie als intersubjektiv ausgerichtete Lebensenergie (s. u.).

nen der ersten Lebensjahre), die sich in Form struktureller Störungen bzw. Persönlichkeitsstörungen zeigen (vgl. Mertens, 2000: 143)[39].

Die Psychoanalyse selbst hat sich also über ihren spezifischen Wahrheitsanspruch von ihrem anfänglichen Glauben an die sexuelle Triebenergie praxisnahe und selbstkritisch weiterentwickelt. Auch der lange noch an einer positivistischen Naturwissenschaft ausgerichtete Wissenschaftsstandard, bedingt durch Freuds eigenes Wissenschaftsverständnis, die Ich-Psychologie der im Zweiten Weltkrieg nach Amerika geflohenen Psychoanalytiker und den Einfluss kognitiv-behavioristischer Menschenbilder, ist am Prüfstein der intersubjektiven Lebenswelt gescheitert. Die Beziehungs- bzw. Bindungstheorie ist heute die Grundlage der modernen Psychoanalyse (einschließlich der therapeutischen Beziehung als entscheidenden Wirkfaktor – s. u.). Gerade diese dialektische „fortschreitende Wahrhaftigkeit" in der Psychoanalyseforschung kann heute die Neurologie und akademische Psychologie zu erkenntnistheoretischer Selbstkritik aufrufen, damit sie neue interdisziplinäre Wege gehen und ihre überholten, rationalistischen Menschenbilder überdenken.

Die Bindungsforschung, mit ihrem empirisch-experimentellen Ansatz, hat aber auch die aktuelle Bewusstseinsforschung in der Neurologie geprägt und ermöglicht damit (endlich) einen Abgleich zwischen den psychologischen Modellen. Denn die Intersubjektivität als Ursache für die Funktionstüchtigkeit des Gehirns *und* die Funktionstüchtigkeit der Psyche ist das passende Bindeglied (vgl. Fischer, 2008: 106 ff.). Das entscheidende Kriterium dabei ist: Ihre Gesetzmäßigkeiten entsprechen einem intersubjektiv-psychodynamischen[40] und nicht dem subjektiv-mechanistischen Menschenbild einer veralteten Neurologie. Eine lebensweltnahe Definition von Pathologie und Heilung und eine wissenschaftstheoretische Kooperation mit den Nachbardisziplinen sind daher möglich – um nicht zu sagen: zwangsläufig.

Der Ursprung der interdisziplinären Brücke zwischen den themenverwandten Gebieten der Psychoanalyse, experimentellen Psychologie und Neurologie liegt in der Forschung von Jean Piaget. Er hatte für die experimentelle Psychologie den Assimilations- und Akkommodationsvorgang bei aufkommender Differenz in der Entwicklung des Kleinkindes bereits in den 1930er bis 1950er-Jahren definiert (vgl. Piaget, 1978/1947). Dieser theoretische Ansatz wurde aber nicht von der experimentellen Psychologie, sondern nur von der Bindungsforschung weiter verfolgt.

---

39 Nur die Post-Ichpsychologen und Post-Kleinianer halten bis heute an der dualen Triebtheorie Freuds fest und behaupten, diese sei – trotz aller Widersprüche – mit der Objektbeziehungstheorie kompatibel.

40 In den USA hat sich heute sogar der Begriff der *psychodynamic Therapy* übergreifend für alle auf der Psychoanalyse beruhenden Therapieformen durchgesetzt. Letztendlich geht das Verständnis des Menschen als psychodynamische Kreatur, die ihre Bedürfnisse mit den gesellschaftlichen Umständen abgleichen muss, auf Jean-Jaques Rousseau zurück (ohne den Urzustand als Maß des Gesunden heute noch in Anspruch nehmen zu können).

Grundlegend für die moderne Psychoanalyse ist folgender Zusammenhang des Motivationssystems: *„Der jeweils vorherrschende Gefühlszustand aktiviert die Triebe, die am Objekt nach Befriedigung suchen."* (Ermann, 2010: 46) Dabei sind diese Affekt-Triebe psycho-somatisch und haben die Qualität der (sozialen) Bezogenheit. Triebe sind demnach die durch frühe Objektbeziehungen organisierten Affekte und somit als physiologische Aspekte die Basis der psychischen Struktur (vgl. Kernberg, 1996: 291). Kernberg selbst versucht damit auch schon der akademischen Psychologie und der Neurologie entgegenzugehen. Er bezeichnet seine durch Objektbeziehungen aktivierten Affekte auch als *„Motivationstheorie"* (ebd.) und möchte mit ihnen die „übermäßigen oder inadäquaten Affektaktivierungen" klären und gleichzeitig *„den genetischen und konstitutionellen Variationen der Triebintensität Rechnung tragen"* (ebd.). Diese wegweisende Voraussetzung der Psychoanalyse hat Freud selbst schon früh formuliert: *„Am Nebenmenschen lernt der Mensch erkennen."* (Freud, 1950/1895: 426) Und: *„... das Ich ist vor allem ein körperliches"* (Freud, 1923: 253), ein *„Körper-Ich"* (ebd.: 255).

Kernberg geht mit Freud über Freud hinaus. Er bezieht sich hierbei auf Freuds Aussage, dass Triebe zwischen Seelischem und Somatischem vermitteln, als *„Grenzbegriff zwischen Seelischem und Somatischem"* (Freud, 1915c: 214), als (soziale) Arbeitsanforderung des Seelischen aufgrund des Körperlichen. Kernberg bleibt also dem Freudschen psycho-somatischen Strukturmodell verhaftet (vgl. Kernberg, 1988: 335) und entwickelt es weiter in ein psychodynamisch-intersubjektives.

Wegen dieser „Körperlichkeit" ist der Struktur- und Selbstbegriff der Objektbeziehungstheorie Kernbergs dem Ansatz der Selbst-Psychologie Kohuts in seiner erkenntnistheoretischen Schlüssigkeit m. E. überlegen. Das betrifft auch alle anderen rein-hermeneutischen Ansätze des Intersubjektivismus (deutlich zu unterscheiden vom: Intersubjektiven) in der Psychoanalyse, die sich in ihrer Darstellung der zugrundeliegenden Motivation psychologischer Phänomene und Therapieverläufe in cartesianische Widersprüche verstricken. Somit manifestiert jeder rein-hermeneutische Ansatz, durch seine immanente Abgrenzung vom naturwissenschaftlichen Wissenschaftsbegriff und dessen Methoden, zwangsläufig den cartesianischen Dualismus.

Laut Kohut ist das Selbst keine psychische Instanz, sondern psychischer Inhalt, bestehend aus Objektbeziehungserfahrungen, die auf den Beziehungserfahrungen mit den ursprünglichen Selbstobjekten beruhen. Bei Kohut verdrängt das Selbst (als intersubjektivistisches hermeneutisches Feld) den Trieb (als psycho-somatische Grundlage) aus seiner zentralen Stellung der primären Motivation (vgl. Kohut, 1973)[41]. Das macht eine überzeugende (medizinische) Überprüfbarkeit der therapeutischen Heilerfolge schwierig. Da die Psychoanalyse aber nie als reine herme-

---

41 Dem Kohutschen erkenntnistheoretischen Ansatz entspringen auch die Theorien der Intersubjektivisten Robert Stolorow, George E. Atwood, Harry S. Sullivan und Stephen Mitchell, die sich von der psycho-somatischen strukturorientierten Verankerung der Psychoanalyse abwenden (vgl. Ermann, 2010). All diese Autoren widersprechen – im

neutische Theorie, sondern immer auch als lebensweltliche medizinische Praxis angelegt war, muss sie sich dem Nachweis ihrer Wirksamkeit stellen. Und gerade ihre Ausrichtung an der Lebenswelt und realen Überprüfbarkeit ihrer Intervention, gibt ihr (wie schon erwähnt) eine geltungslogische Sonderstellung zwischen der rationalistisch-positivistischen Naturforschung und der phänomenologisch-hermeneutischen Kulturforschung. Ist das Leid bzw. Scheitern der greifbare Ausgangspunkt der Psychoanalyse (in Theorie und Praxis), bleibt die Frage nach der „Norm ihres Gelingens" (die auch die „Norm der Freiheit" ist) eine erkenntnistheoretische Herausforderung.

Der Intersubjektivismus, der in der Nachfolge Kohuts über die Objektbeziehungstheorie hinauszugehen versucht, verlässt,

„indem er die Beziehung nicht nur als Rahmen für die Entwicklung betrachtet, die dann einen inneren Niederschlag findet, sondern die Bezogenheit, die Intersubjektivität als Matrix, aus welcher das Individuelle und das Interpersonale erschaffen werden" (Ermann, 2010: 53),

ebenfalls die somatische Verankerung der psychischen Struktur und wird somit zur rein-hermeneutischen Geisteswissenschaft. So beschreibt der Intersubjektivist Hans Loewald typischerweise mit seinem Begriff der „Bezogenheit" eine *„psychische Matrix, aus der sich intrapsychische Triebe, Ich und extrapsychische Objekte heraus differenzieren"* (Loewald, 1980: 204)[42]. Die „Bezogenheit" ist hier eine hermeneutische Auslegung auf phänomenologischer Grundlage, die in ihrer lebensweltlichen Verifikation dann aber zwischen Hermeneutik und Naturwissenschaft hängen bleibt: Ein rein-hermeneutischer sozialer Trieb- bzw. Motivationsbegriff verleugnet seine anthropologisch-deterministischen Ansprüche (sowohl in der Diagnose als auch im Erfassen von Heilung), die über ein „Als-ob" weit hinausgehen. Gleichzeitig liefert dieses hermeneutische „Als-ob" (ohne allgemeingültige Überprüfbarkeit) die Psychoanalyse in ihrem emanzipatorischen Potential der Gefahr eines Idealismus aus.[43]

Gegensatz zur Objektbeziehungstheorie und Bindungstheorie – meiner Argumentation für eine psycho-somatische, erweiterbare, nachhaltige Willensfreiheit.

42 Hier wird auch deutlich, dass der Intersubjektivismus dem Einwand Habermas' gegen die Psychoanalyse Freuds, sie unterliege einem „szientistischen Selbstmissverständnisses", gefolgt ist. Doch gilt es, diese postmoderne hermeneutische Antithese der Frankfurter Schule zum Positivismus im 21. Jahrhundert dialektisch endlich zu überwinden, was ich mit dieser Arbeit ja auch versuche.

43 Dass diese Gefahr keine wissenschaftstheoretische bleibt, zeigt traurigerweise die Geschichte zu genüge: Der realexistierende Sozialismus (aufgrund eines hermeneutischen Marxismus), aber auch das Ideal vom reinrassigen Arier, kranken – wie alle hermeneutischen Menschenideale oder heimlichen hermeneutischen Menschenideale mit positivistischen Anstrich – immer daran, dass sie den Bezug und die Überprüfbarkeit am realen Menschen und seinen biologisch-motivierten Anlagen verlieren. Gerade das nichtrationale (und oftmals selbstschädigende) Verhalten widersetzt sich prinzipiell den positivistischen Ansprüchen an die psychologischen Wissenschaften. Sie widersetzen sich aber auch den logischen (und nicht geltungslogischen) Idealen hermeneutischer

Gerade die Frage nach der erkenntnistheoretischen Stellung der grundlegenden Motivation des psycho-somatischen Menschen offenbart also die Schwierigkeiten des cartesianischen Dualismus in der Wissenschaft und somit auch jedes rein-hermeneutischen Ansatzes (vgl. Fußnote 17).

> *„Die Nagelprobe jeder Erkenntnistheorie ist letztlich das intersubjektive Verhältnis: Wo es um einen anderen Menschen geht, können wir uns nicht auf einen radikal-konstruktivistischen Standpunkt zurückziehen. […] Der andere ist für mich wirklich – und dadurch gewinne ich selbst erst an Wirklichkeit: Ich kann keine solipsistisches oder Konstruktwesen mehr sein. Zugleich ist es die gemeinsam mit anderen ,konsensuell' erfasste Wirklichkeit, die mir die Realität meiner Wahrnehmung verbürgt und meinen subjektiven leiblichen Raum in einen objektiven einbettet. Unter dieser Voraussetzung konnten wir der Wahrnehmung auch ihre Objektivität zurückerstatten, ohne damit in einen ,naiven Realismus' zurückzufallen."* (Fuchs, 2013: 48)

Darüber hinaus macht es ein rein hermeneutischer Ansatz in der Psychoanalyse unmöglich, eine Brücke zur aktuellen Hirnforschung zu bauen. Die strikte Abgrenzung der hermeneutischen Psychotherapieforschung von naturwissenschaftlichen Ansätzen festigt aber nicht nur den cartesianischen Dualismus, statt ihn zu überwinden. Er führt auch zum Verlust einer überzeugenden wissenschaftlichen Argumentation, in Form einer erfolgreichen, messbaren, realen Bekämpfung von Leid.

Diesen großen Gefahren ist die moderne Psychoanalyse entgangen, indem sie ihren Triebbegriff über die empirisch-experimentelle Bindungstheorie (nach John Bowlby) weiterentwickelt hat, die den positivistischen Wahrheitsanspruch durch die Intersubjektivierung selbst überwindet. Der Triebbegriff und die psychische Struktur Freuds (einschließlich der Instanz des Selbst) werden über die Bindungsforschung in der Objektbeziehungstheorie Kernbergs dynamisiert und intersubjektiviert. Der vormals berechtigte Vorwurf an Freud, er habe ein Menschenbild von der Wertigkeit einer statischen *„Einbahnstraße"* (Ermann, 2014: 50), allein motiviert von der Befriedigung der sexuellen „Organlust", ist nun längst schon überwunden.

Der Trieb in seiner modernen Form einer grundlegenden psycho-somatischen Motivation mit intersubjektiver Ausrichtung, muss nicht durch eine Art unbestimmte Matrix oder ein hermeneutisches „Bezugsfeld" abgelöst werden, um seinem sozialen Charakter gerecht zu werden. Denn der Triebbegriff Freuds hatte schon immer einen grundlegenden sozialen Aspekt (in seiner Gerichtetheit auf Bedürfnisbefriedigung durch den „Nebenmenschen"); die Autoerotik war immer schon Vorstufe zur reifen zwischenmenschlichen Sexualität, die alle wichtigen Bindungserfahrungen mit einschließt (vgl. Freud, 1905). Selbst die libidinöse Besetzung des Ichs im Narzissmus verweist schon auf den Rückzug des Triebes aufgrund von *sozialer* Enttäuschung. Der Mensch ist von seiner Trieb-Natur aus ein soziales Wesen – auch wenn

---

Theorien. Leider werden die wirklichen Tiefen des menschlichen Unbewussten auch noch von modernen Freiheitstheoretikern wie Peter Bieri mit rationaler Einsicht und Idealismus jenseits der Geltungslogik ignoriert.

Freud das in der ganzen Tragweite noch nicht als solches erkannt hat. Die Stärke seiner Theorie zeigt sich hier wiederum in einer möglichen Erweiterung, ohne die erkenntnistheoretische Basis oder die grundlegenden Kategorien wechseln zu müssen. Für diese Erweiterung ist daher auch die Bindungstheorie weit besser geeignet, als der hermeneutische Intersubjektivismus.

Der *„kompetente Säugling"* (vgl. Dornes, 1993) der Bindungstheorie, mit seinen angeborenen Fähigkeiten, die dann in der Interaktion zum erlernten „Selbst als Verursacher" führen, ist eine psycho-somatische Größe (vgl. Stern, 1992; Bowlby/Ainsworth, 2001; Fonagy, 2003b). Die Bindungstheorie und Objektbeziehungstheorie vermeiden über ihren psycho-somatischen Triebbegriff also die typischen „cartesianischen Schwierigkeiten" einer reinen hermeneutischen Wissenschaft, aber auch eines positivistischen Wahrheitsanspruchs. Trotzdem bestimmen sie (über ihren psychodynamischen intersubjektiven psycho-somatischen Strukturbegriff) jede Psychopathologie als Folge schwerwiegender Mängel der frühen (Selbst-)Objekte. Auch der Praxis-Schwerpunkt der „sozialen Genese", durch die Bezogenheit in der therapeutischen Beziehung, wird nicht vernachlässigt oder in ihrer grundlegenden Bedeutung abgeschwächt (vgl. Kapitel 3.5).

Die soziale Prägung der Wahrnehmungs- und Empfindungswelt der Psyche, ist somit über die Bindungstheorie zum Schwerpunkt in der modernen Psychoanalyse geworden. Dem Paradigma der Intersubjektivität (im Sinn von „allgemein akzeptierter Auffassung") ist die Objektbeziehungstheorie über die Bindungsforschung tief verbunden. Die der Objektbeziehungstheorie grundlegende Bindungs-, Säuglings- und Gedächtnisforschung betont das implizite Beziehungswissen als Streben nach guter stabilisierender bedürfnisbefriedigender Eingebundenheit. Sie ist zum zentralen Element der modernen psychodynamischen, psycho-somatischen Psychoanalyse geworden.

Viele rezipierende Autoren der modernen Psychoanalyse sind in der Benennung und in ihrer Bekennung zu einer dieser beiden entscheidenden wissenschaftstheoretischen Grundlagen (psycho-somatische Intersubjektivität versus hermeneutischer Intersubjektivismus) leider sehr ungenau: Ein *„mentaler Zustand als Rohmaterial"* (Ermann, 2014: 12, vgl. ebd.: 64, 68; ebd. 2010: 82 ff., 98 ff.), der in das intersubjektive Feld eingebracht wird, „schwebt" typischerweise zwischen psycho-somatischer Anlage und hermeneutischem Intersubjektivismus. Andere Autoren haben diese (durch die Wissenschaftsgeschichte hindurch) grundlegende erkenntnistheoretische Problematik als Ursache für diverse „Community-Streitigkeiten", in die sie verstrickt sind, gar nicht erst erkannt.

Die Individualpsychologie (IP) nach Alfred Adler, die als psychoanalytische Therapie in Österreich (im Gegensatz zu anderen Ländern) weite Verbreitung findet, hatte sich, als Vorläufer Kohuts und des Intersubjektivismus, als erste Theorie- und Therapieschule aus der Psychoanalyse heraus von der triebbestimmten Psyche Freuds abgelöst. (Kurze Zeit später folgte ihr darin die Analytische Psychologie nach C. G. Jung.)

Obwohl die frühe Studie Adlers über die „Minderwertigkeit von Organen" und seine Betonung der körperlichen Unterlegenheit des Kindes den Körper in sein Ganzheitskonzept miteinschließt, bleibt der Körper bei Adler immer eine (an Vaihinger orientierte) fiktionale „Als-ob-Qualität". Die diesen mentalen, phänomenologischen Körper einschließende Ganzheit kann so zum (metaphysischen) Ideal werden, an dem die (minderwertige) Realität des Erlebens gemessen wird. *„Die Ganzheit ist kein Erfahrungsbefund; sie ist eine Idee, die wir an unser empirisches Material herantragen, um es zu ordnen und zu verstehen."* (Rattner, 2013: 58) Aus der Triebpsychologie Freuds ist dadurch eine Wertepsychologie geworden. Adlers phänomenologisch-hermeneutischer Ansatz bleibt hier ebenfalls (als Negativ) dem Positivismus mehr verhaftet, als es ihm lieb sein konnte.

Wird Adlers Name auch immer wieder in der Entstehungsgeschichte der Psychosomatik genannt, so ist die Bestimmung seines Körperbegriffs äußerst schwierig. Die erkenntnistheoretischen Widersprüche, die die Verschiebung bzw. Umwertung des Triebbegriffs hin zu einem „Gemeinschaftsgefühl" bei Adler entstehen lassen, folgen dabei den Schwierigkeiten, die bei der Trennung von Leib und Seele/Geist/Psyche immer entstehen (s. o.). Verursacht wird dieser erneute Leib-Seele-Dualismus am Beginn des 20. Jahrhunderts in Wien durch den Wettstreit zwischen Positivismus und Geisteswissenschaft, Rationalismus und Hermeneutik.

Dabei ist die frühe Einsicht in die „soziale Natur" des Menschen durch Adler einer genauen lebensweltlichen Beobachtungsgabe geschuldet, deren Wahrhaftigkeit dann in Therapieschulen-Streitigkeiten verloren ging. Die Ablösung seiner Neurosen- und Charakterlehre, weg von den ödipalen Über-Ich Problematiken (wie in der Hysterie) hin zu den sozialen Selbst-Problematiken, seine wegweisenden Einsichten in die Möglichkeiten einer guten Erziehung, verweisen auf eine visionäre Weitsicht. Doch der statischen, subjektivistischen, übermäßig-sexualisierten Freudschen Triebnatur ist Adler dabei erkenntnistheoretisch „ungünstig" entgegen getreten[44].

Der ursprüngliche Versuch einer anthropologischen Herleitung des Gemeinschaftsgefühls bei Adler, auf dem seine „Norm des Normalen", aber auch sein emanzipatorisches Menschenbild gründen (vgl. Adler, 1974: 263; 1979; Horster, 1984: 68 f.; Rieken, 2011: 55; Rattner, 2013: 72), führt m. E. zwangsläufig in einen Widerspruch zwischen körperlicher Motivation und idealer Emanzipation. Sie lassen sich in der Fragen darstellen: Woher nimmt der Körper das Ideal? Wie ist die teleologische Ausrichtung des menschlichen Seins und Verhaltens jenseits der (pathologischen) Ursachen begründet? Ist das Gemeinschaftsgefühl bzw. die Ganzheit bei Adler phänomenologisch oder doch biologisch?

Die psycho-somatische „Entkernung" der Grund-Motivation, der Austausch des psycho-physischen Triebbegriffs durch das soziale Prinzip der Gemeinschaft bzw.

---

44 Welche soziale Qualität das Adlerische „Gemeinschaftsgefühl" genau hat, möchte ich hier nicht weiter erörtern. Das „Konkurrenzdenken" in der kapitalistischen Gesellschaft und das ursächliche „Minderwertigkeitsgefühl" bei Adler schein aktueller denn je, sind aber der Darwinismus-Diskussion der Jahrhundertwende entsprungen.

Ganzheit (mit ihrer immanenten idealen Teleologie), verkürzen seine Theorie auf ein „nützliches Hilfsmittel" (im Sinne von Vaihinger) und schwächen seinen psycho-analytischen „Wahrheitsanspruch".

Der psycho-somatische Trieb/Lebenswille in der modernen Psychoanalyse ist dagegen causa efficiens, sowohl für pathologische als auch gesunde Anpassungsformen des Individuums in der Gemeinschaft: Der einzelne Mensch braucht die Gemeinschaft zum (Über-)Leben und um das Leben weiter zu geben. Er hat *deshalb* eine überlebenstrieb-motivierte Bezogenheit auf andere. Das Gemeinschaftsgefühl an sich ist aber kein grundsätzlicher Antrieb.

Der (Über-)Lebenstrieb (mit narzisstischer Qualität) beinhaltet in der modernen Psychoanalyse auch die causa finalis: Das gute bzw. bessere Überleben. Pathologisches Verhalten sichert das Überleben im pathologischen Umfeld so gut wie möglich. Die Suche nach einem besseren sozialen Überleben führt aber auch zur Übernahme der Verhaltensmuster einer empathischen therapeutischen Beziehung und bestätigt deren Wirkmechanismus (Kapitel 3.5). Heilung bzw. Besserung in der Praxis der modernen Psychoanalyse gründet also in den psycho-somatischen saluto-genetischen Kräften des (Über-Lebens-)Triebes: Auf diese muss die IP durch ihre phänomenologische Grundlage des Gemeinschaftsgefühls konsequenterweise verzichten. Gleichzeitig fällt es der IP dadurch schwer, das (unbewusste) „Intentionale" als zielgerichtete und kompensatorische Motivation zu erklären. Steht am Beginn des (sozialen) Lebens nach Adler immer ein erlebtes Minderwertigkeitsgefühl, bleibt die Frage, woher die Kräfte der Kompensation (im pathologischen wie im normalen Fall) kommen, wenn das Gemeinschaftsgefühl doch nur als mentalisierte, erlebte Größe existiert und somit immer von der Erfahrung der Minderwertigkeit geprägt wird. Oder ist das Gemeinschaftsgefühl als Ideal doch angeboren? Dann bliebe der naturwissenschaftliche Anspruch im Gemeinschaftsgefühl erhalten, entgegen dem Phänomen des Minderwertigkeitserlebens. Doch wieso fällt die Psyche dann immer wieder in unreifere, regressive Zustände, um sich in Krisensituationen zu stabilisieren, wenn diese doch mit dem Erleben der Minderwertigkeit verbunden sind?[45] Und wie lassen sich kompensatorische, heilende, soziale Vorstellungen abgrenzen von regressiven pathologischen (von Schuldgefühl bis Größenwahn)? Adler schafft durch diese Ungenauigkeiten bei der Bedeutungszuordnung seiner zentralen Begriffe „Minderwertigkeit" und „Gemeinschaft" oder „Ganzheit" erhebliche theoretische Schwierigkeiten (vgl. Rattner, 2013: 36) und bleibt eine genaue Definition und erkenntnistheoretische Zuordnung seiner Grundmotivation schuldig. Darüber hinaus

---

45 Dem Minderwertigkeitsgefühl Adlers steht auch m. E. der natürliche Egozentrismus des primären Narzissmus entgegen: Die Einbildung bzw. Erfahrung des Säuglings, der wichtigste Mensch zu sein, um den sich alles dreht. Dieser frühkindliche Egozentrismus/Narzissmus dient deshalb auch in Krisensituationen als stabilisierende Regression – nicht weil er falsch war, sondern weil er ursprünglich war und ein wirksames Mittel gegen Reizüberflutung.

läuft das „Gemeinschaftsgefühl", wie alle rein hermeneutischen Ideale, immer Gefahr, ein Über-Mensch-Ideal zu werden.

Hier wird auch deutlich: Die negative Wertung im Menschenbild bei Adler durch das Minderwertigkeitsgefühl hat wenig mit dem negativen Menschenbild Freuds zu tun, das dem biologischen Widerspruch in der Triebtheorie entspringt (zwischen Egoismus und Bedürfnisbefriedigung durch andere bzw. Egoismus und Todestrieb) – und nicht einer sozialen Wertepsychologie des Selbsterlebens.

Gedanken ohne Inhalte sind nicht leer und Anschauungen ohne Begriffe nicht blind (vgl. Kant, 1968/1781), da eine Trennung der Gedanken von ihren angeschauten, emotional begriffenen und gewerteten Inhalten geltungslogisch nicht möglich ist. Gedanken sind vielmehr angeschaute begriffene Inhalte, die ihre Wertung durch die Ausrichtung im immer vorhandenen sozialen Kontext des besseren Überlebens erfahren bzw. erfahren haben – physisch und psychisch[46]. Der teleologische Aspekt muss, wie ich noch konkret am therapeutischen Prozess zeigen werde, immer einem psycho-somatisch-intersubjektiv-psychodynamischen Menschenbild inhärent sein. Denn letztlich erleben wir uns immer als Körper-Selbst (teilweise mit deutlichen Spuren des Erlebens an diesem Körper) *und* als Persönlichkeits-Selbst im sozialen Umfeld.

Für meine Begründung eines selbstbestimmten erweiterbaren Willens aufgrund salutogenetischer Trieb-Kräfte (vgl. Kapitel 3.5), in ihrem Streben nach einer bestmöglichen psycho-somatischen Homöostase (vgl. Kapitel 4.6), ist gerade der psycho-somatische Aspekt des Triebbegriffs als Grundlage der Psychoanalyse elementar. Hierauf erst baut die Sinnsuche und Realisierung von Werten in der Lebenswelt auf. Eine Integration von hermeneutischem Verstehen und naturwissenschaftlichem Verifizieren, wie Ermann und zahlreiche andere Autoren es vorschlagen (vgl. Ermann: 2010: 60; Mertens, 2014a), ist ein Schwerpunkt dieser Arbeit. Und m. E. kann spätestens seit der Entdeckung der sogenannten „Spiegelneuronen" durch Giacomo Rizzolatti im Jahr 1992 (vgl. Ermann, 2014: 81 f.) und der „basalen Organisationsprinzipien" der Persönlichkeit der basisemotionalen Nuclei des Hirnstamms nach Jaak Panksepp (vgl. Kapitel 4) im Jahr 1998 eine Psycho-Somatik in der Intersubjektivität nicht mehr geleugnet werden.[47]

---

46 Zeigt man Eingeborenen Südamerikas einen Film über New York, können sie vielleicht nicht sagen, was sie gesehen haben, weil sie keine Begriffe für Hochhäuser, Taxis und Straßen haben. Sie werden aber durchaus beunruhigt und irritiert sein vom Gesehenen und nach einer Bewertung dieser fremden Realität zugunsten ihres Überlebens suchen.

47 Ich möchte an dieser Stelle auch Alfred Pritz widersprechen, der behauptet von der PTW wären keine naturwissenschaftlichen Erkenntnisse zu erwarten (vgl. Pritz/Teufelhart, 1996: 16). Durch die Bindungsforschung, die Traumaforschung und die Katamnese-Studien der deutschen Psychotherapieforschung ergeben sich sehr wohl Erkenntnisse, die naturwissenschaftliche Relevanz haben und auch z. T. mit naturwissenschaftlich-quantitativen Methoden erhoben wurden: *Die Freudsche Konzeption der therapeutischen Arbeit mit dem Ich und seinen Funktionen wird durch die psychobiologische Traumafor-*

Ich möchte und muss aus all diesen Gründen hier (wie schon erwähnt) Kernbergs wissenschaftstheoretischem Ansatz folgen, um in meiner Argumentation für eine psycho-somatisch erweiterbare „verkörperlichte" Freiheit erkenntnistheoretisch schlüssig zu bleiben.

Strukturstörungen, als Triebschicksale in Folge pathologischer sozialer Trieb-Erfahrungen, sind demnach auch nicht nur als Früh- oder Grundstörungen (im Gegensatz zu Konfliktstörungen als neurotischen Störungen) zu verstehen. Strukturstörungen verweisen auch auf die prinzipielle Qualität des psycho-somatischen Strukturniveaus (vgl. Kernberg, 1978, 1988; Ermann, 2010: 49)[48]. Strukturstörungen (jenseits der klinischen „phänomenologischen" Diagnostik) können so als Funktionsniveau der Persönlichkeitsorganisation und somit als Grad der Fremd- und Selbstbestimmung definiert werden. Kernberg bietet hier den systematisch klarsten Ansatz, auf dem eine Analyse der „Freiheitsgrade" erfolgen kann.

> „Die Objektbeziehungstheorie kann sich auf die allgemeine Theorie der psychischen Strukturen beziehen, in denen zwischenmenschliche Erfahrungen bewahrt werden […] Man könnte sogar sagen, dass die Psychoanalyse als allgemeine Theorie eine Objektbeziehungstheorie sei. Dies würde eine eigenständige Theorie der Objektbeziehungen innerhalb der Psychoanalyse überflüssig machen […] Man hat die so definierte psychoanalytische Objektbeziehungstheorie als ‚Mittelding' zwischen der metapsychologischen und der klinischen Sprache bezeichnet." (Kernberg, 1981: 54 f.).

Eine Strukturveränderung betrifft demnach nicht nur die Besserung klinischer Früh- und Strukturstörungen, sondern darüber hinaus die psycho-somatischen Reifegrade jedes Strukturniveaus (bis hin zum „Gesunden"), zu erfassen an der Ich-Stärke und der Reife der Selbst-Repräsentanzen.

---

schung bestätigt" (Fischer, 2007: 73), die mittlerweile auch eng mit der Hirnforschung zusammen arbeitet (vgl. Mertens, 2007). Fischer verweist in diesem Zusammenhang auf die Vorzüge der sogenannten „Grounded Theory" (Fischer, 2011: 176 f.) und ihr Konvergenzprinzip (sofern sie bei interdisziplinären Forschungen gegenstandsbegründet ist). Als Beispiel nennt Fischer die hervorragende Doktorarbeit von Angelika Birck, die eindrucksvoll die Erkenntnisevidenz aus quantitativer und qualitativer Forschung demonstriert. Birck weist überzeugend nach, dass „emotive Einsicht" (Birck, 2001: 253 f.) aufgrund einer „verfügbaren empathischen" (ebd.) bzw. „wahrnehmend-akzeptierenden Beziehung" (ebd.) mit dem Therapeuten sogar zur Heilung bei in der Kindheit sexuell missbrauchten Patientinnen führt – während beim Ausbleiben dieser Einsicht die Traumapathologie bestehen bleibt. Sofern Psychotherapieforschung PTW werden und bleiben soll, sollte man diese aussagekräftigen Querverbindungen unbedingt in eigener Sache nutzen.

48 Wo und wie die Grenze zwischen neurotischen und strukturellen Störungen prinzipiell zu ziehen ist, steht allgemein vom Anbeginn der Psychoanalyse zur Diskussion (vgl. 3.3 und 3.4). Ist eine Unterscheidung für die Diagnose in der Praxis wichtig, bleibt trotzdem klar, „dass sich Inhalt und Prozess, Einsicht und Beziehung bei den meisten Störungen ergänzen." (Ermann, 2010: 111)

Familiäre Belastungen mit ihren emotionalen Defiziten und Traumatisierungen als Ursache für gestörte Persönlichkeits- und Strukturentwicklung dürfen als psychodynamisches Modell der modernen Psychoanalyse also spätestens seit Kernberg vorausgesetzt werden (Mertens, 2000; Rudolf, 1997).

Funktionen im Hirn und Realisierung genetischen Potentials werden durch emotionale Erfahrung mit den ersten Bezugspersonen bestimmt (Fonagy/Target, 2005). Mentale Repräsentanzen sind die einkodierten Determinanten der entsprechenden Beziehungsmuster (Buchheim, 2005). In der „subjektiven Biologie", als Anpassungsprozess des Beziehungsorgans Gehirn an seine soziale Umwelt, werden soziale Vorgänge einverleibt, d. h. in einem somatischen Vorgang verinnerlicht. Umwelterfahrung wird als (bewusster und unbewusster) Denkinhalt verkörperlicht. Beziehungserfahrungen sind die Architekten der (psychischen und physischen) Mechanismen, Repräsentanzen und Verhaltensweisen. Lust und Unlust bildet sich durch Erfahrung bei der Entstehung psychischer Funktionen strukturell ab (vgl. Fischer, 2008: 36).

Die psychische Realität innerhalb der physischen Realität, die emotional erfahrene reale Umwelt, ist der interdisziplinäre Schlüssel zum Verständnis der menschlichen Psyche und des Verhaltens. Eine Dialektik zwischen Erfahrung, Biologie und physischer sozialer Umwelt lässt sich auf der Grundlage dieses Ansatzes fruchtbar durchführen (vgl. Stern, 1992; Rudolf, 2005; Fonagy/Target, 1997, 2001b, 2003b; Buchheim, 2005).

Psychische Störungen sind demnach Folgen gestörter Bindungen zu wichtigen Bezugspersonen. Unsere Psyche entsteht durch Beziehungen, pathologische Phänomene entstehen durch Beziehungen und werden geheilt durch Beziehungen.[49]

d)   Geltungslogische Wahrheit durch Heilung als wissenschaftliche Metaebene

Intersubjektive psychische Realität ist heute durch die Psychotherapieforschung zu einer geltungslogischen, phänomenologisch-lebensweltlichen Beweiskraft geworden, die der rationalistischen, positivistischen Beweiskraft der Medizin und akademischen Psychologie weit überlegen ist: Sie ist die epistemologische Bewahrheitung durch „*die Prüfung der Plausibilität der Erfahrung anhand gegenwärtiger Beziehungseindrücke*" (Mertens, 1991: 22). Psychoanalytische Beweiskraft zeigt sich an psychoanalytischer Heilkraft gestörter Intersubjektivität, die auf einem intersubjektiven Wahrheitsbegriff beruht.

Die gleichschwebende nichturteilende Aufmerksamkeit (als nicht-wertende, phänomenologische Methode) ermöglicht die „richtige" Deutung der intersubjektiven Zusammenhänge, die „*wirklichkeitsnahe Metapher*" (Buchholz, 1997: 83), das passende Bild. Gerade Psychoanalytiker können während einer Deutung die Beob-

---

49   Wie ich im Kapitel 4.5 zeigen werde, sind selbst explizite Hirnschädigungen nicht ohne intersubjektive, psychodynamische Aspekte objektiv einzuschätzen oder zu heilen.

achtung machen, dass falsche therapeutische Wertungen Patienten oft verstummen lassen und ihre Suche nach der eigenen Wahrheit damit regelrecht abgewürgt wird (vgl. Mertens, 2000: 150).

Nur die „echte", gelebte Empathie in der therapeutischen Beziehung lässt Veränderungsprozesse zu und einen „besseren, reiferen" Umgang mit (beunruhigenden) Reizen lernen. Die Bewahrheitung der kausalen Zusammenhänge wird durch die Auflösung des Widerstands bzw. der Abwehr bzw. der Konflikte des Patienten gewährleistet. Die Theorie muss *„affektive Realität"* (Kernberg, 1991: 12) werden.

Psychische Heilung wird an der nachhaltigen lebensweltlichen Selbst-Wirksamkeit des Patienten greifbar. Sie steht daher, wie schon erwähnt, einer aufgezwungenen, rationalen, „leitwissenschaftlichen" Wahrheit des Therapeuten und Psychotherapiewissenschaftlers entgegen:

> *„Die Lösung seiner* [des Patienten] *Konflikte und die Überwindung seiner Widerstände glückt doch nur, wenn man ihm solche Erwartungsvorstellungen gegeben hat, die mit der Wirklichkeit übereinstimmen. Was an Vermutungen des Arztes unzutreffend war, das fällt im Laufe der Analyse heraus, muss zurückgezogen und durch Richtiges ersetzt werden."* (Freud, 1916/17: 470)

Auch durch die Supervision und Selbst-Infragestellung in der Gegenübertragung des Therapeuten wird der psychoanalytische Wahrheitsanspruch überprüfbar gemacht. Mit dieser kritischen Selbst-Evaluation – ein inhärentes Prinzip und die „Kardinalstugend" der therapeutischen Praxis und Theorie – versucht die Psychoanalyse einem universalen Wahrheitsanspruch quasi schon in ihren Grundstatuten zu entgehen. Reziprozität zwischen Beobachter und Beobachtetem sollen erfasst werden und narzisstische Überhöhung des Therapeuten erkannt und nach und nach (dialektisch) aufgelöst werden. Das stellt ebenfalls die Notwendigkeit zur Aussagen-Eindeutigkeit infrage, die dem logischen Bewusstsein eine völlig unrealistische und (auch nach den neusten Erkenntnissen der Bewusstseinsforschung – siehe Kapitel 4) nicht haltbare Fähigkeit zuschreibt. Dem gegenüber steht eine Art „Zustand des Zugleichs", der in der psychoanalytischen Theorie und Praxis nur von psychisch reifen und gefestigten Menschen ausgehalten werden kann. Das gilt auch für Wissenschaftler. Denn dies geschieht vor dem Hintergrund einer humanistischen Anerkennung der Ungewissheit und Vieldeutigkeit aller menschlichen Systeme und jeder Erkenntnisqualität.

Auf dieser Grundlage kann die Psychoanalyse aber folgelogisch weder ein schnelles einfaches Heilverfahren sein noch eine Theorie ohne Widersprüche. Sie stellt hohe Ansprüche an die Mitarbeit und das Durchhaltevermögen des Patienten – und den Forscher: Psychoanalyse ist wirksam und wahrhaftig, macht aber viel Arbeit. Kompatibilität, Weiterentwicklung, interdisziplinärer Reflexionsdialog und diskursive Konfrontation verpflichten sich stets dem hohen Evidenzgrad der Überzeugungskraft in Form einer Relevanz für den lebensweltlichen Gegenstandbereich und einer nachhaltigen Wirksamkeit.

Gerade durch die Prozess-Outcome-Forschung der letzten Jahrzehnte, die sich auch für die wissenschaftstheoretische Schärfung der eigenen Position als äußerst fruchtbar erwiesen hat, kann die Psychoanalyse, wie Erik Kandel sagt, heute als *„die kohärenteste und intellektuell befriedigende Sicht auf den Geist"* (Kandel, 2006: 120) gewertet werden und als *„eine umfassende Theorie über den Menschen"* (Mertens, 2014a: 21). Bisher wurde sie darin von den themenverwandten Wissenschaftsgebieten nicht eingeholt. Ihre wissenschaftstheoretische Grundlage taugt daher als Vorbild für alle Wissenschaften und Wissenschaftler. Denn: Auf dieser Grundlage kann sich die Psychoanalyse nicht nur gut gerüstet den Fragen nach ihrer Wirksamkeit aufgrund ihrer Wissenschaftlichkeit stellen, sondern auch umgekehrt die herrschende naturwissenschaftliche Wahrheitsproduktion und das ihr zu Grunde liegende unreflektierte Konzept vom Menschen kritisch und zugleich konstruktiv diskutieren (vgl. Leuzinger-Bohleber u. a., 1997a: 132; Poscheschnik, 2005).

Die Diskussion um die Psychoanalyse steht darüber hinaus m. E. nach im Zentrum der aktuell stattfindenden *„Paradigmenrevolution"* (Kuhn, 1962), die die gesamte Forschung und Wissenschaft erfasst hat. Denn sie bietet für die drängenden Problemstellungen der heutigen Wissenschaft einen aktuellen und relevanten Wahrheitsansatz, eine ausgereifte Methodenreflexion – und (zumeist) auch die Bereitschaft den Nachbardisziplinen konstruktiv entgegenzugehen. Dabei wird sie den Menschen in seiner Lebenswelt selbstverständlich auch weiterhin nie aus den Augen verlieren (vgl. Pritz, 1996a; Pritz/Teufelhart, 1996b; Hampe, 2000a/b; Stuhr, 2001a/b). Sie ist deshalb nicht nur eine Wissenschaft zwischen den Wissenschaften, sondern vielmehr auch eine Metawissenschaft, die den eigenen aktuellen wissenschaftstheoretischen Blickwinkel auf Natur- und Geisteswissenschaft implizit reflektiert und damit große „wissenschaftliche Reife" beweist. Ihre methodologische Besonderheit in der Aufhebung der herkömmlichen Subjekt-Objekt-Erkenntnisrelation, die Aufdeckung der inneren Welt des Forschers, die emanzipatorische Geltungslogik ihrer Reflexionen und die lebensrelevante Praxis jeder wissenschaftlichen Forschung sind m. E. nach die Grundlagen für diesen Anspruch, den ich in dieser Arbeit belegen möchte. Dieser Anspruch ist dabei niemals ausschließend oder letztgültig zu verstehen: Denn die Selbstkritik im Vorgang der therapeutischen Behandlung sollte sich auch immer auf die wissenschaftliche Tätigkeit beziehen[50].

In dieser wissenschaftstheoretischen Diskussion des psychologischen Themenfeldes zeigt sich als zentrales Element das Leib-Seele-Problem: Es findet hier seine aktuelle Entsprechung in der Diskussion um wertende Wissenschaftsstandards und deren normative Aussagen. Insofern ist gerade die Frage nach der Willensfreiheit als Frage nach dem paradigmatischen Bild vom Menschen und seine Selbstbestimmung besonders eng mit der aktuellen Diskussion um den Stellenwert und die Grundlagen der Psychoanalyse verbunden. Die Antinomie der frei erforschten Aussage über den

---

50   Bieri nennt das den *„kritischen Abstand zu sich selbst"* (Bieri, 2001: 91).

Mangel an Freiheit kann hier aufgelöst und darüber hinaus in ihrem *„syntheseerzeugenden Potential"* (Fischer, 2008: 180) fruchtbar gemacht werden.

3.2   Prozess-Outcome-Forschung in der PTW

Es gab in der bisherigen Psychotherapieforschung nicht nur verschiedene Stadien, die sich durch zunehmende theoretische Anpassung an die intersubjektive Praxisrealität auszeichneten. Eine zunehmende Erfassung der Heilungserfolge bewirkte ebenfalls eine methodische und theoretische Verfeinerung (Orlinsky/Russell 1995; Kächele, 1992; Bachrach u.a., 1997; Wallerstein, 2001): Während ab 1917 lediglich die Aufzählung von Fortschritten des Patienten, ohne einheitliche Definitionen, Kriterien oder empirische Belege erfolgte, um die Wirksamkeit der Psychoanalyse zu bestätigen, wurden ab den 1940er-Jahren erstmals Überlegungen zur Verlässlichkeit der Ergebnisse umgesetzt, die Verlauf und Ergebnis zu erfassen suchten. Formalere und systematische Auswertungen waren die Folge. Doch wurden nonverbale Mikroprozessmerkmale und Langzeiteffekte lange nicht erfasst. Erst seit Ende der 1980er-Jahre konzentriert sich die Psychotherapieforschung mehr und mehr auf die Suche nach den allgemeingültigen Grundgesetzen und Folgen der analytischen Praxis und Interventionen und versucht damit auch dem Vorwurf der *„Autokratie eines sich in der Evidenz selbst bestätigenden Verstehens"* (Kächele/Thomä, 1973: 219, 339 f.) endgültig zu entgehen.

Das Material der aktuellen Prozess-Outcome-Forschung und der damit einhergehenden Katamnese-Erhebungen ist nach wie vor die Einzelfallanalyse, mit ihrer einzigartigen Geschichte, Traumatisierung und ihren Konflikten. Sie unterliegt einer wissenschaftlichen Sinnkonstruktion mit wissenschaftlich gewonnenem Aussagenzusammenhang und ist erst als solche die Voraussetzung für alle weiteren Verallgemeinerungen. Doch die Fallnovelle allein kann als Typenbildung (im Gegensatz zur Falsifizierung – vgl. Stuhr, 1997: 174 f.) heute nicht mehr die ausschließliche wissenschaftliche Kommunikationsform der PTW sein.

„Klinische Forschung muss dann zur systematisierten empirischen Forschung weiterentwickelt werden, wenn man das Problem der ‚gehäuften Eindrücke' ernstnimmt. Von der dyadenspezifischen Wahrheit bis zur nomothetischen Aussage ist es ein weiter Weg." (Kächele, 1992: 262).

Um eine höhere Form der Objektivität zu gewährleisten, ohne die subjektive Erfahrungsebene zu vernachlässigen, werden die Patienten in der aktuellen, *„zeitgemäßen"* (Kächele, 1992: 261) Prozess-Outcome-Forschung vor, während und nach der Therapie im Hinblick auf die Ursachen der Veränderungen, ihr Selbstverständnis und ihre Handlungsfähigkeiten untersucht. Qualitative Beobachtungen werden hierbei mit den quantitativen (empirisch-nomothetischen) Ergebnissen in Beziehung gesetzt (vgl. Sandell, 1997, Sandell u.a., 2001; Leuzinger-Bohleber, 1997b/c, 2001, 2002; Fonagy, 2004c). Phänomene werden in ihrem Kontext analysiert, die aber auch als Phänomene (und nicht als reine Daten) verallgemeinert werden können (und sollten). So werden Erklärungen in den Rang wissenschaftlich evidenter und epistemologisch erfolgreicher Erklärungen gehoben. Muster und Regelmäßigkeiten (statt allgemeingültige Gesetze) verschaffen dieser wissenschaftlichen Erkenntnis pragmatische Validierung: Die Schlussfolgerungen werden im Kontext systematischer Fallstudien nachprüfbar und beweiskräftig.

Dieser Forschung geht ein grundsätzliches Reflektieren über den Forschungsgegenstand und entsprechende Methodik voran- und/oder nach: Eine solide Stichprobenauswahl und eine systematische qualitative Strategie, unter Berücksichtigung philosophisch fundierter Begriffs- und Sprachwissenschaft, versucht die Essenz psychischer Phänomene zu erfassen. Diagnosen werden immer als Verlaufsdiagnose gedacht, mit der Intentionalität einer Heilung. Systematische Einzelfallanalysen werden, anhand von klinisch relevanten Begriffen, durch detaillierte Messungen in abstraktere Zusammenhänge, Konzepte und Modelle überführt. Dies stellt zugleich einen konstruktiven Kontrast und Angriff auf das mechanistische, positivistische Menschenbild dar (vgl. Arbeitskreis OPD, 1996; Leuzinger-Bohleber u. a., 1997c; Rudolf 2000; Sandell, 1997; Poscheschnik, 2005):

> „Standardisierte, d. h. verhaltensnah operationalisierte Erfassung des Verhaltens und Erlebens [erlaubt die] reliable Verwendung psychodynamischer Begriffe. Checklisten für Konflikte und strukturelle Vulnerabilität erleichtern die diagnostische Strukturierung und Befundstandardisierung." (Rudolf, 2005: 75).

Introspektion und Empathie als Erkenntnisinstrumente schaffen eine reflektierte, gegenstandsangemessene Begriffsbildung; der Schweregrad der Emotionen (auch als abgewehrte Emotionen) und Phänomene wird messbar gemacht, um systematisches Vorgehen und intersubjektive Überprüfbarkeit als Wissenschaftsstandard zu gewährleisten. Eine Parallelisierung basaler Merkmale von Fallgeschichten (Alter, Geschlecht, Bildung, Therapieform, Stundenanzahl etc.) macht Prozesse und Heilungserfolge besser vergleichbar. Im Spannungsfeld zwischen Objektivität und Reliabilität, Aufhebung des Allgemeinen im Einzelnen und umgekehrt, gilt es einen Standard der Datenerhebung zu finden, um Gültigkeit zu generieren, generelle Aussagen zu leisten, die Theorie zu schärfen, ohne sich vom Gegenstand des Forschungsgebietes zu weit zu entfremden.

Eine solche psychodynamische Operationalisierung dient der Klärung, Verteidigung und Stärkung des psychodynamisch-psychotherapeutischen Konzepts. Es dient darüber hinaus dem psychodynamischen Welt- und Menschenbild mit seinem einzigartigen Freiheitspotential und wirkt so einem mechanisierten computeranalogen Menschenbild entgegen (vgl. Dreher, 2004: 124 f.; Mertens, 2007: 133).

Auf Grund des eigenen Wahrheitsbegriffs der Psychoanalyse wird der Patient bei der Diagnose und Behandlung seiner Probleme nicht entmündigt: Er hat (im Gegensatz zum Wissenschaftsverständnis einer evidenzorientierten Medizin) keinen minderen Stellenwert. Seine eigenen Angaben über seine Befindlichkeit (vor, während oder nach der Therapie) gelten im Konzept der Prozess-Outcome-Forschung mindestens genauso viel, wie die des Therapeuten: Der Patient wird „*vor allem als Subjekt, nicht (nur) das Objekt der Forschung*" (Leuzinger-Bohleber u. a., 2001: 197) berücksichtigt. Sein Selbst-Bild und Selbstverständnis ist als zentrales Moment der Diagnose-, Veränderungs- und Heilungsbeschreibung in ihrer wissenschaftlichen Objektivität implizit.

So kann die Psychotherapieforschung gerade mit ihrer aktuellen Prozess-Outcome-Forschung (und der ihr eigenen Kombination von qualitativen und quantitativen Methoden) beweisen, dass systematisches Vorgehen und intersubjektive Nachprüfbarkeit als Grundlage einer argumentativ starken Psychotherapieforschung nicht zwangsläufig zur Randomisierung führen muss: Randomisierung wird gerade vor dem Hintergrund evidenter qualitativ-quantitativer Methodenkombination als eine begrenzte Methode, als „*Erkenntnispathologie*" (Fischer, 2008: 138 f.) und „*Datenfriedhof*" (ebd.) statistischer Metaanalysen deutlich.

> „*In unserer Sicht ist es* [das theorieübergreifende Selbstwert-Konzept] *jedoch ein geeignetes Konzept, um bedeutungsvolle Verknüpfungen zwischen Verlaufs- und Ergebnisforschung herzustellen, da es gleichermaßen relevant für beide Bereiche ist. Wenn man den therapeutischen Prozess als einen allmählichen Erwerb innerer und äußerer Haltungen und Fähigkeiten versteht und wenn ‚Ergebnis' als Anwendung dieser erworbenen Haltungen und Fähigkeiten betrachtet wird, dann sollte die Forschung Informationen darüber zusammentragen, wie diese Merkmale erworben werden und stabil bleiben.*" (Kächele u. a., 2006: 409)

Hier kommt den aktuellen internationalen Langzeitkatamnese-Studien im Rahmen der Prozess-Outcome-Forschung eine zentrale Rolle zu. Denn dort wird die narrative Darstellung mit neuen differenzierten Qualitätsmerkmalen kombiniert, um die Bandbreite der Effekte, ihre klinische Bedeutsamkeit und – vor allem – ihrer Dauerhaftigkeit zu erfassen (vgl. Fischer, 2008: 157 f.). Dabei wurde klar, dass die wünschenswerten Veränderungen oft keinen eindeutigen Behandlungselementen zuzuordnen sind: Statt der Deutung als klassischer Intervention zur Bewusstmachung des Unbewussten in der Psychoanalyse ist die Deutung nunmehr als Spiegelung, Selbstwert-Unterstützung, Neukalibrierung, als Teil der therapeutischen Beziehung wichtig. Die tragende Beziehung als „*initiale Begegnung*" (Mertens, 1993: 194 ff.) und „*stützender Effekt*" (Kernberg, 1991: 13) ist während der Konfrontation durch die Deutung wirkungswichtig (vgl. Orlinsky 1994; Grande u. a., 1997: 427; Oberbracht, 2002: 197; Fischer u. a., 2011b: 50). Die echte, gelebte Empathie des Therapeuten ist mehr als nur ein „*fördernder/geförderter Kontext für strukturelle Veränderung*" (Henningsen, 2000b: 110). Die „*Internalisierung von Beziehungserfahrung*" (ebd.) als „*repetitive Beziehungskonfiguration*" (Kächele, 1992: 274) trägt entscheidend zu Heilung bei. Der unspezifische Wirkfaktor der therapeutischen Beziehung ist somit elementar (über die Grenzen der Therapieschulen hinweg) für das Gelingen der Therapie.[51]

---

51 Gottfried Fischer und Jonathan Lear verweisen auf die platonischen Sokrates-Dialoge als ursprüngliche Vorläufer einer durch Dialog gestalteten Beziehung, die eine innere Veränderung zum Ziel hat (Fischer, 2008: 3 f.; Lear, 1997: 93). Doch geschieht die Verän-

Die Entwicklung der aktuellen, großen Prozess-Outcome-Studien und ihrer Langzeit-Katamnese-Erhebungen wurde besonders durch die Diskussion um Klaus Grawes Buch *Psychotherapie im Wandel* (1994) angestoßen. Die Ergebnisse können in ihrer argumentativen Überlegenheit im Kontrast zu den Kritikpunkten aus der VT gut dargestellt werden.

Im Zentrum der Argumentation gegen Grawe steht die Erkenntnis, dass Symptomverbesserungen nur vorübergehende Verbesserungserfolge sind. Dieser Nachweis wurde durch die Langzeit-Katamnese-Erhebungen gewährleistet, einschließlich ihrer Erfassung nachhaltiger Strukturveränderungen (s. u.). Sie stellen m. E. im Moment die maßgeblichen Argumente und den höchsten Wissenschaftsstandard in der Psychotherapieforschung und PTW dar.

Grawes Meta-Studie war (wie viele andere in den USA schon zuvor – vgl. Parloff, 1984) von vornherein so angelegt, dass die Verhaltenstherapie als Sieger daraus hervorgehen musste[52]. Obwohl er die Unmöglichkeit seines Modells zur differentiellen Kategorisierung der Patienten zugeben musste (Grawe, 1994: 72), versuchte er auch weiterhin mit seiner Methode der Wirkfaktorenanalyse (vgl. Grawe u. a., 1999) die realen Zusammenhänge zwischen fünf Wirkfaktoren (Ressourcenaktivierung, Problemaktualisierung, Bewältigung, Klärung, Güte der Therapiebeziehung) und Therapieergebnissen festzustellen[53]. Eine Vereinheitlichung von therapeutischen Interventionen unter dem Banner der akademischen Psychologie blieb immer sein Anliegen.

---

derung in der Psychotherapie eben nicht durch (rationale) Überzeugungskraft, sondern durch verbindende Momente einer tragenden Beziehung, als Grundlage der Wirksamkeit von Deutung. Sie wird maßgeblich vom Patienten mitbestimmt. Erstmals wiesen Winnicott (1956) und Hans Loewald (1960) darauf hin, dass die therapeutische Beziehung die Hauptantriebskraft der therapeutischen Wirkung darstellt. In der direkten Nachfolge stehen u. a. die aktuellen Forschungen Peter Fonagys (2003a) am Anna Freud Center in London und Daniel Stern, auf die ich mich hier im Weiteren beziehe. Mittlerweile verweist zwar auch die Neurologie darauf, dass Bindungshormone (besonders Oxytocin) das implizite, unbewusste Lernen fördern und damit der Psyche ermöglichen sich zu entwickeln und zu verändern. Oxytocin stimuliert Serotonin, das Stress abbaut und das Selbstbewusstsein stabilisiert. Doch hieran wird gut deutlich, wie begrenzt ein nicht-dynamisches, nicht-intersubjektives Erklärungsmodell der Psyche bleibt.

52   Grawe hatte bei seiner Auswertung nur psychoanalytische Einzeltherapien verwendet, die nicht länger als 76 Stunden gedauert hatten; viele waren sogar erheblich kürzer. Man kann bei einer so geringen Stundenzahl nicht von Psychoanalysen im eigentlichen Sinn sprechen. Außerdem waren weder fertig ausgebildete Psychoanalytiker noch echte Patienten beteiligt, sondern nur Collagestudenten unter Laborbedingungen. Der Erfolg einer Therapie wurde darüber hinaus nur an der Symptomverbesserung erfasst. Solche typisch-verfälschten Meta-Studien sind die Grundlage des massiven sogenannten „Freud bashing" (vgl. Lear, 1997). Dessen lauteste Vertreter sind bis heute in der akademischen Psychologie zu finden (vgl. Grünbaum, 1988).

53   Fischer verweist auf den tautologischen Stellenwert von Grawes Wirkfaktoren: Es ist kein Erfolg ohne die Aktivierung dieser Wirkfaktoren denkbar, somit sind die Wirkfaktoren schon der Erfolg und nicht mehr falsifizierbar (Fischer, 2011a: 144 f.).

Explizite edukativ-korrektive Interventionen des Therapeuten, die zu intentionalen und neuronalen Modifikationen und über das Belohnungssystem veränderten Verhaltensweisen führen sollen, verweisen auf eine vom Therapeuten bestimmte/fremdbestimmte „Umprogrammierung" (vgl. Grawe, 2004: 373 ff.; Grande u. a., 1997: 429). Sie schließen gleichzeitig eine nachhaltige strukturelle Veränderungsdimension als Grundlage für eine freiere Selbstbestimmung, aufgrund von reiferen Selbstrepräsentanzen und gesundeten Ich-Strukturen, aus. Darüber hinaus wird diese „Konditionierungstheorie" (Fischer, 2008: 12) in ihrem transzendental-apriorischen Status als solche nicht ausgewiesen. In der auf der VT basierenden Einheitspsychotherapie von Grawe kann das Intentionale bzw. Unbewusste deshalb auch nicht einem erweiterten reflexiv-bewussten Zugriff durch empathische Deutung und Erkenntnis zugeführt werden. Die Dynamik der unbewussten psychischen Konflikte und die einhergehende Schwäche der psychischen Struktur werden in ihren Kräften nicht annähernd erfasst (das würde dem Konzept der Konditionierung insgesamt widersprechen).

Es kann auch keine Umwertung der autobiographischen Erfahrungen durch intersubjektiv entstandene, nachhaltige Objektrepräsentanzen in der therapeutischen Beziehung der Verhaltenstherapie erkannt werden. Heilung ist hier lediglich eine über das Bewusstsein des Patienten zugängliche intentionale Veränderung des Belohnungssystems, die im Experiment von Pawlows Hund gründet. Bar jeder Persönlichkeitstheorie schließt diese experimentelle Definition von Heilung an das utilitaristische und funktionale Bild vom Menschen des Empirismus an. „Sich als Bioingenieure begreifende Therapie-Funktionäre" (Mertens, 1997: 194) hinterfragen das protestantisch-kapitalistische Menschenbild mit seinem ökonomisch-effizienten Leistungsdiktat als Lebenssinn nicht[54].

---

54 Freud selbst sprach an verschiedenen Stellen von Arbeitsfähigkeit immer nur im Zusammenhang mit Liebes- und Genussfähigkeit (vgl. Freud, 1916/17). Gerade die Arbeitsfähigkeit ist für die Krankenkassen und die Einstellung der Öffentlichkeit zur Psychotherapie von erheblicher Wichtigkeit. Die Katamnese-Studie der Deutschen Psychoanalytischen Vereinigung (DPV – s. u.) unter Marianne Leuzinger-Bohleber hat ergeben, dass Krankschreibungen, Medikamenteneinnahme und Arztbesuche der Analyse-Patienten schon während der Therapie abnehmen (Leuzinger-Bohleber u. a., 2001: 221). Die Stockholmer Psychotherapie Studie (STOPP – s. u.) unter Rolf Sandell fand dagegen heraus, dass bei der Nachuntersuchung von Psychoanalyse-Patienten die Selbsteinschätzung der Arbeitsfähigkeit und des Gesundheitszustandes sich enorm verbessert hatten – die Fehltage bei der Arbeit und Inanspruchnahme der Krankenkassenleistungen aber nicht gleichwertig zurückgingen (vgl. Sandell, 1997, Sandell u. a., 2001). Eine weitere Nachuntersuchung dieser Diskrepanz hat ergeben, dass die ehemaligen Patienten von übertriebenem Ehrgeiz geheilt waren und sich Ruhepausen gönnten und rechtzeitig bei Beschwerden den Arzt aufsuchten, wenn sie sich überlastet fühlten. Es wurden also andere Krankenleistungen in Anspruch genommen als vorher. In diesen Studien wurde somit (im Gegensatz zur Grawe-Studie) der Wertehintergrund der Heilerfolge reflektiert. Das gesellschaftspsychologische Thema der Leistungsfähigkeit

Die oberflächliche Bezugnahme zu anderen Menschen (als grundlegendes Beziehungsmodell der VT) wirkt aus psychoanalytischer Sicht wie ein dissoziierender Abwehrmechanismus: Verhaltensmerkmale werden lediglich aufgezählt, ohne hinreichende Gegenstandsbestimmung. Man kann den nachvollziehbaren Wunsch hinter Grawes Buch, die Suche nach der schnellen Symptombeseitigung, auch als einer *„grandiosen kindlichen Gedankenwelt"* (Mertens, 2000: 125) entsprungen sehen.[55]

Dagegen ist eine *„Fortführung eines unterbrochenen Entwicklungsprozesses, die Entwicklung von selbstanalytischen Fähigkeiten und intrapsychischer Autonomie"* (Mertens, 2000: 126) ein genuin psychoanalytisches Ziel. Es geht über die Symptomfreiheit und zeitweise Verhaltensveränderung während der Therapie weit hinaus. Symptomveränderung ist dabei nichts psychoanalysefremdes, muss sich aber durch die Restrukturierung der Psyche in Richtung Entscheidungsfreiheit und Eigenverantwortung nachhaltig abbilden[56]. Denn die gewünschten nachhaltigen Veränderungen *„betreffen die Wahrnehmungs-, Verhaltens- und Beziehungsmuster einer Person"* (Fuchs, 2013: 290).

Gerade die zahlreichen auffällig-krankhaften, fremdbestimmenden Phänomene des menschlichen Verhaltens sind zumeist auf Persönlichkeitsstörungen zurückzuführen. Eine nachhaltige Verhaltensänderung kann hier aufgrund von edukativen, verhaltenstherapeutischen Anwendungen nicht erreicht werden, da ihr wissenschaftstheoretischer und methodischer Schwerpunkt auf der Bekämpfung unsystematischer Verhaltensweisen liegt. Sobald die Persönlichkeitsstruktur eines Menschen von pathologischen Faktoren betroffen ist, fällt dem Hirn ein „Umlernen" besonders schwer. Diese Schweregrade kann die VT nicht mal differenziert diagnostizieren, geschweige denn den notwendigen, mühsamen Heilungsprozess fundiert darstellen. Eine reine *„Lernpsychologie"* (Mertens, 1993: 214; vgl. Fischer, 2011a: 126 ff.), in der

---

überfordert heute viele Menschen und macht sie krank. Daher ist es wenig sinnvoll, sie einfach nur wieder in das Leistungssystem einzugliedern (vgl. Mertens, 1997: 194 ff.: 2000: 127). Mit diesen Studienergebnissen kann also zahlreichen Kritikern (Illouz, Foucault, Frankfurter Schule etc.) widersprochen werden, die wiederholt behaupteten, die Psychoanalyse hätte sich zum Handwerkszeug der modernen Arbeitswelt gemacht, um den Patienten als ein funktionales Erwerbsmitglied wiederherzustellen.

55 Fischer verweist aber darauf, dass nur 16% der Verhaltenstherapeuten mit dem Standardmodell der VT arbeiten (vgl. Fischer 2011a: 171, 210).

56 Sandell und Leuzinger-Bohleber können mit ihren Studien (s. u.) auch beweisen, dass – im Gegensatz zu Grawes Behauptung – starke, anhaltende Symptomverbesserungen nur bei der Anwendung von Psychoanalyse zu bemerken waren. *„Um einen inneren Zustand als Struktur auffassen zu können, muß es sich um etwas Habituelles und Beständiges handeln. Insofern sind Symptome auch Strukturen, […] Klassischerweise werden Symptome als Ersatzformationen, d. h. als Strukturen aufgefasst, die die Wiederkehr des Verdrängten signalisieren."* (Sandell u. a., 2001: 302) Dies gilt aber nicht nur für den intersystematischen Konflikt Freuds, sondern auch für die konflikthaften internalisierten Objektrepräsentanzen, also auch für die moderne Psychoanalyse.

interaktionelle (nonverbale) Vorgänge (aufgrund der unbewussten Konflikte) marginalisiert werden, zugunsten eines expliziten Lernziels, schaffen keine Freiheit als nachhaltige Selbstbestimmung.

Patienten mit pathologischen Strukturdefiziten fühlen sich besonders stark von „fremden Mächten" kontrolliert und haben das Gefühl von geringer oder gar keiner Selbst-Wirksamkeit. Eine Umstrukturierung des psychodynamischen Psychohaushaltes eine *„fundamentale Reorganisation der Persönlichkeit"* (Mertens, 2000: 136) aufgrund einer fundamentalen Veränderung der Ich-Funktionen, basiert auf einer Nachreifung der psychischen Struktur durch die empathischen, tragenden, „wiedergutmachenden" Erfahrungen in der therapeutischen Beziehung. Eine zeitweise Symptomverbesserung ist nur der aktuellen therapeutischen Situation zuzuschreiben und hat darüber hinaus keinen Bestand.

Die Streitereien über die Effizienz verschiedener Therapieformen und ihrer Interventionsmethoden sind, durch die Ergebnisse der großen internationalen Prozess-Outcome-Studien, gemeinsamen Überlegungen zum Schwerpunkt der unspezifischen Wirkfaktoren gewichen. Dabei hat die Frage, wie die therapeutische Beziehung wirkt, wiederum den Schwerpunkt der aktuellen Forschung vom Outcome mehr und mehr in Richtung Prozess verschoben, um anhand von Prozessmerkmalen Heilungserfolge auf überzeugendem wissenschaftlichem Niveau nachzuweisen (vgl. Budge/Wampold, 2014; Mertens, 1993: 244 ff.; Kernberg, 2004: 91 f.).

Mittlerweile haben auch einige Hirnforscher (z. B. Damasio, Solms, Fuchs) die tiefenpsychologischen Langzeittherapien in dieser Argumentation unterstützt, mit dem Nachweis, dass psychische Erkrankungen längere Therapien brauchen, um Strukturen auszubilden, die als nachhaltige Heilung beschrieben werden können (vgl. Mertens, 2014a: 113).

3.3 Psychische Struktur als Grundlage einer anzueignenden Freiheit

Die psychische Struktur, die Freud 1923 mit seiner Schrift *Das Ich und das Es* aus der Taufe gehoben hat, bildet bis heute mit ihren psychodynamischen Aspekten, der Verdrängung und Abwehrmechanismen, die größte Kluft zur Kognitionspsychologie. Letztere geht zwar mittlerweile auch von nichtbewussten Prozessen aus (als universale, überlebensnotwendige automatisierte Abläufe), lässt aber die *„brodelnden Erregungen"* (Freud, 1933: 80) höchstens als psychopathologische Phänomene pauschal gelten (vgl. Mertens, 2007: 138). Das kognitive Nichtbewusste beschreibt hier also nur einen Teilbereich und zieht eine völlig unbegründete Line zwischen gesund und krank. Dabei wird m. E. billigend hingenommen, dass „das Kranke" und seine unerklärliche Motivation völlig abgespalten ist und mit „dem Gesunden" nichts zu tun zu haben scheint.

Eine der wichtigsten Veränderungen in der psychoanalytischen Theorie seit ihrem Bestehen, ist die Entwicklung weg von den „funktionellen Ich-Störungen", hin zu den „strukturellen Ich-Störungen". Sie stellt die Grundlage für die entwicklungspsychologische Konzeptualisierung der Ich-Kompetenzen als Erklärung von pathologischen Erscheinungen (vgl. Mertens, 1991: 28). Das Modell der psychischen Struktur in der aktuellen Psychoanalyse kann damit das Zusammenspiel der psychischen Funktionen, mit ihren genetischen, adaptiven, topischen, ökonomischen und dynamischen Aspekten erfassen. Als Manifestation der Triebschicksale und Triebkonflikte war es schon von Freud als dynamisches Element konzipiert worden. Sein Strukturmodell blieb auch als Ergebnis seiner lebenslangen Forschung die Grundlage für die Möglichkeit eines psychischen Entwicklungsprozesses.

Die psychische Struktur als *„relativ stabile Konfiguration psychischer Prozesse"* (Kernberg, 1988: 17) entsteht und reift durch die Interaktion des Kindes, mit den ersten Bezugspersonen, die erfahrene Reaktion der Eltern auf die kindlichen Bedürfnisse/Triebe. Und sie kann durch eine therapeutische Beziehung modifiziert werden. Freud hat in einem seiner letzten Aufsätze diese *„für die Ichfunktionen günstigen psychologischen Bedingungen"* (Freud, 1937: 96), die in der therapeutischen Situation hergestellt werden sollen, beschrieben und sie als Mittel der nachhaltigen Persönlichkeitsentwicklung und strukturellen Veränderung definiert.

Das Ich als zentrales Element der psychischen Struktur und ihrer Entwicklung und die Förderung der Ich-Stärke als Heilungskonzept stehen seit Hartmanns zentralem Werk über die Ichpsychologie im Mittelpunkt der psychoanalytischen Theorie. Das Ich hat demnach die Aufgabe, die Affekte so durch Abwehrmechanismen und Anpassungsstrategien zu steuern bzw. zu hemmen, dass das emotionale Gleichgewicht und die Handlungsfähigkeit gewahrt bleiben (vgl. Hartmann, 1939: 112)[57].

Durch die Objektbeziehungstheorie wurde im nächsten Entwicklungsschritt das Es zum Ort verdrängter, verinnerlichter Beziehungserfahrungen, die (in ihrer Wiederholung) Ausgangspunkt der Strukturbildung sind. Das Unbewusste ist somit strukturierter als in Freuds topographischer Theorie; Ich und Es sind qualitativ weit weniger unterschiedlich als bei Freud (vgl. Mertens, 2007: 124). Die Qualität der Beziehung, *„die Güte der elterlichen Zuwendung"* (ebd.), gibt die Qualität der Beziehungsrepräsentanzen und der psychische Struktur vor. Affekte sind nicht länger, wie bei Freud, Entladungen der Triebe oder Triebrepräsentanzen, sondern bestimmen als affektive Erinnerungen die Reifung und Reife der Struktur der Psyche. Sie sind die treibende Kraft, die Lust- und Unlusterfahrungen qualitativ definieren und die zukünftige Weltwahrnehmung und Erfahrung bestimmen – genauso wie den Umgang damit.

---

57   Es gab schon sehr früh zahlreiche Kritiken an der mechanischen, positivistischen Definition des Ich in der Ich-Psychologie (Mertens, 2008: 21), die die Erlebnisqualität des Patienten vernachlässigt. Dieser Kritikpunkt wurde durch die zunehmende „Intersubjektivierung" der Psychoanalysetheorie aufgehoben.

„Ein Objekt muss erst wahrgenommen werden, um dann zum Objekt des Handelns zu werden, und zwar nicht in blinder Notwendigkeit, sondern entsprechend dem empfundenen Bedürfnis oder Ziel des Lebewesens." (Fuchs, 2013: 118)

Die Interaktion mit der Welt, der Wille zu überleben, enthält schon die gezielte Affekt-Steuerung als Grundlage des Selbst und der Selbst-Bestimmung. Die psychische Strukturbildung als abgespeicherte Erfahrung mit den schützenden und versorgenden Bezugspersonen lässt somit auch eine Brücke schlagen, zur aktuellen neurologischen Forschung (s. u. Kapitel 4).

Auch wenn das Erleben und die Suche nach positiver intersubjektiver Bedürfnisbefriedigung den psychischen Apparat strukturiert, macht ihn der mögliche gezielte Einfluss auf die Regulation der Emotionen bewusst veränderbar: Struktur ist Reiz-Emotions-Regulation, ist „personifizierte Hemmung" – die aber modifiziert werden kann. Gezielt verändert wird sie (auf Strukturniveau) besonders in der psychoanalytischen Behandlung. Hier wird das intersubjektive Mensch-Umwelt-Prinzip, die verkörperte, strukturierte Subjektivität umfangreich reinszeniert, um die Beziehungsschäden zu heilen, die Struktur im Schutzraum der therapeutischen Beziehung nachreifen zu lassen: Der psychoanalytische Prozess beruht auf der Grundannahme einer unbewussten Re-Inszenierung von prägender pathologischer Beziehungserfahrung in der Übertragung innerhalb der therapeutischen Beziehung mit all ihren affektiven Qualitäten (vgl. Mertens, 1993: 202 f.).

Den Gestaltungsmöglichkeiten der Psyche und der Persönlichkeit, bestimmt durch den Patienten mithilfe des Therapeuten, wird hier ein optimaler Raum und ausreichend Zeit gegeben.

Ein psychodynamisches entwicklungspsychologisches Verständnis der Persönlichkeit, als psychodynamische Struktur (vgl. Kernberg, 1996), ihrer Beeinträchtigungen und Reifungsfortschritte, bedingt durch intersubjektive Lebenserfahrungen, ihre Beziehungs- und Übertragungsbereitschaft bilden heute den Schwerpunkt in der psychoanalytischen Theorie. Er wurde, wie schon erwähnt, stark beeinflusst von der frühkindlichen Bindungsforschung seit Klein und der therapeutischen Praxisforschung (vgl. Rudolf u. a., 2000). Verschiedene Studien des Anna Freud Institutes[58] beweisen auch aktuell, *„dass Kinder auf Grund emotionaler Konflikte oder Verhaltensstörungen nicht aus diesen herauswachsen."* (Fonagy/Target, 2001a: 83) Diese in ihrer psychischen Strukturentwicklung stagnierenden „inneren Kinder" weisen durch massiv von Bezugspersonen abhängige Selbstrepräsentanzen, unsicheres Bindungsverhalten und häufige Zustände von Reizüberflutung auf, die sich nur im Modell der psychischen Struktur schlüssig erfassen lassen. Die Aufrechterhaltung des

---

58   Auf den jahrelang dogmatisch geführten Streit zwischen Kleinianern und den Anhängern Anna Freuds möchte ich hier nicht näher eingehen. Wichtig ist, dass beide Richtungen die *„leibbezogenen Interaktionsmodi"* (Mertens, 1991: 31) bei der Entstehung der psychischen Struktur beim Kleinkind in die Psychoanalyse gebracht haben, die heute auch die Brücke zur Neurologie ermöglichen.

inneren Gleichgewichts in Bezug zur Umwelt ist maßgeblich. Sie ist überlebensnotwendig und damit körperlich-geistig zugleich.

Die psychische Struktur ist Organisation, integrative und defensive Anpassungsleistung zwischen innerer Welt und Umwelt, entstanden *„durch die Not des Lebens"* (Freud, 1895/1950: 395) und daher nur als *„dynamisches Lebenskonstrukt"* (Deneke, 2007: 84) schlüssig zu erfassen.

Durch diese psychodynamische Grundkonstellation kann man verschiedene Reifegrade dieser Organisation erfassen. Ihr Niveau reicht von einer guten, gesunden Anpassung (zwischen Wunsch und Realität) bis hin zu pathologischen Zuständen. Und man kann die psychische Struktur durch die korrigierende Erfahrung einer therapeutischen Beziehung – als bewusst gesteuerte, gewollte Einflussnahme auf das mit der Psyche interagierende Umfeld – zur Reifung bringen.

Die Reifegrade werden prinzipiell durch das Integrationsniveau der reizregulierenden Fähigkeiten der Beziehungsobjekte (Eltern, Therapeuten) bestimmt (vgl. Mertens, 2007: 124; Krause/Fabregat-Ocampo, 2002: 85 ff.; Schulz, 2001). Eine Affektflutung (auch durch anhaltende Unlusterfahrung, die den Frust aus unerfüllten Wünschen steigert) ohne Möglichkeit der Selbst-Regulierung durch eine stabile Ich-Instanz fördert eine egozentrische Weltwahrnehmung (vgl. Rieken, 2010: 303; 2005), die eine gute Selbst-Regulierung nicht zulässt. Das Überleben des eigenen Körper-Selbst in einer bedrohlichen Umgebung steht hier an erster Stelle und bestimmt mit seinen Automatismen das Verhalten. Die pathologischen Verhaltensmerkmale sind als „Überlebensstrategie" und Anpassungsleistungen gewertet (vgl. Mertens, 1997: 182 f.). Sie werden als Reaktionen auf *„toxische Zustände"* (Rudolf, 2002b: 6) der intersubjektiven Umgebung des Selbst gesehen, die Verlassensein, narzisstische Kränkung/Wertlosigkeit, andauernde Bedürfnisfrustration, Enttäuschungsaggression und Angstüberflutung bewältigen müssen. Das führt zu einer anhaltenden Selbst-Entfremdung und neurotischer Kompromissbildung: Psychisch-pathologische Krankheitsbilder und Verhaltensweisen haben bei verschiedenen Persönlichkeitsstrukturen verschiedene Funktionen, die sich durch das ursprüngliche Umfeld erklären lassen.

„Zentrale Funktion der Abwehr ist es, aus Selbstschutzgründen affektiv und bedürfnishaft wichtige Aspekte des Selbst und der Objekte aus der Wahrnehmung auszublenden sowie zugehörige Handlungsimpulse und Emotionen zu unterdrücken." (Rudolf, 2002b: 25)

Die Funktion des Ich, als stabilisierendes Element der Psyche, versucht bestmöglich für die innere und intersubjektive Homöostase zu sorgen. So bemisst das strukturelle Integrationsniveau die Art der Abwehrorganisation (reife oder unreife Abwehrmechanismen), die im prägenden Umfeld der ersten Lebensjahre entstanden sind.

Damit ist klar, dass sich psychische Pathologie nicht ohne ein Modell erklären lässt, das soziale Interaktion zur Grundlage hat.

Die unter diesen Bedingungen entstandene psychische Struktur nimmt die intersubjektive Umwelt auch weiterhin als bedrohlich wahr und schafft so – fremdbestimmt – weiterhin frustrierende soziale Erfahrungen, die das System perpetuieren. Nur wenn das Selbst der Ohnmacht der Kindheit bzw. dem Wiederholungszwang entgangen ist, kann es überhaupt erst eine Objektivität und eine Wahlfreiheit jenseits der eigenen pathologisch-fremdbestimmenden Struktur entwickeln.

Die intersubjektive Strukturentwicklung als Grundlage pathologischer Verhaltensphänomene und ihrer Heilung und als Grundlage der Erweiterung von Entscheidungsfreiheit gibt der Psychoanalyse einen hohen und dabei geltungslogischen Wissenschaftsstandard. Fischer verweist darauf, dass die innere Logik der Psychotherapie am Gegenstand selbst herauszuarbeiten ist. Darüber hinaus sollen diese Erkenntnisvoraussetzungen mit einer philosophisch-wissenschaftskritischen Argumentation deutlich gemacht werden (vgl. Fischer, 2008: 7). Das „Anatomisch-Werden des Gegensatzes" (Fischer, 2008: 110) von Wunsch und Realität, von Lebenswillen und (feindlicher) Umwelt, vom Willen zur Selbstbestimmung gegen die Fremdbestimmung durch die emotionalen Muster entspricht der Transformationslogik der Dialektik: Sie ist auf die Praxis und Theoriebildung der Psychoanalyse gut anzuwenden. Die Realitätskategorie steht dialektisch der Kategorie der körperlich-emotionalen Bedürfnisse gegenüber, sowohl beim Entstehungsprozess als auch beim Heilungsprozess von psychischer Struktur. Eine zirkuläre bzw. spiralförmige teleologische Kausalität (als interaktioneller Über-Lebensprozess zwischen Körper und Umwelt) liegt zugrunde (vgl. Fuchs, 2013: 121 f.). Die Objektkonstanz dient als Kategorie der psychomentalen Synthese zur Überwindung dieser beiden Gegensätze. „Handlungsplanung" und „Entscheidungsfreiheit" (Fischer, 2008: 112) wären demnach die höchste „kategoriale Transformation" (ebd.: 115), die bestmögliche Überlebensorganisation, das am meisten ausgewogene Gleichgewicht. Die dialektische Logik des psychodynamischen Modells ist (wie alle Logik) dabei nicht getrennt von emotionaler Wertung (vgl. Fischer 2008: 123).

Die Strukturreifung als nachhaltig funktionierende Organisation definiert also den Therapieerfolg und bildet auch die Grundlage für einen sinnvollen Vergleich der Psychotherapien (vgl. Küchenhoff, 2002: 76 ff.). Ohne ein zugrundeliegendes psychodynamisches Strukturmodell, das aus einem kontextuellen Denkmodell entsteht, dazu passenden Diagnostik-, Messmethoden und Heilungsdefinitionen, sind die Phänomene pathologischer Verhaltensweisen nicht zu erfassen noch wirksam zu behandeln.

Die Rückschlüsse aus den pathologischen Fallgeschichten auf die Bindungsqualität der Eltern (vgl. Stern u. a., 2002; Fonagy u. a., 2003a) in der Übertragungssituation der Therapie lassen sich über den von außen beobachteten Säugling der Bindungsforschung interdisziplinär schärfen. Gemeinsame Zuweisungen von normal und pathologisch, genauso wie die Erkenntnisse des Zusammenspiels von Veranlagung und Umwelt, werden hier im Dienste des Patienten geschärft. Die psychische Struktur ist auch bei einer interdisziplinären, lebensweltnahen Erforschung psychologischer Phänomene das Funktionsprinzip und gleichzeitig das Produkt des Funktionsprinzips psychischer Organisation.

Die Instanz des Selbst wurde in einem nächsten großen Entwicklungsschritt der psychoanalytischen Theorie als weiteres Element der psychischen Struktur dem Ich zu- und gleichzeitig übergeordnet, um die Objektbeziehungen des Ich besser zu erfassen, aber auch alle anderen Ich-Funktionen einzuordnen (vgl. Kernberg, 1988: 340)[59]. Die Selbst-Organisation, entstanden aus der verinnerlichten Erfahrungen mit engen Bezugspersonen, bildet neben den Strukturelementen Ich, Über-Ich und Es nun auch die Identitätselemente: Selbst-Bild, Selbstwert, Selbst-Wirksamkeit. Sie sind eng mit den inneren Ich-Strukturen verbundene dynamische Elemente. Ich, Es und Über-Ich, als Modell des inneren Struktur-Bauplans der reizregulierenden Funktionseinheiten, zeigen sich äußerlich (bewusstseinsfähig) in der Selbstwahrnehmung, Realitätswahrnehmung, Wahrnehmung des Anderen und der gemeinsamen Bindungen (Beziehungs- und Konfliktfähigkeit – vgl. Küchenhoff, 2002: 68). *„Das subjektive Selbst oder auch ‚Selbst als Subjekt' ist die lebendige strukturelle Steuerungsinstanz der Person […] Es* [das Selbst] *ist ganz eng an affektive Prozesse gekoppelt."* (Resch, 2002: 123)

Das Selbst nimmt das Ich als Objekt der Eigen-Wahrnehmung und bezieht sich dabei auf die gesamte Person, einschließlich des eigenen Körpers. Während das Ich als Strukturelement die Bedürfnisse auf die umgebende Objektwelt richtet, ist das Strukturelement des Selbst eine höherentwickelte, reflexive Variante des über-sich-selbst-reflektierenden-Ichs in seiner Umwelt (vgl. Fischer, 2008: 47; Fuchs, 2013: 119). Diese Definition des Selbst im Verhältnis zur psychischen Struktur erfolgt in der modernen Psychoanalyse-Forschung immer in Hinblick auf die *„Struktur des Selbst in Beziehung zum anderen"* (Arbeitskreis OPD, 1996: 69). Es wird vom Patienten in Form der Selbstwahrnehmung beschrieben. Diese macht dem Therapeuten (und Wissenschaftler) die unbewussten Organisationsprozesse als repetitive Beziehungsmuster mit einem weiteren Aspekt deutlich: Über den Blickwinkel des Untersuchungsobjekts Patient. Er lässt auf den Reifegrad der Organisationsstrukturen schließen (vgl. Kächele, 2006: 415).

„Diese Theorie besagt im Wesentlichen, dass die Grundeinheiten der intrapsychischen Strukturen Konstellationen von Selbstbildern, Objektbildern und Affektdispositionen sind, die spezifische, durch solche Selbst-Objekt-Affekt-Einheiten repräsentierte internalisierte Objektbeziehungen reflektieren. Diese Einheiten internalisierter Objektbeziehungen vereinen sich zu komplexeren psychischen Strukturen (wie dem Idealselbst und den Idealobjekten), und diese Strukturen geben ihrerseits dem Ich, dem Über-Ich und dem Es ihre definitive Form." (Kernberg, 1976: 257)

Ich- und Über-Ich-Anteile im Selbst-Bild, als hemmende Funktionen zur Anpassungen an das Realitätsprinzip der Lebenswirklichkeit gegenüber den Triebwünschen,

---

59   Bei Freud wurden die Begriffe Ich und Selbst (meist) noch synonym verwendet.

im ständigen Abgleich von Lust- und Unlusterfahrungen, machen die individuellen, dynamischen Charakterbilder als sichtbare Resultate der psychischen Strukturen aus. Werden keine affekt- bzw. reizregulierenden lust-befriedigenden Objekte internalisiert, kann bei starken Reizen keine gute Selbst-Regulierung erfolgen. Der Erregungsdruck negativer Affekte überfordert dann permanent die unreife psychische Struktur und führt zu einer Fremdbestimmung durch die affektive Reizüberflutung. Sie wird vom Patienten in Form seiner mangelnden Selbst-Wirksamkeit beschrieben. Es handelt sich hier also um einen „zwanghaften Willen", der *„ein unkontrollierbarer Wille ist"* (Bieri, 2001: 98) und sich von einem selbstbestimmten Willen unterscheidet, der objektiv abwägen kann und gute (intersubjektive) Befriedigungserfahrungen generiert.

Hinter dem Willen (dem fremd- und dem selbstbestimmten) steht eine universale Antriebskraft. Kernberg macht zwei grundlegende reaktive Affekte (libidinöse und aggressive), als eine Art angeborenes Temperament (das dann mit Umweltreizen interagiert), zur Brücke zwischen biologischen und psychologischen Determinanten (vgl. 3.1). Sie können in ihren verschiedenen Schweregraden gemessen werden.

Aus den Erfahrungen hervorgehende Verhaltensmanifestationen (in Form von Affektregulierung) bilden nach Kernberg die Ich-Identität (als dynamische Organisation des Charakters). Die *„bedeutsamen Anderen"* (Kernberg, 1996: 290) bilden (als Integration der wichtigen Objektbeziehungen) das Selbst-Konzept; die Über-Ich-Strukturen spiegeln das dabei entstehende Wertesystem wider (vgl. Kernberg, 1978). Die *„normale Persönlichkeit"* (Kernberg, 1996: 290) spiegelt sich in einem

„inneren Gefühl und einer äußeren Erscheinung von Selbstkohärenz wider und bildet die grundlegende Voraussetzung der normalen Selbstwertschätzung, Selbstliebe und Lebenslust." (ebd.)

Die Ich-Stärke wird von Kernberg schlussfolgernd als Affektkontrolle und Sublimationsfähigkeit definiert aufgrund von stabilen, entpersonifizierten Über-Ich-Werten. Konsistenz, Ausdauer, Kreativität, Vertrauen, Gegenseitigkeit und Bindung nennt Kernberg die wahrnehmbaren Folgen einer gesunden starken Ich-Identität. Eigenverantwortung, realistische Selbstkritik, sinnliche Sexualität, Selbstbehauptung zeigen ein Gleichgewicht von Ich- und Über-Ich-Funktionen.

Schwere pathologische Persönlichkeitsstörungen dagegen basieren auf verzerrten Affektaktivierungen (besonders der aggressiven Affekte, aufgrund von chronischem psychischem Schmerz), die sich auch in den *„verzerrten Neurotransmittersystemen"* (ebd.: 292) abbilden. Sie können aber auch von genetischen Dispositionen bestimmt sein.

Kernbergs Klassifizierungskonzept von psychischer Pathologie basiert auf drei verschiedenen Schweregraden der Diffusion von Ich-Identität: Psychotisch, Borderline, Neurotisch (vgl. ebd.: 292 ff.). Sie bilden die Reife der internalisierten Objektbeziehungen, der Ich-Stärke. Die sich daraus entwickelnden Abwehrmechanismen der

Affekte (begründet in der psychischen Struktur) haben auf den verschiedenen Stufen verschiedene Reifegrade (Identitätsintegration versus Identitätsdiffusion, reife versus primitive Abwehrmechanismen: Spaltung, Verlust der Realitätsprüfung, projektive Identifikation, Verleugnung, primitive Idealisierung, Omnipotenz, Abwertung). Sie können gute und schlechte Objektrepräsentanzen getrennt halten (durch Spaltungsmechanismen), um die Abhängigkeit von den Bezugspersonen zu schützen und übermäßigen Aggressionen bei gleichzeitig mangelnder Affektkontrolle zu entfliehen. Das

> *„ganze Gebiet der Persönlichkeitsstörungen spiegelt demnach die Internalisierung von Objektbeziehungen unter Bedingungen abnormer affektiver Entwicklung oder Affektkontrolle wider."* (Kernberg, 1996: 294)

Die therapeutische Beziehung kann in der Übertragung, durch Empathie und Deutung die pathologische Affektkontrolle in eine gesunde verändern und dem Ich so mehr Regiekompetenz einräumen. Verschiedene Reifegrade liegen als *„Erlebnistatsache"* (Küchenhoff, 2002: 73) und teleologische Ausrichtung der therapeutischen Beziehung und ihrer Heilungsfunktion (Oberbracht, 2002) als Klassifizierung zugrunde – und werden nicht (umgekehrt) vorgegeben.

Psychische Struktur in ihrem Reifegrad ist demnach messbar an der Fähigkeit der Reiz-Affekt-Regulierung. Hierin besteht der „geistige, mentale" Bezug auf die intersubjektive Realität der Lebenswelt. Das daraus hervorgehende verkörperte Selbst in seiner Umwelt zeigt sich in seiner Gesamtheit in der bewussten und unbewussten Selbst- und Weltwahrnehmung. Die Freiheit der Selbstbestimmung als gereiften Affektregulierung und Ich-Stärke, eine homöostatische Objektivität gegen sich und Andere, werden hier zum höchsten Element der Strukturreife.

> *„Abstand zu sich selbst zu gewinnen, heißt zugleich, sich in die Perspektive der Anderen versetzen zu können. Die Exzentrizität des Menschen ist gleichursprünglich mit seiner Sozialität."* (Fuchs, 2013: 119)

Auf Grund dieses modernen psychodynamischen Modells der psychischen Struktur als internalisierter Interaktionserfahrung wurde die Strukturachse als Messmethoden der OPD gefasst (vgl. Grande u. a., 2002a: 177). So können sinnvoll fremdbestimmende und selbstbestimmte Aspekte der psychischen Vorgänge deutlich gemacht und diagnostiziert werden. Die messbare Qualität der psychischen Struktur ist hier *„der zeitüberdauernde, persönliche Stil, in dem der Einzelne immer wieder seine intrapsychischen und interpersonellen Gleichgewichte herstellt."* (Arbeitskreis OPD, 2009: 114).

3.4 Wie kann Strukturveränderung als Freiheitsgrad der Psyche wissenschaftlich überzeugend erfasst werden?

a) Die OPD als psychodynamische Diagnostik der Fremdbestimmungs- und Freiheitsgrade

Die ersten großen Studien zur Wirksamkeit von Psychotherapien in den USA (s. u.) haben die Notwendigkeit einer *„genügend genauen Erfassung der Pathologie des Patienten vor Beginn der Behandlung"* (Kernberg, 2004: 86) und das Verständnis des analytischen Prozesses aufgrund der Diagnose als äußerst wichtig für den Heilungsprozess deutlich gemacht. Es hat sich gezeigt, dass die Genauigkeit der Diagnose (als Behandlungsfokus), zu einem größeren Behandlungserfolg führt (vgl. Grande, 2002b: 236).

Um psychotherapeutische Konstrukte im Zusammenhang mit klinischen Variablen zu untersuchen, bedarf es Methoden, die die Fülle klinisch beobachtbarer Phänomene auf quantifizierbare Dimensionen reduziert. Die Einzigartigkeit des individuellen Falls muss aber trotzdem gewahrt bleiben, und gleichzeitig soll ein Vergleich verschiedener Beurteiler eines Falles untereinander, wie auch verschiedener Fälle, möglich werden.

Im Vorfeld des DSM-IV Ende der 1990er-Jahre gab es die Überlegung mit fünf Determinanten (Neurotizismus, Extraversion, Offenheit, Verträglichkeit/Freundlichkeit, Gewissenhaftigkeit) jede Organisation normaler oder pathologischer Persönlichkeiten erfassen zu wollen. Diese Klassifizierung *„mutet eigenartig an, wenn sie auf die feinen Abstufungen von klinischen Erscheinungsformen verschiedener Persönlichkeits-konstellationen angewandt werden soll."* (Kernberg, 1996: 289) Vor allem macht sie aber ein weiteres Mal die Hilflosigkeit der standardisierten Medizin in den Belangen der Psyche deutlich: Faktorielle Persönlichkeitsprofile aufgrund von fünf Faktoren haben *„die Aura der Irrealität"* (ebd.) für alle erfahre Kliniker und Therapeuten. Die Grundlage dieser Verirrung ist wiederum eine dem Sujet widersprechende Konzentration auf Symptome bzw. Verhaltensweisen (sowohl in der Forschung als auch in der Diagnose), deren sozialer Sinn und Funktion im psychodynamischen Strukturhaushalt von der akademischen Psychologie und Medizin aufgrund ihres experimentellen, positivistischen Ansatzes nicht verstanden werden kann (vgl. ebd.). Denn die soziale Interaktion als Grundlage von menschlichem Verhalten wird im Wissenschaftsfeld der Naturwissenschaften bisher nicht berücksichtigt bzw. als minderwertig abgelehnt.

Die Zuordnung von psychischen klinisch-relevanten Phänomenen zu einheitlichen Begriffen und zu Zahlen (als qualitative Darstellung des Schweregrads) in der OPD sind also ein Zeichen für eine zunehmende Anerkennung des Methoden- und Wissenschaftsstandards der Psychoanalyse und somit auch der PTW. Die OPD, als Erweiterung der ICD (International Statistical Classification) im DSM, ist der Versuch die Kluft zwischen den Welten – der physischen und der psychodynamischen – in ihrer doppelseitigen Realität zu überbrücken. Durch eine Mischung aus qualitativen und quantitativen Messmethoden, mit anschließenden Zahlenoperationen, sollen ein sinnvoller Mittelwert und Rankingskalen erhoben werden, die eine sichere Diagnose ermöglichen.

Die OPD umfasst fünf Achsen, die sich bisher gut bewährt haben, von denen drei psychodynamischer Natur sind: Beziehungs-, Konflikt- und Strukturdiagnostik. Die beiden anderen vorangestellten Achsen beurteilen das Krankheitsverhalten, die Behandlungsvoraussetzungen (Motivation, Ressourcen etc.) und die psychische Auffälligkeit nach dem ICD (vgl. OPD, 2009: 8; Grande u. a., 1997: 417 f.)[60].

Die Struktur-Checkliste wiederum umfasst 60 Strukturgesichtspunkte, die an vier Integrationsniveaus eingeschätzt werden und auf der Beziehungs- und Konfliktfähigkeit aufbauen. Sie wurde vom Arbeitskreis OPD zwischen 1992 und 1996 entwickelt und bis heute modifiziert[61]. In der Anwendung wurde die Strukturachse als zuverlässigstes Diagnoseinstrument identifiziert (vgl. Oberbracht, 2002: 200).

Der Strukturachsen-Diagnostik werden sechs unterschiedliche Fähigkeiten untergeordnet: Selbstwahrnehmung, Selbststeuerung, Abwehr, Objektwahrnehmung, Kommunikation und Bindung. Sie werden mit gut-, mäßig- oder gering-integriert bemessen und stellen eine Art von „Freiheitsgraden" bzw. die „Grade der Selbst-Wirksamkeit" dar, die den Patienten sein Leben mehr oder weniger fremd- oder selbstbestimmen lassen.

Die Diagnose durch die OPD, als Definition von Selbst-Organisation in ihren „Graden der Fremdbestimmung", erfolgt grundsätzlich auf dem sozial-interaktiven, psychodynamischen Menschenbild, bei dem

> „frühere konflikthafte Interaktionserfahrungen die Folie für gegenwärtiges Handeln, für Selbst- und Fremdwahrnehmung, für Erleben und Zulassen-Können von Gefühlen und Affekten, für sexuelle Lust und sinnliche Freude, für Selbstbehauptung und Durchsetzung eigener Wünsche und Intentionen u. a. m. bilden." (Mertens, 1993: 202)

Als patienten- und heilungsorientierte psychodynamische Diagnostik wird mit der OPD von pathologischen Verhaltensweisen auf funktionale Determinanten in der psychischen Struktur geschlossen. Ihre Veränderung soll hin zu einer realistischeren Selbsteinschätzung, erfüllteren Beziehungen, einer erweiterten Wahrnehmung der eigenen und fremden Affekte und einer Vergrößerung des Reaktionsspektrums führen: Die pathologische Strukturdiagnostik (bestimmt durch ihre verhaltensnahen

---

60 In einigen Prozess-Outcome-Studien, die zur Herstellung der OPD herangezogen wurden, werden auch die veränderte Kreativität und Arbeitsfähigkeit gemessen (vgl. Leuzinger-Bohleber u. a., 2001). Doch dieser Aspekt bleibt ethisch umstritten und taucht in der OPD nur am Rande auf.

61 Es gibt bisher nach der Ersterscheinung der OPD 1996 zwei überarbeitete Neuauflagen als OPD-2: 2009 und 2014. Unter der Leitung von Gerd Rudolf wirkten hierbei maßgeblich auch Tilman Grande, Anna Buchheim, Claudia Oberbracht und Joachim Küchenhoff mit.

Parameter) beinhaltet das Therapieziel als Heilung/Reifung der psychischen Struktur, die sich als „erweiterte Freiheit" und Selbst-Wirksamkeit des Patienten zeigt. Dazu rückte ab der OPD-2 von 2009 auch der Veränderungsprozess zunehmend in den Fokus (vgl. Arbeitskreis OPD, 2009: 29): Umstrukturierungen werden heute als Veränderungen der OPD-Merkmale gemessen.

Die Strukturdiagnose ist dabei weit wichtiger und umfangreicher als eine Konfliktdiagnose: Die Vulnerabilität der Struktur als Begrenzung des Patienten befreit ihn von einer weiteren Selbstabwertung des „Nicht-Könnens". Während der Behandlung ermöglicht die Strukturdiagnose die Anwendung von stützender/solidarischer oder konfrontierender (als aufdeckender/deutender) Haltung des Therapeuten in den passenden Momenten.

Die Entwicklung bzw. „*Dynamik der Verarbeitung und kompensatorischen Bewältigung struktureller Einschränkungen und Vulnerabilität*" (Grande, 2002b: 244) erfolgt prinzipiell vom Stadium der strukturellen Problematik hin zur konflikthaften (als höherer Reifegrad – vgl. Rudolf, 2002c: 249). Auch diese Veränderungsstufen werden mit der Mischung aus qualitativen und quantitativen Diagnosemethoden der OPD deutlich erkennbar.

b) Die Prozess-Outcome-Studien und Langzeitkatamnese-Erhebungen als Nachweis der sich entwickelnden Befreiung durch den psychodynamischen Heilungsprozess

Strukturveränderung kann sowohl während des Therapieverlaufs diagnostiziert werden, beweist sich aber vor allem in Langzeit-Katamnese-Erhebungen. Die Patienten wurden hierbei noch mehrmals nach Abschluss der Therapie (bis zu 15 Jahre danach) befragt, um die Nachhaltigkeit des Therapieerfolgs (jenseits der vieldiskutierten Symptomverbesserung) zu erfassen (vgl. Wallerstein, 1989; Sandell, 1997; Fischer, 2011b: 123; Fonagy, 2004c): Die psychodynamische Hypothese der Strukturnachreifung wurde in zahlreichen Studien mit komplexen, systematischen und anspruchsvollen Skalen aufgrund von klinisch relevanten Phänomenen in Verhalten, Denken und Fühlen des Patienten *und* des Therapeuten überprüft.

David Orlinskys und Kenneth Howards *Generic Model of Psychotherapy* – GMP (vgl. Orlinsky/Howard, 1986) ist die Grundlage der modernen Prozess-Ergebnis-Forschung. Mit diesem Modell als Prozessmodell wurden erstmals Prozessmerkmale bzw. Therapiefaktoren verschiedener Therapieformen vergleichbar gemacht, als Grundlage einer Prozess-Outcome-Evaluation[62]. Dazu werden komplexe Phänomene durch charakteristische Merkmale systematisch vereinfacht und in Bezug zueinander gestellt. Es handelte sich dabei um eine erste forschungsbasierte Metatheorie

---

62 Die Unterscheidung von Verlauf und Ergebnis geht auf einen Vortrag von Edward Bibring während des Marienbader Kongresses von 1936 zurück (vgl. Kächele u. a., 2006: 391).

der Psychotherapie, die das therapeutische Behandlungsmodell in Bezug zu Prozess und Resultat der Therapie setzt, Ergebnisse misst und so in eine wissenschaftstheoretische Diskussion auf Augenhöhe mit den Naturwissenschaften eintritt.

Orlinsky/Howard setzen sechs Prozessmerkmale fest, die nebeneinander betrachtet werden und in ihrer Wichtigkeit nur zeitlich variieren[63]:

1. Der therapeutische Vertrag: Rahmenbedingungen,
2. Die therapeutische Beziehung: Atmosphäre, innere Einstellung zwischen Therapeut und Patient,
3. Innere Selbstbezogenheit und Selbsterleben von Therapeut und Patient in Bezug auf Öffnung und Abwehr gegenüber dem anderen (wobei die Aufnahmebereitschaft des Patienten besonders herausgehoben werden muss für den Erfolg der Therapie),
4. Therapeutische Maßnahmen als Anwendung des Fachwissens des Therapeuten (Schulenspezifische Interventionen),
5. Effekte in der Sitzung (Einsicht, Katharsis, Erwartungen, Kompetenzzuwachs, Selbstdefinition) bei Patient und Therapeut,
6. Zeitlicher Verlauf des Prozesses und der Ergebnisse,

Impuls- und Affektkontrolle, Flexibilität, Empathie, Selbstkohärenz, Objektwahrnehmung, Kommunikation und Bindung als psychische Kompetenzen stehen dabei im Zentrum der Beobachtung.

Auf der Grundlage der Orlinsky-Howardschen Merkmalliste wurden bisher verschiedene Messmethoden in der Psychoanalyseforschung herangezogen:

- SPC – Scale of Psychological Capacietes (Wallerstein): Veränderungsmessung über Erfassung der strukturbedingten psychischen Fähigkeiten
- Strukturelles Interview nach Kernberg,
- OPD – Operationalisierte Psychodynamische Diagnostik (Rudolf),
- SCL 90 – Symptom-Checkliste (international meistverwendete Erhebungsskala),
- AAI – Adult Attachment Interview zur Erfassung von Bindungsrepräsentationen bei Erwachsenen (George, Main, Kächele, Buchheim),
- AAP – Adult Attachment Picture System (George, Kächele, Buchheim),
- SAS – Social Adjustment Scale (zur Messung der Quantität u. Qualität sozialer Kontakte),
- WbQ – Well-being Questionnaire – Fragebogen zum Wohlbefinden (Sandell),
- SOC – Sense of Coherence Scale – Fragebogen zum inneren Zustand (Sandell),
- BDI – Beck-Depressions-Inventar,

---

63   1. Therapeutic contract, 2. Therapeutic operations, 3. Therapeutic bond, 4. Self-relatedness, 5. In-session impacts, 6. Temporal patterns. Das Prozessmodell von Orlinsky/ Howard ist, im Gegensatz zu dem Prozessmodell im vieldiskutierten Buch von Grawe u. a., 1994, nicht auf eine Einheitstherapie ausgerichtet.

- HUSS – Heidelberger Umstrukturierungs-Skala[64] – mit einem spezifisch psycho-analytischen Prozessmodell (Rudolf, Grande, Oberbracht)[65],
- PQS – Psychotherapie-Prozess Q-Sort (Jones)[66],
- CHAP – Change after Psychotherapy Scale (Sandell),
- RFS – Reflective Function Scale (Fonagy, Target),
- FKB – Freiburger Katamnese-Fragebogen (Fischer, Hammel),
- u. a.

Die Studien, in denen die verschiedenen oben genannten Messinstrumente ange-wandt wurden, waren und sind von wissenschaftstheoretischen und methodischen Diskussionen begleitet, die oft international, meist auch interkontinental (besonders zwischen Deutschland und den USA) geführt werden. Die grundlegenden verbin-denden Fragen sind: *„Wie verändern sich kognitiv-affektive Problemlösungsprozesse im Umgang mit Unbewusstem im Laufe von Langzeitanalysen?"* (Leuzinger-Bohleber u. a., 1997: 149). Und: Wie lassen sich diese Ergebnisse mit den Ergebnissen kürze-rer Therapien vergleichen?

Verschiedene große Studien der Prozess-Outcome-Forschung konnten nachweisen, *„dass systematische Veränderungsprozesse existieren und dass diese zuverlässig und valide identifiziert werden können."* (Kächele u. a., 2006: 420). Dabei sind für meinen Nachweis der Veränderung hin zu einem freieren und selbstbestimmteren Handeln und Lebensgefühl besonders die Studien interessant, die sich explizit auf eine Verän-derung der psychischen Struktur beziehen. Sie erfassen psychoanalytische Langzeit-therapien als nachhaltige Bewältigung – im Gegensatz zu *„Edukation"* (Rudolf u. a., 2001: 256) als therapeutisch vorgegebene Konzentration auf Symptomauflösung:

- PRP – Menninger Psychotherapieforschungsprojekt (Wallerstein, Kernberg), ers-te Langzeitstudie an 42 Patienten (1954–1986),
- DPV Katamnese-Projekt (Leuzinger-Bohleber, Stuhr),
- MPS – Münchner Prozess-Outcome Studie (von Rad, Mertens),
- MBWP – Münchener Bindungs- und Wirkungsforschungs-Projekt (Mertens),
- SRF – Ulmer Prozess-Modell[67] auf Grundlage der Selbstreflexionsskala (Käche-le, Thomä),

---

64 Die HUSS wurde aus den Veränderungsbeschreibungen psychoanalytischer Praxen ge-neriert.

65 Entstanden in Anlehnung an die APES – Assimilation of Problematic Experiences Scale (Stiles). Ihre Wurzeln liegen (neben Freud) bei Piagets Assimilationsbegriff.

66 Ursprünglich stammen die Q-Sorts aus den 1950er und 1960er-Jahren, wurden für die Psychotherapieforschung aber erst in den 1990ern von Edward E. Jones als Methode brauchbar gemacht (vgl. Albani u. a., 2008: 5).

67 Psychoanalytische Therapie als Fokaltherapie mit wechselnd-interaktiv gestaltetem zen-tralen Fokus/Muster, der aufgrund der Bedürfnisse/Wünsche des Patienten im Zusam-menspiel mit den Ressourcen des Analytikers ausgehandelt werden (vgl. Thomä/Käche-

- PAL – DPV-Praxisstudie analytischer Langzeittherapien (Leuzinger-Bohleber, Rudolf, Grande),
- STOPP – Stockholmer Psychoanalyse- und Psychotherapieprojekt (Sandell),
- Hanse-Neuropsychoanalyse-Studie mit fMRT- Untersuchung (Buchheim, Kächele, Roth),
- u. a.

Die Entwicklung der Langzeit-Katamnese-Studien reicht von einer anfänglichen Konzentration auf die Ergebnisse (den Outcome) bis hin zur schwerpunktmäßigen Prozessforschung (z. B. bei der DPV- und der MBWB-Studie). Die Strukturveränderungen werden hierbei als Äquivalent zur Nachhaltigkeit der Heilungswirkung erkannt.

Die Kombination von qualitativen und quantitativen Messmethoden, objektiver (Forscher) und subjektiver (Patient, Therapeut) Bewertungen haben sich für hinreichend informationsträchtige und aussagekräftige Erkenntnisse dabei als sehr sinnvoll erwiesen.

Zwei Betrachtungs- bzw. Bewertungs-Schwerpunkte lassen sich wiederum bei den Messmethoden zur Prozessforschung herauslesen. Sie können exemplarisch an der HUSS und der PQS abgebildet werden: Während die HUSS sehr detailliert Interventionen und Reaktionen misst und narrative Werte quantitativ erfassbar macht, steht bei der PQS die Therapiebeziehung mit ihrer Qualität im Fokus. Die PQS-Methode[68] wurde entwickelt, um mit standardisierter Sprachverwendung und Bewertungsprozedur die (therapieschulen-spezifische) Patienten-Therapeuten-Interaktion und damit einhergehende Behandlungsfortschritte messbar zu machen.

Jones behauptet, dass es den psychotherapeutischen Prozess als universalen nicht gibt und dass jede Patienten-Analytiker-Konstellation einzigartige Veränderungsprozesse hat aufgrund von *„bedeutungsvollen Strukturen in der Patienten-Therapeuten-Interaktion"* (Jones, 2001: 225). Das bedeutet es gibt Interaktionsmuster, bei denen sich Einsicht und Beziehung nicht mehr trennen lassen. Mit der PQS-Methode können diese Interaktionsmuster detailliert erfasst (im intersubjektiven Ausagieren) und mit der Patientenveränderung in Verbindung gesetzt werden. Dabei sind diese Interaktionsmuster (gemeinsames Erforschen, Herausfordern und Retten, ärgerliche Interaktion etc.) an Patient *und* Therapeut zu beobachten und von beiden zu verifizieren. Dieser Ansatz ist ein weiterer Beweis für einen Mangel an „suggestiver Wahr-

---

le, 1985). Das führte zur berühmten *Ulmer Textbank* mit mehreren hundert Fallstudien in verschiedener Auswertung.

68 Die 100 Q-Items bestehen aus klinisch relevanten Begriffen, die auf eine video- oder tonbandaufgezeichnete Therapiestunde (aus einer bestimmten Therapiephase) neun Kategorien zugeordnet werden (von 1 = extrem uncharakteristisch bis 9 = extrem charakteristisch). Anhand der Q-Items lassen sich also klinisch relevante Unterschiede in fortschreitenden Therapiephasen ermitteln. Seit 2000 gibt es eine deutsche Fassung, die 2008 als Standardwerk erschienen ist (vgl. Albani u. a., 2008).

heit" als „Pseudo-Freiheit" durch die Autorität des Therapeuten in psychodynamischen Psychotherapien.

Durch die Veränderung der Interaktionsstrukturen, in Handlungen und Emotionen (in der Übertragung/Gegenübertragung), macht sich die Veränderung der psychischen Struktur des Patienten bemerkbar, aufgrund eines spezifischen Wiederholungsmusters, das durch die PQS erfasst wird.

Die HUSS setzt dagegen als Hypothese die psychodynamische Struktur voraus, deren pathologische Prägung und Weiterentwicklung sich anhand eines Fokus (zentrales Problem) mit den drei Achsen der OPD (Beziehung, Konflikt, Struktur) beschreiben lassen. Die zunehmende Selbstreflexions-Funktion ist hier bei der Prozessbeschreibung zentral (vgl. Mertens, 2007: 146). Die Skala der Modi der Veränderungen beschreibt dann sieben aufeinander folgende Stufen der Entwicklung in der Psychotherapie. Sichtbar werden die Stufen in Form von Verhaltensänderung, die in die Bewältigung übergeht und zur Umstrukturierung führt (vgl. Rudolf u. a., 2001: 255 f.; Mertens 2000: 123 f.):

1. Nichtwahrnehmung des Fokus,
2. Ungewollte Beschäftigung mit dem Fokus,
3. Vage Fokuswahrnehmung,
4. Anerkennung und Erkundung des Fokus,
5. Auflösung alter Strukturen im Fokusbereich,
6. Neustrukturierung im Fokusbereich,
7. Auflösung des Fokus.

So kann man davon ausgehen, dass man in einer Kombination der HUSS- und PQS-Faktoren einen realistischen Querschnitt der Faktoren zur Strukturveränderung beim Patienten in Abhängigkeit von der therapeutischen Beziehung erhält, die sowohl qualitativ als auch quantitativ beschrieben werden können.

Daneben haben einige der oben genannten Studien Forschungsinstrumente aus der Bindungsforschung berücksichtigt, um die strukturelle Veränderung sinnvoll mit Erkenntnissen über die Strukturentstehung in den ersten Lebensjahren zu ergänzen.

Viele der oben erwähnten Studien, bei denen die hier dargestellten Messmethoden zur Anwendung kamen, haben als Metastudien auch Psychotherapien mit geringerer Frequenz und Dauer miteinbezogen (auch bei der späteren Katamnese-Erhebung bzw. Follow-up-Messung). So konnte ein objektiver Vergleich des Heilungsprozesses und der Langzeitwirkung der verschiedenen Therapieformen gewonnen werden (vgl. Grande u. a., 1997: 425; Sandell, 1997, Sandell u. a., 2001; Leichsenring/Rabung, 2008).

Nur nachhaltige Veränderung/Heilung validiert Psychotherapie (vgl. Fischer, 2008: 152). Und: Nachhaltige Veränderung lässt strukturelle Veränderung erkennen – und umgekehrt. Doch wer oder was heilt nun am besten, bringt dem Patienten den größten Freiheitsgewinn, die nachhaltigste Selbstbestimmung?

Die Auswertungen des STOPP und der DPV-Katamnese-Studie, auf die ich mich exemplarisch beziehen möchte und deren Ergebnisse sich mit den anderen Studien decken, haben mit den umfangreisten Erhebungen (je mehrere hundert Patienten und Therapeuten) und detailliertesten Auswertungen (anhand von mehreren Skalen) ein signifikant besseres Abschneiden der psychoanalytischen Behandlungen gegenüber kürzeren Therapien ergeben. Dieses Ergebnis wurde besonders deutlich durch die Erhebungen in einem sehr ausgedehnten Katamnese-Zeitraum von mehreren Jahren bis Jahrzehnten nach dem Ende der Therapie. Dabei zeigte sich, dass die Dauer *und* die Höhe der Frequenz der Stunden entscheidend für diesen Erfolg der Therapie waren (Sandell 1997, Sandell u. a., 2001; Leuzinger-Bohleber u. a., 2001; Mertens, 2000: 145; Thomä/Kächele, 1985). Auch die ebenfalls erhobene Erfahrenheit des Therapeuten war von entscheidender Bedeutung für den Heilungserfolg (Leuzinger-Bohleber u. a., 2001: 174) – wobei insgesamt die erfahrenen Therapeutinnen etwas erfolgreicher waren als erfahrene Therapeuten (vgl. Kächele, 1992; Fonagy/Target 1997, Kernberg, 1997, Bachrach u. a., 1997, Leuzinger-Bohleber u. a., 2001; Sandell u. a., 2001). Darüber hinaus fördert ein empathisches Setting und das Einfühlungsvermögen mit hohen supportiven Anteilen (gegenüber einem klassisch-analytischen, enthaltenden) nachweislich den Therapierfolg aufgrund einer nachhaltigen Umstrukturierung.

Was aber machte diese nachhaltige Verbesserung der Selbst-Funktionen im therapeutischen Prozess aus? Wie überzeugend dargestellt werden konnte, hatten sich geheilte Patienten mit der Funktion des Therapeuten identifiziert und konnten so auch nach der Therapie umfassende selbstreflexive Fähigkeiten entwickeln: oft über einen selbstinszenierten inneren Dialog mit dem ehemaligen Therapeuten. Gerade diese Fähigkeit machte offensichtlich die nachhaltige Selbst-Wirksamkeit der Therapie aus. Noch lange nach Abschluss haben die Patienten bei Krisen und Konflikten auf diese Weise den therapeutischen Prozess eigenständig fortführen können (vgl. Sandell, 1997: 351; Leuzinger-Bohleber u. a., 2001: 251; 1997: 128). Diese Fähigkeit der Patienten zur Selbstanalyse hatte sich also in den Psychoanalysebehandlungen besonders gut etabliert. Die Zufriedenheit der Patienten mit der Behandlung war noch Jahre nach Abschluss einer Psychoanalyse weit positiver als bei allen anderen Psychotherapieformen (Kächele, 1992; Sandell, 1997; Leichsenring/Rabung, 2008; Shedler, 2010)[69]. Während der Katamnese-Erhebung war sogar ein *„kurzes Wiederaufflackern jenes Übertragungsphänomens* [zu] *beobachten, das für die damalige Analyse repräsentativ zu sein schien"* (Bachrach u. a., 1997: 308).

Die reflexive Selbstfunktion als ausschlaggebende Fähigkeit, bei sich und Anderen negative Gefühle zu erfassen, zu analysieren und auszuhalten sowie ihnen im eigenen Verhalten angemessen zu begegnen, ist also für ein nachhaltiges Wohlbefinden und soziales Gleichgewicht zentral (vgl. Varvin, 1997).

Bezeichnenderweise hatten kognitiv-behaviorale Therapien bessere Heilungserfolge, wenn sie psychodynamische Therapiekonzeptionen als konzeptfremde Wirk-

---

69   Die Effektstärke lag bei 0,97! (vgl. Shedler, 2010).

faktoren (gegen die Regeln strikter Therapieschulentrennung) verwenden (Jones/
Pulos, 1993).

Darüber hinaus haben alle Katamnese-Studien gezeigt, dass bei den allermeisten
Patienten kein bleibender Therapierfolg innerhalb von 40 Stunden zu erreichen war,
wenn zu Beginn der Therapie eine eindeutige Diagnose von Strukturpathologie vor-
lag. Besonders dieses Ergebnis macht die psychoanalytischen Katamnese-Studien so
brisant und wichtig für die Psychotherapieforschung und die PTW und impliziert
eine Hierarchisierung der Therapien aufgrund der Diagnosen: Bei der Behandlung
von schweren Störungen sollten Struktur- und Persönlichkeitsentwicklungs-Thera-
pien an oberster Stelle stehen (vgl. Fischer, 2008: 283).

In der HNS wurde darüber hinaus, nach sieben bzw. 15 Monaten psychoanalytischer Behandlung von 20 chronisch-depressiven Patienten, neben der Veränderung
der Bindungsrepräsentationen (erfasst durch AAP und OPD-2), ein signifikantes
Nachlassen der hyperaktiven neuronalen Erregungsmuster festgestellt (erfasst mit
fMRT- Untersuchungen): im Amygdala-Hippocampus-Komplex, im ventralen Teil
des anterioren zingulären Kortex (Hirnregion, der das größte Potential für Konflikt
und Selbst-Kontrolle zugeordnet wird) und ebenso im medialen präfrontalen Kortex, während die Patienten mit Bindungsaussagen konfrontiert wurden (vgl. Buch-
heim/Kächele/Roth/Kernberg, 2012).[70]

All diese Ergebnisse stehen im auffälligen Kontrast zu den Erhebungen der Psy-
chotherapiepatienten mit weit geringerer Behandlungsdauer und Frequenz. Und sie
widersprechen entschieden Grawes Untersuchungsergebnissen von 1994 (vgl. Grawe u. a., 1994: 662, 698 f.). Seine Studie schloss Katamnese-Erhebungen oder einen
Vergleich der Therapeutenqualität völlig aus. Heute ist klar, dass die VT nicht *„hoch-
signifikant"* (ebd.: 698) wirksamer ist als die psychoanalytische Therapie. Grawes Ergebnisse waren gemessen am Schweregrad ihrer Aussagen und den Möglichkeiten
moderner Prozess-Outcome-Studien *„wissenschaftlich nicht fundiert"* (Leuzinger-
Bohleber, 1997c: 471; vgl. Kächele, 1995).[71]

Die Effektivität von Psychoanalyse zeigt sich also besonders bei der Berücksichtigung von persönlichkeits-strukturellen Faktoren, die sich deutlich in ihrem geheil-

---

70 Dies ist die erste Studie dieser Art zu Langzeitverläufen analytischer Therapien, die in-
dividualisierte Stimuli benutze: Die Bindungsnarrative aus der AAP-Erhebung dienten
zur Rekrutierung von Kernsätzen für die fMRT-Untersuchung zur Erfassung neuronaler Veränderung bei Konfrontation mit personalisiertem Stimulusmaterial – auch bei
der Kontrollgruppe.

71 Mertens hat schon 1993 – also vor Erscheinen des Grawe-Buches – psychotherapeutischen und psychoanalytischen Heilerfolg unterschieden, wobei die Grenzen fließend
sind, sich letzterer aber an einer strukturellen nachhaltigen Veränderung festmachen
lässt (vgl. Mertens 2000: 123 f.) Ein weiteres Merkmal erfolgreicher Strukturreifung
durch Langzeittherapien sind die Affektregulierungskompetenzen im Traum, die sich in
den Therapieverläufen signifikant verbessern (vgl. Leuzinger-Bohleber u. a., 2004: 144;
Moser, 1992; Moser/Zeppelin, 1996).

ten Zustand weit nach dem Abschluss der Therapie beweisen. Psychoanalyse geht bei ihrer Definition von Heilung von

> *„einer qualitativen Umgestaltung oder einer verbesserten Integration [aus]. Die zentralen Konflikte eines Patienten werden im Verlauf eines analytischen Prozesses nicht aufgehoben, sondern in den wichtigen Lebensbereichen auf konstruktive Weise ausgestaltet und integriert. Ebenso wird das zentrale problematische Beziehungsmuster im Verlauf einer erfolgreichen Behandlung nicht ‚weniger‘, sondern es verliert mehr und mehr von seinem zwanghaften Charakter und formt sich qualitativ um. […] Wir gehen davon aus, dass für jeden Patienten eine begrenzte Zahl solcher spezifischer Problembereiche bestimmt werden kann, an deren Entwicklung die Strukturveränderungen beobachtet werden können.“* (Grande u. a., 1997: 420).

3.5 Die therapeutische Beziehung als unspezifischer Wirkfaktor zur Erweiterung der Selbstbestimmung und Willensfreiheit

> *„Die Frage nach der Wirksamkeit von Psychotherapie bzw. eines psychotherapeutischen Verfahrens wird nur dann sinnvoll, wenn nach dem Therapieziel, also nach der Qualität bzw. inhaltlichen Bedeutung und Richtung der Effekte, gefragt wird. Da es sich hierbei um wertbezogene Probleme handelt, ist es nicht allein ein wissenschaftliches Problem.“* (Leuzinger-Bohleber u. a., 2001: 264)

Freud selbst beschrieb das Behandlungsziel seiner Methode zu Beginn seiner Forschung als die Möglichkeit *„hysterisches Elend in gemeines Unglück zu verwandeln“* (Freud, 1985: 312). Gegen Ende seines Lebens bemerkte er: *„Die Absicht, daß der Mensch ‚glücklich‘ sei, ist im Plan der ‚Schöpfung‘ nicht enthalten.“* (Freud, 1930: 434) Beide Aussagen zeugen von einem skeptischen bis pessimistischen Blick auf den Menschen in seiner Welt. Andererseits bedeutete die Einsicht in die eigene (unbewusste) Determination auch für Freud schon eine Erweiterung von Autonomie und Individualität: Sein Strukturmodell von 1923 hat das Ziel, aus Es Ich werden zu lassen und das Über-Ich zu schwächen, damit dem Patienten *„Gesundheit“* (Freud, 1937: 70) als besseres *„Kräfteverhältnis zwischen den […] Instanzen des seelischen Apparats“* (ebd.) ermöglicht werde. Die Deutung der Konflikte und Abwehrmechanismen war hier noch ein Mittel zur Auflösung des Traumas im Rahmen eines rationalistischen Begreifens. Sie ist, genauso wie Freuds Strukturmodell, noch stark mechanisch geprägt (vgl. Mertens, 2007: 142) und wird hier noch separat von den für die Ich-Funktionen günstigen Bedingungen definiert.

Erst seit dem berühmten Marienbad-Symposium von 1936 (*Zur Theorie der therapeutischen Resultate*) wurde das Behandlungsziel – das harmonische Gleichgewicht zwischen Es-, Ich- und Über-Ich-Anteilen – strukturell definiert und durch die aufkommende Ich-Psychologie ins Zentrum gerückt (Mertens, 2000: 127 f.). Die strukturelle Heilung geht seither weit über ein „allgemeines Unglück“ hinaus.

In den 1940er-Jahren kamen konsistente Beziehungen mit ausgesuchten Objekten und die Genussfähigkeit als lebenswerte Elemente zur Heilungsdefinition hinzu (Knight, 1941/42; Dreher/Sandler, 1997). In den 1950er-Jahren wurde dann die Auflösung der Übertragung als spezifisches Analyseziel festgeschrieben: Der Patient sollte vom Wiederholungszwang völlig befreit werden. Durch die Selbst-Psychologie wurden kurze Zeit später die Selbstrepräsentanzen ins Spiel gebracht und ab den 1960er-Jahren gilt die Selbst-Wirksamkeit als Therapieziel.

Die Befunde aus der Entwicklungspsychologie verlegten ein weiteres Mal den Schwerpunkt der Heilung (neben den selbstregulatorischen Prozessen) auf die Intersubjektivität (vgl. Rudolf, 2002b: 44; Stern, 1992; Schöpf, 2014: 110). Und seit den 1980er und 1990er-Jahren wird mit der aufkommenden Katamnese-Forschung auch die Nachhaltigkeit dieses Behandlungsziels betont.

Die therapeutische Beziehung, ihre Qualität und Dauer, als zentrales Moment einer nachhaltigen Heilung, ist nunmehr aufgrund der Daten der Prozess-Outcome- und Katamnese-Studien in den Mittelpunkt der deutschen und angloamerikanischen Psychotherapieforschung gerückt (vgl. Grande u. a., 1997: 427; Bachrach u. a., 1997: 293 f.). Im Fokus steht heute also der emotionale Gehalt, der in den Interventionen des Therapeuten die Veränderung bewirkt. *„Dem Patienten werden dadurch korrigierende Erfahrungen durch den Therapeuten vermittelt."* (Kernberg, 1991: 15) Während man vormals davon ausging, dass eine abstinente Haltung des Therapeuten zu einer Regression führe, wird dieser Versuch der Wiederbelebung alter Konflikte mittlerweile als unvorteilhaft gewertet (vgl. Mertens, 1991: 23).

Man kann die therapeutische Beziehung im Gegenstandsbereich der PTW heute als transzendental bezeichnen (Fischer, 2008: 250). Darüber hinaus können die Menschenbilder anderer Wissenschaften epistemologisch an den Erkenntnissen und dem Wissenschaftsstandard der Psychotherapieforschung gemessen werden, z. B. in der Philosophie, den Sozialwissenschaften oder der Medizin (vgl. Fischer, 2008: 133): Wenn emotionale Beziehungen die psychischen Strukturen in den frühen Bindungserfahrungen entstehen lassen und sie in der Therapie durch eine empathische Beziehung geheilt werden können, muss sich auch das Verständnis von Leiden und Heilen in allen (artverwandten) Wissenschaften verändern (vgl. Rieken, 2013; Gloy, 2001: 208).

Durch seine schlecht entwickelte psychische Struktur widerholt der Patient die prägenden emotionalen Konflikte ununterbrochen in seinem Leben. Krankheitswertige Erlebens- und Verhaltensweisen, die *„erlebte Unfähigkeit"* (Rudolf u. a., 2000: 239) und mangelnde Selbst-Wirksamkeit, schaffen einen Leidensdruck, der auf eine überlebensbedrohliche Situation des sozialen Wesens Mensch verweisen: Patienten mit strukturellen Störungen sind (in andauernden Belastungssituationen und zunehmenden inneren Spannungen) ihrer Ohnmacht ausgeliefert, verharren in einer bedürftigen Abhängigkeit und Regulierung von außen, ohne dass sie selbst erfassen könnten, wieso es zu dieser andauernden Reinszenierung ihrer bedrohlichen Kindheitssituation kommt. *„Das Erlebnisfeld, die Willens- und Handlungsentscheidungen können dadurch affektiv überflutet werden."* (Resch, 2002: 119).

Der Analytiker kann aus dem Kontrast zur frustrierenden Situation des Patientenalltags mit einer wohlwollenden Atmosphäre in der Therapiesituation (der Anerkennung des infantilen emotionalen Notstandes, der Ängste und Erwartungshaltungen) die pathologisch geprägten Wünsche und Phantasien in der Übertragung zugänglich machen und korrigieren. Die unbewussten, abwehrenden Anteile, der Druck der intrinsischen Konflikte, die den Alltag, die Beziehungen und Selbst-Bilder des Patienten bestimmen, finden in der Beziehung zum Therapeuten einen Adressaten (vgl. Leuzinger-Bohleber u. a., 2001). *„Das, was ein Patient sich noch niemals – weder vor sich selbst noch vor anderen – einzugestehen wagte, wird in der* [Therapie-]*Beziehung erlebbar."* (Mertens, 1997: 199). Der Therapeut versucht die Informationen über die emotionalen Verhältnisse (die „emotionale Wahrheit") vom Patienten zu erfragen und gibt diese an den Patienten zurück, mit dem besonderen Schwerpunkt der Gefühlswahrnehmung und Anerkennung, um die sich wiederholenden Mustern des Patienten deutlich werden zu lassen. Allgemein verlagert sich der Schwerpunkt im Verlauf der Therapie vom Problem-Erleben des Patienten hin zum Beziehungs-Erleben.

Der interpersonelle Aspekt der therapeutischen Beziehung schafft neben der Bewusstwerdung durch die „Redekur" die Möglichkeit des Vergleichs von Beziehungserfahrung innerhalb und außerhalb der therapeutischen Beziehung. Auch das Nachdenken als „emotionales Gewahrwerden" und das phantasievolle Assoziieren über bestimmte Verstrickungen in der therapeutischen Beziehung *„führen zu neuen impliziten Beziehungsmustern."* (Mertens, 2007: 155) Alte Muster werden dabei nicht gelöscht, aber mit den neuen expliziten Erfahrungen aus der therapeutischen Beziehung *„überlagert und im besten Fall auch kontrolliert"* (ebd.: 154). Wird das autobiographische Gedächtnis mit neuen Erfahrungen überschrieben (vgl. Mertens, 2000: 138 f.), wird die eigene Geschichte umgewertet und umgestaltet. Es entsteht eine neue, andere Geschichte, eine Umwertung der eigenen Biographie (vgl. Leuzinger-Bohleber u. a., 1997c: 480; Rudolf u. a., 2000). Trotzdem können sehr belastende Erfahrungen als *„bedauerliches Faktum"* (Mertens, 2007: 155) immer wieder aktualisiert werden.

Auch die Einsicht in die „Schuld" der Eltern, die „Umschuldung" – weg von der eigenen Wertlosigkeit, hin zur Erkenntnis der Unreife und Unfähigkeit der Eltern (die sich trotz ihrer Elternschaft schlechter verhalten haben als der „fremde" Therapeut) – ist m. E. entscheidend für die Korrektur des Selbst-Bildes und die Befreiung von alten narzisstisch-kompensierenden Antriebskräften[72].

Es erfolgt über das Erleben also auch ein reflexiver Zuwachs. Beides führt nach und nach zu einer erweiterten Kompetenzerfahrung im Umgang mit den Wünschen, Enttäuschungen und Ängsten. Über den respektvollen Umgang des Therapeuten wird ein neues *„Umgehen-Lernen mit den Manifestationen unbewusster Pro-*

---

72 Hierfür ist die Studie von Birck auch ein Beleg (vgl. Birck, 2001).

zesse, soweit sie unserem Bewusstsein zugänglich werden können" (Mertens, 2014a: 195), ermöglicht. Vor allem wird dadurch auch Vertrauen aufgebaut, das dann in eine Interaktion mit den stärker werdenden Übertragungen eintritt.

Vormals narzisstische Überlebensstrategien und Strukturanpassungen an ein pathologisches Umfeld der Kindheit, Bedürfnis- oder Frustrationsüberflutungen weichen verschiedenen Wahlmöglichkeiten, alternativen Handlungsoptionen und Lebensentwürfen, die die des alten Umfeldes immer weiter in Frage stellen. Diese Veränderungen der herrschenden Wertungen dauern, durch die existentielle Bedrohlichkeit einer zeitweisen Orientierungslosigkeit, sehr lange. Das ist die Hauptursache für die erheblich längere Dauer einer nachhaltig wirksamen Therapie, bei sehr fremdbestimmenden Strukturproblematiken (vgl. Mertens, 1997: 189). Dabei kommt es gerade bei den Langzeittherapien zwischenzeitlich meist zu einer Symptomverschlimmerung. Die klinische Erfahrung zeigt auch, dass Veränderungen über längere Zeit ausbleiben können, um sich dann *„spontan einzustellen"* (Rudolf u. a., 2001: 253 f.)[73].

Je stärker die therapeutische Beziehung das Leben des Patienten stabilisiert, umso tiefgreifender können die fremdbestimmenden pathologischen Strukturschäden heilen. Dieser *„interaktionelle Lernprozeß"* (Mertens, 1993: 194) in der therapeutischen Beziehung kann aber nur gelingen, wenn der Analytiker seine Konflikte vorher selbst bewältigt hat und sie nicht in der Gegenübertragung dem Patienten zumutet. Eine gute Mustererkennung der pathologischen Objektrepräsentanzen und ein kompetent-flexibler Umgang mit der individuellen Problemstellung des Patienten, aufgrund des Wissens und des entsprechenden Umgangs mit den eigenen Mustern, schafft die Grundlage für die neue Ausrichtung: die Umstrukturierung des Patienten und die stete Weiterentwicklung des Therapeuten in seinen (Selbst-)Fähigkeiten (vgl. Leuzinger-Bohleber u. a., 2001, 2002).

Diese therapeutische Form der Selbsterkenntnis und Selbstkritik kann m. E. der höchsten Form der Selbstreife und Selbst-Wirksamkeit und somit erweiterbaren Freiheit zugewiesen werden. Denn dazu muss man die intersubjektiven, lebensweltlichen Konflikte an sich selbst und am Gegenüber in seiner Lebenswelt erfassen und einer andauernden weiteren Selbstreifung zuführen.

Arbeitsbündnis, Therapeutenpersönlichkeit, Empathie, Vertrauen, Allianz, Verstehen der Symptome, Glaube an ihre Überwindung, aktive Teilnahme und ein gemeinsames Weltbild wurden *„in sämtlichen Untersuchungen als wesentlich wirksamer als die Summe der spezifischen Wirkfaktoren"* (Berns, 2004: 290) aller Therapieschulen bestätigt. Eine Idealisierung bestimmter Interventionen bzw. spezifischer Wirk-

---

73 Rudolf verweist auch darauf, dass diese spontanen Veränderungen, die auf eine nachhaltige Strukturreifung zurückzuführen sind, ausschließlich in psychoanalytischen Therapien vorkommen. Denn gerade die Langzeittherapien streben, jenseits eines vorgegebenen Lernziels (wie in der VZ), nicht fokussierend Veränderungen an (vgl. Rudolf u. a., 2001: 255).

faktoren oder Behandlungstechniken ist also kontraproduktiv und verhindert, dass die individuellen, konflikthaften Prägungen und daraus hervorgehenden Bedürfnisse des Patienten richtig erkannt werden. Selbst die Deutung und die fokussierte Fähigkeit der Realitätsprüfung ist den bewussten und unbewussten emotional getragenen Einflüssen des Analytikers unterzuordnen.

Doch die spezifischen Wirkfaktoren der einzelnen Therapieschulen sind deshalb nicht unwichtig, denn sie sind ja in der therapeutischen Beziehung enthalten, stellen diese her (vgl. McAleavey/Castonguay, 2014). Der psychoanalyse-typische Vorgang der Deutung war von jeher als „kontextbezogenes Deuten" zu verstehen. Die Wertigkeit im Vorgang der Deutung hat sich aber heute verschoben: Der Analytiker stellt *„eine neue Beziehungserfahrung für seinen Patienten bereit, welche den Hintergrund für den Inhalt seiner Deutungen abgibt."* (Mertens, 1991: 23). Der Detektiv ist Begleiter. Deutung ist gelebte therapeutische Beziehung; sie ist *„anschauliche Erfahrung"* (Mertens, 1993: 219). Das dem Patienten darin zu Teil werdende „Verstandenwerden" und „Gehört-werden" *„steht im scharfen Kontrast zur Alltagskommunikation"* (ebd.: 196). Die Wahrheit der Deutung liegt also in der emotionalen Wahrheit und nicht in einer Rekonstruktion der Wirklichkeit (als „Ding an sich" des Therapeuten und wiederum als Gefahr seiner narzisstischen Selbstüberhöhung und mangelnden Selbstkritik). Sie liegt im „Aushaltenkönnen" der regressiven Forderungen – aber auch der Widerstände, die durch die Deutung hervorgerufen werden. Dabei muss betont werden, dass alle bisherigen Studien und Patientenbefragungen ergeben haben,

> *„dass viele Therapien nicht aufgrund unzutreffender oder nicht angenommener Deutungen scheiterten oder beendet werden, sondern weil jene Augenblicke, in denen eine bedeutsame Verbindung zwischen den beiden Beteiligten hätte hergestellt werden können, ungenutzt vorübergingen."* (Stern u. a., 2002: 975)

Stern nennt einen solchen Augenblick auch *„Moment der Begegnung – moment of meeting"* (ebd.). Er beschreibt solche Momente als *„mutative Ereignisse"* (ebd.), wenn Deutung und Begegnungsmomente zusammenwirken oder sich ergänzen. Sie bleiben aber prinzipiell unterschieden, sind dabei gleichwertige zentrale Phänomene des therapeutischen Heilungsprozesses.[74]

Auch die Verdrängung ist in der modernen Psychoanalyse nunmehr vom Beziehungsschwerpunkt her zu verstehen und weniger durch objektive Wahrheitskriterien bestimmt. Entstanden aus enttäuschten Bedürfnissen und unerlaubten, weil bedrohlichen Frust-Gefühlen, Abwertung und als Angst vor dem Ausschluss aus der überlebenswichtigen Bindung an die Eltern, wird die Verdrängung weniger durch

---

74 Auf dieser Grundlage unterscheidet Stern die therapeutische Veränderung in einen deklarativen-bewusst-verbalen und einen intentional-prozeduralen-relationalen Bereich. Ebenfalls gibt es demnach zwei Wissenskategorien, zwei Arten von Repräsentationen und zwei Arten von Gedächtnis. Diese Unterteilung Sterns ist aber (besonders vor den Ergebnissen der aktuellen Bewusstseinsforschung – vgl. Kapitel 4) sehr fraglich.

den Druck der Verbote (Unlusterfahrung), sondern eher durch existentielle Überlebens-Angst bestimmt.

Warum kommt es aber dann zum Widerstand gegen die Anerkennung der Gegenwärtigkeit des Vergangenen, die als treibende Kraft der Verdrängung eine der Säulen der psychoanalytischen Theorie ausmacht?

Grundsätzlich werden m. E. mit der Verdrängung auch eine gewohnte Weltsicht und Werteordnung in der Therapie aufgehoben: Die positiven intersubjektiven Erfahrungen in der therapeutischen Beziehung widersprechen der bisherigen (elterlichen) Werteordnung und Abwertung des eigenen Selbst. Das wirkt erstmal auch enorm verunsichernd und bedrohlich. Denn immerhin war durch diese „Notstandsgesetze" ein Überleben in der Ursprungsfamilie möglich. Und dass die prägende soziale Situation ein Notstand war, der ein wirkliches (intersubjektives) Wohlbefinden nicht ermöglicht, wird ja erst nach und nach begriffen. Auch die vorübergehende Regression in der Therapie resultiert m. E. aus der Verunsicherung, die in eine *defensiv erworbenen Form den Anderen zu erleben*" (Fonagy u. a., 2003a: 853) zurückfällt. Verdrängt werden also nicht Wunsch-Konflikte, sondern Werte-Konflikte, die starke Desorientierung heraufbeschwören. Die eigenen Wünsche erhalten in der Therapie eine neue intersubjektive Wertigkeit (in Form von: „Du und Deine Wünsche sind wichtig") – und lassen das ganze strukturgebende (Selbst-)Wert-Gebäude der Eltern nach und nach einstürzen, während durch den Umgang mit dem Therapeuten ein neues entsteht. Die Infantilisierung des eigenen Verhaltens soll diese Konflikte entschärfen. Der Wertverlust der (internalisierten) Eltern, als Resultat des gelungenen therapeutischen Prozesses, wird mit immer wieder auftretenden, tiefen emotionalen Erschütterungen über deren (überlebensbedrohliche) Unreife errungen, die m. E. aus der Auflösung der Verdrängung der Wertekonflikte herrühren. Denn: Intersubjektiv und emotional vermittelte Wertungen sind überlebenswichtig (siehe Kapitel 4). Durch die internalisierte neue Objektrepräsentanz[75] des Therapeuten werden also unreifere alte Objekterfahrungen, die Identifizierung mit einem ablehnenden Objekt, in kleinen Schritten ersetzt. Die enttäuschten bzw. bedrohlichen Wertungen (auch Selbstbewertungen) werden in einer neuen Selbst-Organisation modifiziert, und Wünsche können nun zugelassen und realitätskonform ausgelebt werden.

„Die pathogenen Überzeugungen und zentralen Beziehungskonflikte legen es ihm [dem Patienten] *nahe, die neue Beziehungssituation negativ auszulegen (z. B. zu antizipieren, dass er abgelehnt, ausgenutzt, entwertet, verurteilt etc. wird). Gleichzeitig mobilisiert die prinzipiell akzeptierende Haltung des Therapeuten die Hoffnung auf eine Widerlegung der pathogenen Überzeugungen (die Hoffnung dennoch akzeptiert zu werden, in den eigenen Einstellungen und Überzeugungen anerkannt zu werden etc.). Dies sind die beiden wichtigsten Übertragungsaspekte: Die Übertragung der negativen Erwartungen, welche in dem Thera-*

---

75 Fuchs verweist darauf, dass Objektrepräsentanzen immer als im Gedächtnis verankerte *„Interaktion des Organismus"* (Fuchs, 2013: 195) als erlerntes Zusammensein, gemeinsame Praxis mit anderen gedacht werden muss.

peuten ein unerreichbares, ablehnendes, strafendes und verfolgendes Gegenüber vermutet; die positive Übertragung, welchen den Anderen als zugewandtes, verständnisvolles, akzeptierendes, idealisiertes Gegenüber erwartet." (Rudolf, 2000a: 239)

Die Verdrängung als Teil der psychischen Struktur wird in Form der *„verfestigten Strukturen der Abwehr bzw. Bewältigung"* (Rudolf, 2001: 254) aufgelöst; die *„postnatale Selbst-Planung"* (Leuzinger-Bohleber u. a., 1998/1: 27), die sich an ein pathologisches Umfeld der Kindheit überlebensstrategisch angepasst hatte, wird transformiert. Konflikthafte Objektrepräsentanzen werden überschrieben. Die Umstrukturierung findet durch Neu-Internalisierung statt (vgl. Kernberg, 1976).

Es gibt zahlreiche Hinweise, dass sich die Verdrängung in ihrer klassischen psychoanalytischen Form so nicht mehr halten lässt: Eine Studie des Anna Freud Centers zur Langzeitkatamnese von behandelten Kindern hat ergeben, dass bei einer Nachuntersuchung (im Erwachsenenalter) die Patienten, deren Persönlichkeitsstruktur nicht so gut geheilt war, ein besonders „wahrheitsgetreues" Erinnerungsvermögen an die Zustände in ihrer Ursprungsfamilie und an ihre Traumatisierungen hatten: Kindheitserinnerungen waren also dann am zuverlässigsten, wenn ihre emotionale Stärke sich in die beginnenden Erinnerungsstrukturen eingespeichert hatte – und *nicht* durch eine therapeutische Aufarbeitung, einhergehend mit einer heilenden Re-interpretation der negativen Erfahrungen, neu abgespeichert werden konnte (Fonagy/Target, 2001a: 85 f.). Außerdem wurde das in einem sehr viel stärkeren „Übertragungsaufleben" (Wallerstein, 1997: 51) deutlich, dass Patienten während den Katamnese-Interviews noch Jahre später zeigen, wenn der Therapierfolg nicht groß genug war.

Wie weit das Erinnern der Kindheitserfahrungen als spezifischer Wirkfaktor zur therapeutischen Wirkung beiträgt, war bisher umstritten. Die Hirnforschung konnte nachweisen, dass durch die noch nicht fertige Ausprägung der Frontallappen und des Hippocampus bis zum sechsten Lebensjahr kein bewusster Zugriff auf autobiographische Erfahrungen der ersten Lebensjahre möglich ist. Erinnerungen werden zwar gespeichert (als motorisch-körperliche), aber die Verzeichnisse für die Verbindungsmöglichkeiten mit dem Protagonisten-Selbst fehlen noch (vgl. Solms, 2010: 183, 190). Es liegt hier also nicht eine, wie von Freud angenommen, frühkindliche Verdrängung bzw. Amnesie vor (vgl. Freud, 1915b: 248 ff.; 1926a: 118; 1937: 72), sondern ein „Nicht-Erinnern-Können" (als episodisches „Nicht-Erinnern-Können"), durch das altersbedingte Fehlen der erforderlichen Kodierungs- und Abrufmöglichkeiten (siehe Kapitel 4.4).

Das ist ein weiterer Beweis dafür, dass Freuds Konzept der Verdrängung modifiziert werden muss. Im Mittelpunkt der Heilung in der Psychoanalyse steht heute eine Neu-Kartierung der Beziehungserfahrung durch die Übertragungsbeziehung, eine *„aktive Konstruktion einer neuen Art und Weise, das Selbst-mit-dem-Anderen zu erleben"* (Fonagy u. a., 2003a: 841). Gleichzeitig bleibt Freuds Erkenntnis von der Unwichtigkeit wahrheitsgetreuer Erinnerung weiter bestehen: Erinnerung dient in der Therapie „nur" der Kommunikation über die *„Beschaffenheit innerer Objektbezie-*

hungsrepräsentationen" (Fonagy u. a., 2003a: 845). Durch die Redekur wird auf die intrinsischen Erfahrungen mithilfe der Sprache zugegriffen. Und durch die emotionale Erfahrung der therapeutischen Beziehung, die mit dieser Kommunikation einhergeht, wird ihnen eine neue Bedeutung und sinngebende Interpretation zugewiesen. Diese modifiziert letztlich als Beziehungserfahrung die psychische Struktur und die Selbst-Repräsentanzen.

Das „Aufeinanderbezogensein" der nachfreudianischen Objektbeziehungstheorie (im Gegensatz zu Freuds beziehungslosem Verhalten des Säuglings, der nur auf seine sexuelle Lustbefriedigung gepolt ist), ist hierbei auch wissenschaftstheoretisch grundsätzlich für die moderne Psychoanalyse.

Das Streben nach heilsamer Selbstveränderung kann als *„heilsame Logik"* (Fischer, 2008: 123; 171 ff.) einer dialektischen Intersubjektivität beschrieben werden.

Die *„mobilisierte Hoffnung auf Widerlegung"* (Rudolf u. a., 2000: 239) der alten Erfahrungen in der therapeutischen Beziehung kann deshalb m. E. auch als „Wille zur Heilung" der psychischen Selbst-Heilungskräfte ausgelegt werden. (Auch Freud hatte in seinen späten Schriften immer wieder auf eine Bewältigungsmotivation verwiesen.)

Genauso wie physische Selbstheilungskräfte sind psychische Heilungsvorgänge m. E. eine von der Evolution hervorgebrachte Überlebenssicherung. Und genauso wie die Medizin nicht Krankheiten heilt, sondern nur den Selbstheilungsvorgängen des Körpers wieder ermöglicht, ausreichend zu funktionieren, ist eine Psychotherapie ein Mittel, um krank machende durch gesunde Einflüsse zu ersetzen: Die Selbstheilungskräfte der Psyche werden aktiviert. Fischer bezeichnet sie als das *„salutogenetische Wissen"* (Fischer, 2008: 239), als *„unbewusstes Wissen um die Logik heilsamer Selbstveränderung"* (Fischer, 2008: 106). Sie ist ebenfalls auf die dialektische Logik abbildbar, als eine Form von aufsteigender (heilender) Logik (vgl. Fischer, 2008: 123, 223 ff., 241 f.)[76]. Auch in der *„Stimme des Intellekts"* (Freud, 1927: 377), die heute m. E. besser als Stimme der emotionalen Intelligenz und des aufsteigenden Bewusstseins (vgl. Kapitel 4) beschrieben werden sollte, die *„leise"* (ebd.) ist, aber *„nicht ruht, ehe sie sich Gehör verschafft hat"* (ebd.), kann letztlich dieser „Wille zur Heilung" vernommen werden. Und auch im Wiederholungszwang zeigt er sich, als Drang nach „Wiedergutmachung". Er findet sich auf vergleichbare Weise in der reparativen Phantasie wieder, als *„vorbewusste Heilungsvorstellung"* (vgl. Mertens 1997: 185); seine Antriebskraft steckt im natürlichen Auftrieb des Unbewussten, der auch bei *„starken Verformungen der inneren Natur"* (Mertens, 2014a: 56) noch Heilung anstrebt, aufgrund von *„ursprünglichen Wünschen"* (Mertens, 1993: 202). Er wird als *„Vitalität des Ich"* (Rudolf, 2002b: 27) beschrieben und als *„Aktualisierungsbereitschaft"* (Küchenhoff, 2002: 72), welche sich stets weiter der Objektwelt, in der Hoffnung auf be-

---

76 Schon Hegel hat in seiner *Wissenschaft der Logik* im letzten Kapitel die *Idee des Guten* als dialektische Logik des Geistes auf das „gute Leben" ausgerichtet und die platonische Abstraktion der Idee mit Inhalt zu füllen gesucht (vgl. Hegel, 1986/1816: 541 ff.).

friedigende Erfahrungen, zuwendet. Doch wie wird dieser allgemeine Wille zur Heilung zu einem individuellen, selbstbestimmten Heilungsprozess?

Ein Teil des prozeduralen Wissens der psychischen Heilung betrifft ein *„implizites Beziehungswissen"* als angeborenes *„Wissen über das Zusammensein mit einer anderen Person"* (Stern u. a., 2002: 977) und umfasst Affekte, Kognition, Verhalten und Interaktion, an welche die therapeutische Beziehung anknüpft. Das Aufkommen dieses Wissens beim Säugling ist bestimmt von Antizipation und Erwartung, Überraschung und Beunruhigung. Es wird ab dem ersten Lebensjahr in beobachtbaren Erwartungen sichtbar, und die Erfahrungen mit diesen Erwartungen werden nachweisbar gespeichert: Es sind Anpassungsstrategien, die in den ersten Lebensjahren mit den Bezugspersonen verhandelt werden. Die fortlaufende Zustandsregulierung wird durch die Wiederholung sequenzieller Erfahrung in Interaktionsmustern generalisiert (vgl. ebd.: 978, 982 f.; vgl. Stern, 1992). Dieses spezifische Beziehungswissen des Patienten (hervorgegangen aus der Anlage für „Beziehungswissen-Wollen" als Form des Überlebenswillens jedes Säuglings), gepaart mit individuellen Veranlagungen, wird vom Therapeuten durch das übertragene Interaktionsmuster erkannt. Die Veränderung in der Therapie basiert demnach auf der These,

> *„dass die Psyche, in Abwesenheit einer entgegenwirkenden Dynamik, dazu tendiert, sämtliche Verlagerungen und Veränderungen in der intersubjektiven Umwelt dazu zu benutzen, ein zunehmend kohärentes implizites Beziehungswissen zu erzeugen."* (Stern u. a., 2002: 979)

„Gegenwartsmomente" (*„now moments"* – Stern, 2002: 989 f.) und hier – als Steigerung – besonders die *„Momente der Begegnung"* (*„meeting moments"* – ebd.) als Schlüsselereignisse, in denen Therapeut und Patient bewusst erkennen, dass sich ihre gemeinsame Intersubjektivität soeben verändert hat (meist durch eine völlig neue Reaktion des Patienten auf den Analytiker ausgelöst), schaffen die greifbaren Punkte der Veränderung. Der „Wille zur Heilung" wird als subjektive Wahrheit des Patienten in der Deutung und Therapie erfahrbar: *„Etwas Neues geschieht, das der bestehende Rahmen weder erklären noch in sich aufnehmen kann."* (Stern u. a., 2002: 1000). Eine zum richtigen Zeitpunkt gegebene Deutung, die so einen „meeting moment" als neue Intersubjektivität in Form eines „Gemeinsam-Erarbeitens" unterstreicht, kann die Begegnungsmomente verstärken (ist aber nach Stern von diesen unterschieden).

So können *„sehr kleine und sehr konkrete Beziehungsepisoden"* (Küchenhoff, 2002: 71) grundlegende Strukturveränderungen manifestieren. Michael Buchholz verweist hier auf die Metapher: Sie macht die beunruhigenden Reize greifbar und verhandelbar, überführt sie aus der Einsamkeit in die Beziehung mit dem Therapeuten – und somit in die *„gemeinsame Humanität"* (Buchholz, 1997: 85)[77]. Diese ist aber trotzdem, durch die einzigartige Therapeuten-Patienten-Beziehung, kein univer-

---

77 Man kann hier auch auf ein Qualitätsmerkmal guter Kunstwerke verweisen, die einen ähnlichen Prozess auslösen. Und gerade ihre Qualität lässt sich durch die Häufigkeit

salistisches fremdbestimmendes Heilungsinstrument. Neue „*Schemata des Zusammenseins-mit-dem-Anderen*" (Stern, 1998: 28) entstehen, die als Interaktions-Muster individuell internalisiert werden[78]. Stern beschreibt sie als „*authentische*" (Stern u. a., 2002: 1000) Beziehungsmuster. Der Moment der Begegnung, als etwas „*außerhalb oder zusätzlich zur Technik*" (ebd.: 999 f.) oder zur „*professionellen Beziehung*" (ebd.: 1001), ist spezifisch als eigentlicher Moment der Veränderung zu erkennen. Stern beweist, dass die „*persönlichen Aspekte des Selbst*" als „*affektive Reaktion auf eine andere Person*" (ebd.) in der impliziten Beziehung als „*implizites Wissen*" (ebd.: 1000) aktiv sind und als „*affektive Unmittelbarkeit*" (ebd.: 1001) im Moment der Begegnung als spezieller Gegenwartsmoment zum Tragen kommt: Der Patient bestimmt darin die individuelle Erweiterung seiner Freiheit und Selbst-Wirksamkeit.

Sterns Ausführungen zu diesem zweiten „*unterschiedlichen Veränderungsmechanismus*" (ebd.: 1001), neben der Deutung in der Übertragungsbeziehung (wenn auch schwer von ihr zu unterscheiden), schafft einen ontologischen Moment von „richtiger, wahrer" Beziehung. Es ist eine Art „wahres Sein" in der Intersubjektivität, das jeder Fremdbestimmung durch den Therapeuten, seiner Deutung und den künstlichen Aspekten der therapeutischen Beziehung entgeht (als eine Art „*unbewusster Begriff*" – Freud, 1918: 116; vgl. Fischer, 2008: 270 ff.). Dieses implizite Beziehungswissen von der guten, richtigen Beziehung ist nicht verdrängtes, fremdbestimmtes Wissen, was durch Aufhebung der Verdrängung bewusst gemacht wird. Implizites Beziehungswissen wird erlebt durch

> „die ‚Art und Weise des Zusammenseins-Mit'. Er [der Moment der Begegnung] *hat nicht die Funktion, in der Vergangenheit erlittenes empathisches Versagen durch analytische empathische Aktivität zu korrigieren oder aus der Vergangenheit stammende Defizite zu kompensieren. Vielmehr wird in der Beziehung etwas Neues geschaffen, das die intersubjektive Umwelt verändert. Die frühere Erfahrung wird in der Gegenwart rekontextualisiert, und zwar in solcher Weise, dass man von einer anderen mentalen Landschaft ausgehend operieren kann, was neue Verhaltensweisen und Erfahrungen in der Gegenwart und Zukunft ermöglicht.*" (Stern u. a., 2002: 1002)

Dieser Moment der Veränderung wird nach Stern nicht durch das Übertragungsarrangement erzielt und ist nicht vom Therapeuten zu steuern. Wird er vom Therapeuten übersehen oder „verletzt", wird das als eine Art „Absage an die eigene Wahrheit" empfunden. Genau hierin liegt die Gefahr des Therapieabbruchs (vgl. Stern u. a., 2002: 996).

Aber auch das Evidenzgefühl und der Widerstand des Patienten gegenüber den Deutungen des Analytikers bestätigen (auch ohne Sterns „Moment der Begegnung") den

---

des Gefühls der Reizbindung (in ihrer größeren Allgemeingültigkeit als „gemeinsame Humanität") definieren.

78 Wie weit hier der Therapeut als Objekt oder nur das Verhaltensmuster internalisiert wird, wird von Stern nicht weiter aufgegriffen.

richtigen, eigenen Weg. Die Selbst-Wirksamkeit und eigene „emotionale Wahrheit" (jenseits einer durch Beziehung entstandenen Fremdbestimmung oder einer in Fremdbestimmung verweilenden „Pseudo-Befreiung") kann nach der Überwindung des Widerstandes sehr gut im anhaltenden Gefühl des Wohlbefindens als guter psychischer und körperlicher Homöostase beschrieben werden.

Heilung als subjektive Wahrheit, gespiegelt im Gefühl der angeeigneten, erweiterten Freiheit in einer lebensweltlichen Plausibilität, wird also gerade durch das faktische Leiden im Wiederholungszwang bzw. dessen Auflösung in der Therapie wissenschaftsrelevant. Die Psychoanalyse selbst ist, wie schon erwähnt, entstanden aus dem Scheitern der Suggestion, was im zentralen Aspekt der Gegenübertragung mündete (vgl. Kächele/Thomä, 1973: 348). Auf der Gegenübertragung als Beziehungselement gründet der Wirkfaktor der Empathie in der therapeutischen Beziehung. Diese hat sich wiederum für eine erfolgreiche Heilung als unerlässlich erwiesen und muss in der Supervision immer wieder als lebensweltnaher „Wahrheits-Begriff" (als „wahrheit-begreifend") modifiziert werden. Die „Wahrheit der individuellen Psyche" wird durch Bewusstmachung unbewusster, ungewusster Verhaltens- und Denkmuster „frei gelegt", wird zwischen Übertragung und Gegenübertragung immer wieder neu verhandelt und weiter ermöglicht und erlebbar. Rudolf verweist in der sechsten, vorletzten Stufe der HUSS auf das „*Überraschen und Erstaunen über die neuen Möglichkeiten*" (Rudolf u. a., 2000: 244), die der Patient hat, wenn er nach und nach „*erstaunlicherweise Dinge kann, die er zuvor nicht gekonnt hatte oder Dinge unterlassen kann, die er früher zwangsläufig tun musste*" (ebd.).

In der siebten und letzten Stufe übernimmt der Patient dann die Verantwortung für sich selbst, die sich in Selbstgewissheit, Selbstübereinstimmung und Souveränität ausdrücken und zu „*Veränderungen in der Realität mit dem Charakter freier Neugestaltung*" (ebd.) führen. Die gesunde Psyche ist fähig „*Beziehungsbedürfnisse im Hier und Jetzt auszuhandeln*" (Mertens 1993: 193) und „*die Beziehung zu wichtigen Anderen auf eine individuell befriedigende Weise*" (Rudolf, 2002b: 16) aufrechtzuerhalten. Auch realitätsprüfendes Denken, Erkennen der (vormals unbewussten) Konflikte und ihr Aushalten-Können sowie die Fähigkeit einer Einsicht Taten folgen zu lassen, gehören dazu. Psychoanalytisch kann man alle diese Merkmale auch als das Funktionieren „*des Sekundärprozesses und eine graduelle Ersetzung des auf unmittelbare Bedürfnisbefriedigung bestehenden Lustprinzips durch das Realitätsprinzip*" (Mertens, 2000: 147) zusammenfassen. Und das zeigt sich nicht zuletzt auch in der „*Funktionsverbesserung des präfrontalen Cortex*" bzw. „*Integrationskraft des präfrontalen Cortex*" (Fischer, 2007: 70).

„*Zuerst wollen sie* [die Menschen] *überleben und dann möglichst gut leben.*" (Hampe, 2000a: 35). Gerade unsere „*edlen Fähigkeiten*" (Roth, 2006b: 9) – Bewusstsein/Erkenntnisfähigkeit und Selbststeuerung – sind auf diese körperlich-lebensweltlichen Ziele ausgerichtet. Das „*Wohlbefinden*" (Damasio, 2005: 226; 2013: 59, 70; Rudolf, 2002b: 6), von dem Psychoanalyse und Hirnforschung gleichermaßen sprechen (siehe Kapitel 4), findet im „*guten Selbstwertgefühl*" (Resch, 2002: 124) einen Homöostase-Indikator. Die Fähigkeit zur Selbstreflektion, *„die Erfahrung der Eigenbestimmung von Willen und Kontrolle"* (ebd.) schaffen die Möglichkeit eines freieren Willens als

> *„Veränderungen der inneren und externen Autonomie, d. h., die Freiheit, wählen zu können und das eigene Leben ohne innere Hemmungen und unnötig übernommenen Restriktionen zu gestalten. Zweifellos ist das ein zentrales und spezifisches Ziel analytischer Behandlung."* (Sandell u. a., 2001: 303)

Es ist von entscheidender Bedeutung – und das nicht nur für eine sinnvolle Definition der Willensfreiheit –, dass die Psychoanalyse *„sich die Freiheit und nicht irgendein spezifisches Bild des menschlichen Glücks zum Ziel setzt."* (Lear, 1997: 97). Hierin werden besonders gesellschaftspolitische Konzepte und kulturphilosophische Menschenbilder mitberücksichtigt, die in die Diskussion und Wertungen der Freiheit miteinbezogen werden müssen.

Zu definieren ist die Freiheit immer nur in Abgrenzung zur (impliziten oder expliziten) Fremdbestimmung, durch die intersubjektiven Prägungen und die Bedingungen des Umfeldes, die als Fremdbestimmung über die Gesundung und/oder Reifung der psychischen Struktur verringert wird – aber natürlich nie ganz verschwinden kann, solang der Mensch als solcher „evolutioniert" in der Welt bestehen muss.

Fazit: Die Definition der erweiterten angeeigneten Freiheit (vgl. Bieri, 2001), lässt sich als in der Lebenswelt wirksame Freiheit bisher nur in einem psychodynamischen Modell vom Subjekt als *„spezifischer Gewordenheit"* (Pritz, 1996b: 4) realitätsnahe fassen. Die Freiheit wird hier gerade durch den konkreten Prozess der Aneignung in der Therapie nicht von außen normativ bestimmt – obwohl sie in der psychoanalytischen Theorie durch Diagnose und Heilung eine wissenschaftliche Allgemeingültigkeit erhält. Die Vermeidung eines transzendentalen Standpunktes (und performativen Widerspruchs) ist durch den steten Abgleich von Theorie und Praxis gegeben. Eine realitäts- und erlebnisferne Idealisierung wird vermieden.

4 Willensfreiheit in der Neurologie

4.1 Neuropsychoanalyse: Die psychodynamische Wahrheit über das Selbst

„Fragen wie: Was ist Gefühl? Was ist Bewusstsein? Was ist das Selbst?, treffen ins Herz des psychischen Lebens. Erstaunlicherweise haben sich Neuropsychologen und Verhaltensneurologen mit ebendiesen Fragen in dem gerade zu Ende gegangenen Jahrhundert nicht beschäftigt. Die Gegenstände, auf die sich die Verhaltensneurowissenschaftler vorrangig konzentrierten, hatten mit diesen Themen, die für die meisten Menschen von grundlegender Bedeutung sind, recht wenig zu tun." (Solms, 2010: 286)

Alfred Lorenzer betonte schon seit den 1970er-Jahren, dass Psychoanalyse und Neurologie aufeinander zugehen müssen, da sie sich letztlich auf dasselbe Organ beziehen (vgl. Lorenzer, 1974, 1986: 12 ff.). Doch erst durch die Forschungen von Kandel wurde es für die Neurologie möglich, den entscheidenden Schritt in Richtung eines psychodynamischen Konzepts zu leisten (vgl. Kandel u. a., 2000; Kandel, 2006). Mittlerweile ist ein neues Forschungsgebiet entstanden, das versucht, die menschliche Subjektivität in Form von Freuds Modellvorstellung des psychischen Apparats mit dem Gehirngewebe und seinen physischen Funktionen in Einklang zu bringen. Der Neurowissenschaftler und Psychoanalytiker Mark Solms gehört als Leiter verschiedener Institute weltweit zu den Vorreitern dieses neuen Ansatzes: der sogenannten *Neuropsychoanalyse*[79]. Sie ist der erste und bislang einzige interdisziplinäre Ansatz, der erfolgreich das psychodynamische Modell in die Neurologie integrieren konnte und zwischen den vermeintlich getrennten Geistes- und Naturwissenschaften an der Schnittstelle der emotional-verkörperlichten Erfahrungen vermittelt.

In seiner Forschungsarbeit baut Solms auf die aktuellen Erkenntnisse aus der Bewusstseins- und Emotionsforschung auf, besonders auf die von Damasio und Panksepp. Dieser neue Blickwinkel innerhalb der neurologischen Forschung gleicht ei-

---

[79] Dieses neue Forschungsgebiet ging aus einer Arbeitsgruppe unter der Schirmherrschaft des *New York Psychoanalytic Institut* bzw. der *Neuroscience Study Group* hervor und stand ursprünglich unter der Leitung des Psychoanalytikers Arnold Pfeffer und des Neurologen James Schwartz. Die Gruppe nahm 1992 ihre Arbeit auf und versucht bis heute, mit Hilfe vieler namhafter Vertreter (darunter auch: Damasio, Kandel, Libet, Panksepp, Ramachandran, Singer, Kernberg, Leuzinger-Bohleber), die Kluft zwischen ihren teilweise immer noch rivalisierenden bzw. verfeindeten Forschungsgebieten zu schließen. Zahlreiche vergleichbare Gruppen haben sich mittlerweile in verschiedenen Städten gebildet (im deutschsprachigen Raum in Köln, Frankfurt a. M. und Wien). Der Name der neuen Disziplin geht zurück auf den Namen der sie begleitenden Zeitschrift *Neuro-Psychoanalysis*, die seit 2003 bei Karnac/Other Press erscheint (siehe www.neuropsa.org.uk). Außerdem findet seit 2000 alljährlich ein Kongress zu dem Thema statt. Dessen Gründungsmitglieder riefen die *International-Neuro-Psychoanalysis Society* ins Leben.

ner weitreichenden paradigmatischen Verschiebung im bisherigen rationalitätsfokussierten Menschenbild der Neurowissenschaften:

1. Gefühle sind, im Gegensatz zur bisherigen Auffassung der Hirnforscher, der Leim, der die inneren und äußeren Hirnschichten, Erlebnisse, das Gedächtnis und Bewusstsein funktional zusammenhält; Gefühle sind nicht von den kortikalen Hirnschichten zu trennen und nicht in das limbische System verbannt.
2. Alle Hirnfunktionen sind auf den Überlebenswillen des sozialen Selbst und sein interaktionelles Entstehen und Bestehen ausgerichtet. Gedanken, Handlungen, Vorstellungen, bewusste und unbewusste Prozesse sowie Selbst-Bilder werden in dieser Hinsicht am Gefühl des Wohlbefindens gemessen.

Beide Grundsätze haben in den letzten Jahren die Hirnforschung inhaltlich, aber auch in ihrer Stellung im Wissenschaftskontext tiefgreifend verändert. Denn zunehmend erkennt die Neurologie die Wichtigkeit der inneren Repräsentationen bzw. Resonanzen der Umwelt-Beziehungs-Muster und ihre narrativen, emotionalen Bedeutungszuweisungen – und damit die Notwendigkeit einer holistischen Erfassung des Menschen (vgl. Fuchs, 2013: 172, 205).

> *„Bei dieser Neukonzeptualisierung lässt sich in aller Kürze davon ausgehen, dass wir mit präsymbolisch organisierten Affektsystemen geboren werden, die uns zur Anpassung an unsere Welt und vor allem zur emotionalen Kommunikation mit unseren primären Bezugspersonen dienen."* (Mertens, 2014a: 156)

Leben ergibt sich nur innerhalb der emotional und symbolisch erschlossenen Welt: Psyche und Gehirn wandeln *„neutrale Stoffe in Bedeutsamkeit"* (ebd.: 116) um, als subjektive Grundlage des menschlich-sozialen Lebens. Die Welt wird also nun auch in der Neurologie der reinen physikalischen Betrachtungsweise entzogen: Sie wird als *„spezifische Umwelt eines Lebewesens durch den Funktions- und Gestaltkreis erst konstituiert"* (Fuchs, 2013: 115).

All das hatte die Psychoanalyse als (postmoderne) wissenschaftstheoretische Grundlage erstmals im Wissenschaftsdiskurs etabliert und kann es der Neukonzeption der Neurologie nun zur Verfügung stellen, für eine gemeinsame *„Erschließung der Welt durch symbolische Transformation, durch die Sinnliches zum Träger eines verstehenden Sinns wird."* (Schnädelbach, 2012: 86) Dieses *„Konvergenzprinzip"* (Fischer, 2008: 160) führt in eine gemeinsame, sich ergänzende Zukunft von Psychoanalyse, PTW und Neurologie.

Um den neuen Ergebnissen aus der Bewusstseinsforschung gerecht zu werden, muss die Neurologie also ihre Stellung als Leitwissenschaft aufgeben und in eine interdisziplinäre Diskussion eintreten. Aus psychoanalytischer und psychotherapiewissenschaftlicher Sicht kann man den gerade stattfindenden Sinneswandel in der Neurologie, nach all den Jahren ihrer feindschaftlichen Dominanzansprüche, unter dem Aspekt positiv verstehen, *„dass Irrtümer einzusehen auch einen Wissensfortschritt beinhaltet"* (Schnädelbach, 2012: 16).

Das mentale Leben, auf der Basis der Selbststeuerung, ist für Solms und die Neuro-psychoanalyse der Ausgangspunkt für ihre aktuellen Forschungen (vgl. Solms, 2010: 21; Fischer 2008: 36). Eine neue wissenschaftstheoretische Einordnung der Begriffe und mentalen Funktionen der Neurologie ist hierbei zwangsläufig. Eine grundlegende Definition von Willensfreiheit und Selbstbestimmung im Rahmen dieses zeitgemäßen interdisziplinären Ansatzes, wurde bisher nur am Rande bedacht und soll hier genauer definiert werden.

Um psychische Phänomene systematisch zu erklären, braucht es Erklärungsmodelle. Sie sind den Modellen der Physik und anderen Naturwissenschaften vergleichbar (z. B. Quarks und Funkwellen), die ebenfalls „*virtuelle Entitäten*" (Solms, 2010: 302) aus der Vielfalt konkreter Erscheinungen erschließen: Die dahinter stehenden Wirkkräfte und ihre Auswirkungen sind beobachtbar, messbar und wissenschaftlich verhandelbar. Alle Modelle des psychischen Apparats sind und bleiben als anatomisches Gewebe im Hirn nicht nachweisbar. Und: Im Falle unserer Psyche betrifft jedes naturwissenschaftliche oder psychoanalytisch-geisteswissenschaftliche Modell uns selbst. Deshalb haben wir nicht nur einen anderen, sondern einen „*einzigartigen*" (ebd.: 302) weiteren Blickwinkel auf den Untersuchungsgegenstand Hirn/Psyche (vgl. Fuchs, 2013: 297).

Unsere neuronalen Prozesse und unser psychischer Apparat sind beides Mal: wir. Wir wissen, wie sich der bewusste Inhalt des psychischen Apparats anfühlt und wie der unbewusste unserem Willen oft genug Streiche spielt. Aber wir finden uns auch in unserem biologischen Gehirngewebe, als Teil unseres Körpers, wieder: Betrachten wir einen Hirn-Scan von unserem Denkorgan, wissen wir, das ist ein Teil von uns.

Solms verlässt also die einseitige, reine materialistische Position vieler seiner Neurologie-Kollegen und bezieht deren persönliche Ebene als Forscher-Individuen mit ein. Er propagiert einen „*Doppelaspekt-Monismus*" (Solms, 2010: 23), um das klassische Leib-Seele-Problem seiner Zunft zu bewältigen und die „*irreführende Dichotomie*" (ebd.: 303) endgültig auszusöhnen.

Oft wird aber sogar von den Hirnforschern, die der Willensfreiheit positiv gesonnen sind, die Einzigartigkeit dieser leiblichen Schnittstelle des menschlichen Hirns/Selbst übersehen. Es geht hier eben nicht um ein weiteres, in der Welt befindliches Phänomen/Ding: Einzig unser menschliches Selbst hat diese selbsterkennende Innenperspektive (Selbst-als-Subjekt), die zu seinem eigenen biologischen Träger (Selbst-als-Objekt) als „*Syntopie*" (Fuchs, 2013: 34 f.) hinzukommt. Beide Aspekte (des ontologischen Monismus Mensch) sind epistemologisch komplementär, lassen sich aber wohl nie ganz ineinander überführen, sondern haben nur bestimmte Korrelationen bzw. Strukturähnlichkeiten (vgl. Fuchs, 2013: 105). Diese Auflösung des Leib-Seele-Problems im Aspektdualismus geht auf den Philosophen Spinoza zurück, der schon im 17. Jahrhundert bemerkte, dass Geist und Körper parallele Merkmale derselben Substanz sind (vgl. Spinoza, 2012/1675; Damasio, 2005: 21; Fuchs, 2013: 232). Spinozas „Substanz" kann aber heute nicht mehr als etwas hinter den Aspekten – als „Ding an sich" – gedacht werden, sondern die Aspekte *sind* schon das Leibwesen Mensch: Er ist ein „*personaler Doppelaspekt*" (vgl. Fuchs, 2013: 107). Beide bisherige Perspektiven werden hierbei zusammengeführt, kombiniert und gegenseitig überprüft – soweit das mit den bisherigen Forschungsergebnissen möglich ist. Der un-räumliche, metaphysische Geist bekommt eine Heimat: Nicht im Gehirn, sondern im ganzen Körper, mitsamt seiner Umgebung. Die Psychoanalyse spricht hierbei mittlerweile von einer *„psychosomatischen Doppelnatur des Menschen"* (Rudolf, 2002b: 21) als immer schon zusammengedachten Interaktion von emotionaler Erfahrung und neuronaler Entsprechung, von *„Körpersein"* und *„Körperhaben."* (Fischer, 2011: 79): Der eine Körper, der wir zugleich sind und den wir haben, macht unsere exzentrische menschliche Position aus.[80]

Wir bestehen also aus einem Stoff, der aber auf unterschiedliche Weise wahrgenommen wird: von außen und von innen. Der Unterschied zwischen Körper und Geist ist somit ein *„Wahrnehmungsartefakt"* (Solms, 2010: 71), das auf einer sinnvollen Überlebensstrategie beruht und gerade deshalb durch zwei *„Wahrnehmungsmodalitäten"* (ebd.) repräsentiert wird.

Das Leib-Seele-*Problem* wird unter diesem neuen Blickwinkel zur *Lösung* einer Überlebensanforderung: Der Körper-Geist-Dualismus wird umgewertet, vom (verfeindeten) Gegensatzpaar zur gemeinsamen sinnvollen Überlebensstrategie. Der „post-postmoderne" Gedanke wird real, *„Vernunft wird sinnlich"* (Marcuse, 1979: 180). Das macht die Frage, welche Seite die eigentlich-wirkliche ist, zu einer falschen Frage. Das Selbst als Körper und das Selbst der Selbstwahrnehmung existieren, weil sie beide in ihrem Zusammenspiel dem Überleben dienen.

Damasio verweist darauf, dass das Selbst immer einen *„Selbst-Prozess"* (Damasio, 2013: 20) meint. Für ihn gründet der von Solms beschriebene Doppelaspekt-Monismus in

> *„zwei Stadien der Evolution des Selbst, wobei das Selbst-als-Wissender seinen Ursprung im Selbst-als-Objekt hat. Im Alltagsleben entspricht jeder der beiden Begriffe einer Funktionsebene des bewussten Geistes; dabei ist das Selbst-als-Objekt in seinem Aufgabenspektrum einfacher als das Selbst-als-Wissende […] Man kann sich vorstellen, dass das Selbst-als-Subjekt-und-Wissender gewissermaßen oben auf das Selbst-als-Objekt aufgepfropft ist, wie eine zusätzliche Schicht neuronaler Prozesse, die eine neue Schicht geistiger Prozesse hervorbringt."* (ebd.)

Unser Geist ist als Sinnesapparat, motorischer Apparat und als psychischer Apparat mit Selbst-Prozessen aus der Evolution hervorgegangen und bleibt letztlich immer

---

80 Versucht man den Leib-Seele-Dualismus mit diesen zwei gleichwertigen Blickwinkeln zu überwinden, anstatt ihn künstlich weiter zu beschwören (und dann gegeneinander anzuklagen), dann braucht es auch keinen künstlichen Lückenfüller, keine rationalistisch heraufbeschworene vermittelnde Instanz, wie Gerhard Burda sie mit seiner *„medialen Psyche"* bzw. Seele erneut zu etablieren versucht (vgl. Burda, 2012).

„ein Gefangener des Körpers" (ebd.: 133)[81]. Und umgekehrt haben wir alle *„unseren Körper stets im Kopf: Er liefert uns einen Gefühlshintergrund"* (Damasio, 2013: 118), ein *„leibliches Hintergrundempfinden, das allem bewussten Erleben zugrunde liegt."* (Fuchs, 2013: 133).

Geistesprozesse (noch) ohne Selbst sind daher in der (allgemeinen und individuellen) Evolution früher vorhanden als die Selbst-Prozesse: Die Innenperspektive des Menschen, das Selbst-als-Wissender, ist eine evolutionär neue und fortschrittliche Art der *„Organisation geistiger Inhalte"* (Damasio, 2013: 22).

> *„In der Evolution der Säugetiere und insbesondere der Primaten wird der Geist immer komplexer, Gedächtnis und Vernunft weiten sich beträchtlich aus, und die Selbst-Prozesse erweitern ihre Spannbreite."* (Damasio, 2013: 38)

Die unterschiedlichen Wahrnehmungsweisen von uns selbst als Körper und Geist ergeben sich als besondere menschliche Variante der auf Homöostase ausgerichteten Lebensregulation (vgl. Damasio, 2005: 41 f.).

> *„Kurz, um das überaus heikle viszerale Gleichgewicht aufrechterhalten zu können, muss die innere Welt des Körpers adäquat mit der Außenwelt interagieren und dafür sorgen, dass ihre Bedürfnisse befriedigt werden. Ebendiese schwierige Aufgabe erfüllt das Gehirn."* (Solms, 2010: 34)

Diesem lebensweltlichen wissenschaftstheoretischen Grundsatz vom überlebenswichtigen Gleichgewicht zwischen Innen- und Außenwelt sind erkenntnistheoretisch alle neuronalen Prozesse, aber auch unser psychischer Apparat, unterzuordnen.

Wir haben einen nach außen gerichteten Wahrnehmungsapparat, der unseren eigenen Körper als physische Entität sieht und in einem inneren Wahrnehmungsapparat gründet, der uns selbst als Selbst und selbststeuernde mentale Entität erleben und leben lässt (vgl. Solms, 2010: 70 ff.). Diese Prozesse erschaffen den Protagonis-

---

81 *„Der Geist ist vorhanden, weil es den Körper gibt, der ihn mit Inhalt anfüllt."* (Damasio, 2005: 240) – und umgekehrt. Der in unserer heutigen Kultur mittlerweile zum Alltagsverständnis gehörenden Auffassung, dass wir viele Ichs wären, muss an dieser Stelle entschieden widersprochen werden: Wir sind nur ein Ich, da wir nur einen Körper als Ort unserer Existenz haben, der uns über unser eines Hirn ein einziges Selbst-Gefühl gibt. Es kann sich in den Hintergrund zurückziehen oder den Protagonisten spielen oder beides mischen, jedenfalls beim gesunden, erwachsenen Menschen (vgl. Damasio, 2013: 182). *„Das Wissen* [der Subjekt-Prozesse] *verknüpft den Kampf ums Dasein mit einem einheitlichen, identifizierbaren Organismus."* (ebd.: 187) *„Ein multiples Selbst und multiple Persönlichkeiten sind keine normalen Geisteszustände."* (ebd.: 205) Der *„Selbst-Sinn"* (ebd., 2005: 242) schafft das Empfinden *„zu einem einzigen Organismus zu gehören"* (ebd.). Dem berühmten Buchtitel von R. David Precht *Wer bin ich und wenn ja, wie viele?* wäre demnach entgegen zu halten: Ich bin und daher nur einer.

ten: Das Selbst nimmt die Erlebnisse in Besitz (vgl. Damasio, 2013: 276), es fokussiert den Geistesprozess (ebd.: 281).

> *„Das Wesen des Selbst besteht darin, dass der Geist sich auf den materiellen Organismus konzentriert, in dem er zu Hause ist. Wachzustand und Geist sind unverzichtbare Bestandteile des Bewusstseins, sein charakteristisches Element aber ist das Selbst."* (Damasio, 2013: 193)

So kann man der bisherigen Suche nach der zentralen Schaltstelle im Hirn entgegensetzen: Das ganze Hirn mit seinem intrinsisch-affektiven, aufsteigenden Bewusstsein ist die zentrale Schaltstelle. Es ist für seine selbstreflexiv Funktion von der Evolution entwickelt worden. Selbst und Ich als *„Feed-back-Schleife"* (Damasio, 2013: 20) mit *„Feed-forward-Funktion"* (ebd.) bekommen somit nicht nur ein solides biologisches Fundament, sondern werden zum Zentrum dieser neuen Auslegung der neuronalen Forschungsergebnisse.

Das Bewusstsein im Sinne einer Bewusstseinsmonade scheint an dieser Stelle von der Neurologie endlich als falsches Modell und Menschenbild überwunden. Descartes' zweifache *„Entleiblichung"* (Fuchs, 2013: 99), der Leib als Körperding und das transzendentale, abstrahierte, epiphänomenale Bewusstseins-Ich finden endlich zusammen. Und nun bekommt der Mensch auch wieder einen Lebensraum, ein Umfeld, in dem er zuallererst einmal sein darf – und nicht sein soll (vgl. Damasio, 2013: 36 f.).

> *„Tatsächlich braucht nur die Selbst-Komponente des Bewusstseins auszufallen, und schon ist die Lebensteuerung so empfindlich gestört, dass Betroffene in einen Abhängigkeitszustand geraten, der mit dem eines Kleinkindes vergleichbar ist."* (Damasio, 2005: 241)

Wir besitzen konkrete Wahrnehmungsbilder von beiden Manifestationen des Selbst. Wir müssen für eine Erweiterung unseres Wissens und den daraus resultierenden Vorteil (eine optimale Anpassung) die Daten aus beiden Beobachtungsperspektiven kombinieren, um den psychischen Phänomenen gerecht zu werden. Daher ist es notwendig, in allen Forschungsrichtungen, die Gehirn, Geist und psychischen Apparat betreffen, die beiden Blickwinkel zu berücksichtigen: Hirnprozesse und subjektive Prozesse gegenseitig zuzuordnen ist für den Menschen und seine Selbsterkenntnis von erheblichem Interesse. Man muss sie aufeinander abbilden, um sie ernsthaft *„miteinander aus zu söhnen"* (Solms, 2010: 304) – und nicht einfach nur nebeneinander stehen lassen, wie es Hirnforscher, aber auch Philosophen und andere Geisteswissenschaftler, bisher bevorzugten[82].

---

82 Damasio greift die Idee auf, unser bewusster menschlicher Geist sei *„teils Dokumentar- und teils Spielfilm"* (Damasio, 2013: 16). Insofern wäre die Neuropsychoanalyse ein Dokumentarspielfilm, d. h. dem gerade sehr aktuellen und zunehmend beliebten Genre-Mix vergleichbar, das entweder in Spielfilmen originale Realitätsaufnahmen vorkommen lässt oder den Inhalt von Dokumentarfilmen mit Spielszenen unterhaltsam verdeutlicht. Hierin zeigen sich beispielhaft das stete Miteinander von wissenschaftlichem Fortschritten und Lebens-Kultur und ihre gegenseitige Inspiration – im Gegensatz zur

Unser psychischer Apparat hat sich durch die Bedürfnisse des menschlichen Lebens entwickelt. Das Hirn ist letztlich „nur ein Organ" – auch wenn seine Zellen die Kommunikation als ihre spezielle Funktion ausüben und so der Gesamtplan durch die Umwelteinflüsse *dramatisch modifiziert wird*" (Solms, 2010: 25). Trotzdem: *„Es handelt sich um ganz gewöhnliche zelluläre Vorgänge"* (Solms, 2010: 48). Die Neurologie ist mittlerweile in der Lage, die physischen Korrelate, die diesen psychischen Phänomenen und emotionalen Regulationsmechanismen entsprechen, teilweise zu identifizieren (vgl. Damasio, 2013: 27): Emotionalen Erfahrungen werden durch neuronale Vorgänge Bedeutungen, Bewertungen zugeschrieben, und sie werden als solche abgespeichert. Dies ist zugleich allgemein biologisch und individuell psychologisch. *„Da sich die psychoanalytischen Generalisierungen* [des subjektiven Erlebens] *auf denselben Gegenstand beziehen wie die Generalisierungen der kognitiven Neurowissenschaften, kann man sie an diesen überprüfen"* (Solms, 2010: 306) – und gegenseitig einer höheren Stufe der wissenschaftlichen Darstellung der Welt zuführen. Hier trifft die Neuropsychoanalyse auf den ursprünglichen Wunsch Freuds, man möge eines Tages *„sich daran erinnern, dass alle unsere psychologischen Vorläufigkeiten einmal auf den Boden organischer Träger gestellt werden sollen."* (Freud, 1914c: 143 f.)

Als Neurologe geht Solms, genauso wie auch Freud, davon aus, dass es mit den Prozessen, die unseren Geist erzeugen, keinerlei mystische Bewandtnis hat. Als Psychoanalytiker ist er darüber hinaus von Folgendem überzeugt: *„Das individuelle Selbst aber, das uns so kostbar ist, und der Reichtum unseres inneren Lebens, sind mit den simplen Fakten der Neurotransmission nicht zu erklären."* (Solms, 2010: 48)

Die funktionelle Architektur unseres psychischen Apparats, seine frühkindliche Entwicklung und seine psycho-dynamischen Gesetze, die stets an der einhergehenden Behandlungsmethode überprüft werden, überwinden in der Neuropsychoanalyse die bisher völlig eingeschränkte Sicht der Kognitionsforscher: Neuronale Korrelate des Bewusstseins (Sprache, Gedächtnis etc.) haben keinen epistemologischen Sinn ohne ihre Einordnung in ein geltungslogisches Menschenbild.

4.2 Dynamische Lokalisation: Die Methode der Neuropsychoanalyse

Da die dynamische und virtuelle Natur der innerpsychischen Prozesse bisher von den neurowissenschaftlichen oder kognitionspsychologischen Untersuchungsmethoden nicht erfasst wurden, blieb ihr Modell vom Menschen so lebensfern (vgl. Solms, 2010: 96 f.).

---

propagierten naturwissenschaftlichen, aber auch konstruktivistischen Trennung verschiedener Systeme. Dass der Paradigmenwechsel hin zum Ganzheitlichen (nach 400 Jahren cartesianischer Trennung) nicht nur die Wissenschaft betrifft, sondern die ganze Lebenswelt (als Machtgebiet der Wissenschaft), wird an diesem Beispiel ebenfalls deutlich.

„Tatsächlich scheint die Existenz emotionaler Widerstände, welche die inneren Strukturen von Persönlichkeit, Motivation und Emotion versiegeln, der Grund zu sein, warum die neuronale Organisation dieses wichtigste aller funktionellen Systeme noch nicht systematisch mit neuropsychologischen Methoden untersucht wurde. Darin sehen wir den wissenschaftlichen Beitrag der Psychoanalyse für die Neurowissenschaften." (Solms, 2003: 63 f.)

Auch wenn schon länger allgemein anerkannt wird, dass der größte Teil der Reize und Informationen[83] vom Hirn unbewusst verarbeitet wird und Gefühle und das daraus hervorgehende „implizite Gedächtnis" einen großen Einfluss haben auf unser Verhalten, galt ein psychodynamisches Modell bisher als minderwertig, da es der (verhassten) Psychoanalyse zu artverwandt war.

„Nun, die Psychoanalyse gewährt uns Zugang zu den inneren Funktionsweisen des psychischen Apparats, die unter dem ‚objektiven' Blickwinkel nicht erforscht – ja, buchstäblich nicht gesehen – werden können. Gefühle sind unsichtbar, an ihrer Existenz aber ist nicht zu zweifeln. Sie sind ein Teil der Natur. Und als solcher beeinflussen sie die anderen Teile der Natur, einschließlich jener, die man ohne weiteres ansehen kann. Daher rührt die Kompliziertheit des Leib-Seele-Problems …" (Solms, 2010: 306)

Die Neuropsychoanalyse versucht dagegen, mit einer einzigartigen Methode die Beziehung zwischen Gehirn und Psyche anhand von psychoanalytischen Behandlungen an fokal-hirngeschädigten Patienten zu erfassen, und kann damit erstmals mit einer naturwissenschaftlichen Methode nachweisen, *„dass die Psychoanalyse auf soliden neurologischen Fundamenten beruht"* (Solms, 2010: 7). Dabei bleibt Solms davon überzeugt, dass kein Wissenschaftler jemals einen Gedanken in einem Stück Gewebe finden wird.

„Wir können lediglich versuchen, die gesetzmäßige Beziehung, die zwischen den zwei Endpunkten unseres Wissens [dem neurologischen und dem psychodynamischen] besteht, aufzuzeigen. Diese gesetzmäßige Beziehung drückt sich in Form der dynamischen Lokalisation aus. Die Existenz solcher Gesetze weist darauf hin, dass es zwei Perspektiven auf einen einheitlich zugrundeliegenden Prozess gibt." (Solms, 2003a: 244)

---

83 Fuchs weist zu Recht darauf hin, dass der Begriff der Information (genauso wie der Begriff der Repräsentation) ein schwieriger ist, da er als technischer Terminus die Intersubjektivität, Interpretation und Bedeutsamkeit im menschlichen Hirn, außen vor lässt. Da er sich jedoch als allzu gebräuchlich manifestiert hat, sollte man diese intersubjektiven Aspekte immer mitdenken, damit es nicht zum *„Homunkulus-Fehlschluss"* (Fuchs, 2013: 175) kommt. Denn allzugerne stellt sich wieder die Sichtweise ein, dass Hirn hätte ein „inneres Subjekt", das die Information und Repräsentation erst interpretieren muss. Doch jede Wahrnehmung ist selbst schon Selbst-Organisation: Der Mensch mit seinem Organ Hirn ist das Selbst.

Mit der Methode der *dynamischen Lokalisation*[84] versucht Solms eine Art Übersetzungsvorgang zwischen neuronalen Strukturen und psychischen Funktionen, indem Komponenten identifiziert werden, die in den komplexen interagierenden neuronalen Systemen mentale Funktionen generieren. Solms hat dafür mit seinem Team hirngeschädigte Patienten einer modifizierten, an ihre Fähigkeiten angepassten, psychoanalytischen Behandlung unterzogen. Läsionen an fokalem Hirngewebe, die bestimmte psychische Funktionsstörungen hervorbringen und ein verändertes dynamisch-psychologisches Verhalten der Patienten aufweisen, machen die psychischen Fähigkeiten dieser neuronalen Region und ihre Vorgänge erkennbar[85]. Die Methode ermöglicht eine Struktur-Funktions-Zuordnung, die eine zum Verständnis des Menschen sinnvolle Kausalität zwischen Gewebe und Sein herstellt: eine physisch-psychische Struktur-Funktion. Ziel der Methode ist, die innere Organisation der verschiedenen Selbstfunktionen zu erkennen, indem man feststellt, welche Teile des Gehirns als Grundbausteine daran beteiligt sind. Eine Plausibilisierung der Argumente für ein psychodynamisches, beziehungs-kontextabhängiges Strukturmodell ist die Folge. Durch diese Methode erhalten die bisherigen oberflächlichen Kognitionsfunktionsforschungen nun einen sinnvollen psychodynamischen Rahmen. Die bisher ignorierten unbewussten Strukturen und emotionalen Widerstände aus Scham, Schuld und Angst werden damit erfassbar.

Die psychoanalytische Behandlung hirngeschädigter Patienten legt auf besondere Weise die durch die Verletzung entstandenen Beeinträchtigungen interner psychischer Strukturen offen: In einer psychoanalytischen Behandlung, mit ihrer Methode der freien Assoziation und der zugrundeliegenden, den Patienten stützenden Beziehung zum Therapeuten, wird die mächtige Kraft der Widerstände durchbrochen. Tiefere Bedingungen des dynamischen Seelenlebens werden für das (reflexive) Bewusstsein erkennbar gemacht. Dabei wird die Lebenssituation des beeinträchtigten Patienten mitberücksichtigt. Diese hatte die Kognitionsforschung bei der Untersuchung solcher Patienten bisher immer vernachlässigt: Eine eindimensionale Eins-zu-eins-Zuweisung von neuronaler Beschädigung zur psychischen Funktion kann typischerweise den ganzen Menschen in seiner traumatischen Situation der Hirn-

---

84 Solms verweist auf den russischen Psychologen und Psychoanalytiker Aleksandr Romanovich Lurija als Erfinder dieser Methode. Ihr liegt die „*Symptomqualifikation*" und „*Syndromanalyse*" zugrunde (vgl. Solms, 2003a: 33 ff.; 2010: 78 ff.). Entgegen der Kritik, eine Leistungszuweisung würde nur zeigen, wie der nichtzerstörte Teil des Hirns arbeitet (und eventuell Funktionen des zerstörten übernimmt – vgl. Henningsen, 2000b: 103), findet bei Solms nicht eine mechanische Funktionszuordnung statt (wie es die akademische Psychologie betreibt), sondern eine psychodynamische, bedeutungshafte. Durch diese Methode wurde klar, dass Bewusstsein nicht in einer Region gebildet wird (s. u.)

85 Einer der ersten und berühmtesten Fälle der dynamischen Lokalisation bzw. Syndromanalyse (bevor diese als solche von Lurija benannt wurde) ist der Bahnarbeiter Phineas Gage, dem 1848 eine Explosion eine Eisenstange durch sein Frontalhirn trieb. Auch in den Weltkriegen wurden bei Hirnverletzungen schon Funktionszuordnungen versucht.

beschädigung und daraus entstehenden psychischen Belastungen gar nicht erfassen. Nur mit einem psychodynamischen Ansatz kann die psychologische Struktur des durch die Verletzung eingeschränkten geistigen Prozesses, des Selbst-Prozesses, und die neuronale Organisation gleichermaßen geklärt und geheilt werden.

Solms versucht durch die Sondierung der zugrundeliegenden Faktoren die Erkenntnislücke zu schließen, zwischen Gehirnvorgängen und Verhalten. Auf der Basis des psychoanalytischen Dreiinstanzenmodells und der darauf gründenden Phänomene von Übertragung, Verdrängung, Verschiebung und Verdichtung, aber auch der Traumphänomene, schlägt er eine Brücke zur Bewusstseinsforschung Damasios und Panksepps. Umgekehrt erhält die Psychoanalyse, mit ihrem Vorteil eines *„umfassenden konzeptuellen Rahmens"* (Solms, 2010: 58), durch die Neurowissenschaft eine andere, neue Form der *„Objektivität"* (ebd.) und hilfreiche *„Ankerpunkte"* (ebd.): Sie kann ihre Hypothesen an den gesicherten Ergebnissen der Neurowissenschaften überprüfen und wird dadurch auf eine *„solide klinische Grundlage"* (Solms, 2003a: 63) gestellt. Ihre Isolierung von den Fortschritten der physikalischen Forschung über unser Hirn wird damit aufgehoben. Sie profitiert hierbei nicht nur in ihrem wissenschaftlichen Ansehen und ihrer Schlüssigkeit, sondern auch bei der Schließung der Lücken in ihrer eigenen Theorie und in ihrer therapeutischen Wirksamkeit. Denn auch in den neuen psychoanalytischen Forschungen sollte der biologische Wert bzw. eine ökologische Sichtweise auf das Selbst, die Ich-Strukturen, die unbewussten Vorgänge und Konflikte als wissenschaftstheoretische Grundlage bzw. Metaebene nicht außer Acht gelassen werden:

> *„Biologischer Wert lenkt und färbt eigentlich fast alles, was sich in unserem sehr geistvollen, sehr bewussten Hirnen abspielt. Biologischer Wert hat den Rang einer Gesetzmäßigkeit."* (Damasio, 2013: 37)

Die Forschung zum Überlebensvorteil der bewussten Selbst-Werdung dient letztendlich dem Zweck und der Absicht, die Lebenssteuerung des menschlichen Körpers besser zu verstehen und durch Heilung nachhaltig zu stabilisieren. Hier gibt es zahlreiche konstruktive und weiterführende Überlegungen auch für die PTW, die über das psychoanalytische Modell viele Anknüpfungspunkte hat.

4.3 Aufsteigendes Bewusstsein als Bewertungssystem des Selbst

Eine Klärung der Begriffe Geist, Bewusstsein, Unbewusstes und Kognition[86] ist in dieser neuen interdisziplinären Forschung der Neuropsychoanalyse dringend gebo-

---

86 Der Begriff der Kognition wurde vom Forschungsteam um Howard Gardner (1985) erstmals als ungelöstes Problem der philosophischen Erkenntnistheorie definiert, das mit naturwissenschaftlichen Methoden gelöst werden sollte. Seine neurobiologisch-experimentelle Definition prägt auch den Großteil deutschsprachiger Psychologen, greift aber aufgrund der aktuellen Erkenntnisse über das Bewusstsein (s. u.) viel zu kurz. Er

ten – fällt aber wegen der jahrzehntelangen Verwendung dieser Begriffe ohne genaue Abgrenzung voneinander sehr schwer. Aufgrund verschiedener kulturgeschichtlich-philosophischer Diskurse und immer noch mangelnder neurologischer Funktionskenntnisse der Hirnregionen, Verschaltungen und der ihnen zugeschriebenen Fähigkeiten wird eine allgemeingültige Klärung wohl auch nicht so bald erfolgen (zumal sie von Deutungshoheits- und Machtansprüchen im Wissenschaftsbetrieb immer wieder boykottiert werden). So werden in den aktuellen neurologischen Beschreibungen zahlreiche Ergänzungen zu den ursprünglichen Begriffen verwendet, um deutlich zu machen, welche Prozesse genau beschrieben und mit Qualitäten versehen werden – leider wiederum von jedem der führenden Neurowissenschaftler auf eigene Art und Weise. Es ist auf lange Sicht aber unumgänglich, die nachgewiesenen elektrisch-neuronalen und biochemisch-hormonellen Vorgänge in Hirn und Körper in allgemeinverständliche Begriffe zu fassen, einem reflektierten Menschenbild zuzuordnen und ihre Wertigkeit deutlich zu machen.

Dass der Geist nicht mit dem Bewusstsein übereinstimmt, ist lange von den Kognitionswissenschaftlern übersehen oder bestritten worden. Dabei war gleichzeitig bekannt, dass unsere kognitiven Fähigkeiten auch ohne bewusste Wahrnehmung (z. B. bei einer Verletzung im Frontalhirnbereich) zumeist erhalten bleiben. Geist und Bewusstsein sind nicht identisch, unser psychisches Leben ist zu 95% unbewusst (vgl. Solms, 2010: 9)[87]: Es besteht zum allergrößten Teil aus unbewussten neuronalen Vorgängen, die über gelernte, abgespeicherte Erfahrungen einen Ausgleich zwischen der aktuellen Körpersituation und der Umwelt automatisieren (vgl. Damasio, 2013: 295; Solms, 2013: 17).

> „Nicht der Reiz als solcher wirkt, sondern der aktive Organismus erfasst und interpretiert den Reiz als Anlass zu einer möglichen Handlung. […] Die Wahrnehmung ruft also immer die Interaktionsschemata mit auf, die durch frühere Erfahrungen mit dem Objekt gebildet wurden." (Fuchs, 2013: 146 f.)

Eine der entscheidenden Neuerungen der aktuellen Hirnforschung ist die Erkenntnis, dass eine genaue Unterscheidung von Unbewusstem und Bewusstsein, im bisherigen klinisch-psychologischen Verwendungssinn, sich nicht mehr halten lässt – was auch die bisherigen Schwierigkeiten bei der Begriffsverwendung erklärt. Geklärt werden können diese Differenzen und Ungenauigkeiten, wenn man der Frage nachgeht: Wie dient Bewusstes und Unbewusstes dem Überleben?

Die überlebenssichernde Aufgabe des Körperorgans Hirn besteht also darin, durch Interaktion mit der Umwelt das diffizile Gleichgewicht aufrechtzuerhalten, zwischen der inneren Welt des Körperzustandes und der Außenwelt, um Bedürfnisse adäquat zu befriedigen (vgl. Solms, 2010: 120; Damasio, 2013: 37). Dazu ist

---

muss m. E. dynamisiert werden, indem man ihn im Kontext des sensomotorischen, zielgerichteten Umwelt-Handlungszusammenhangs eines Körper-Gehirns definiert.

87 Andere Autoren weisen dagegen 90% der „mental verarbeiteten Informationsmenge" (Fischer, 2008: 336) als unbewusst aus.

das Nervengewebe als spezielles Zellgewebe mit seinen Neuronen als reizbare Zellen ausgestattet. Die Einzigartigkeit der Neuronen begründet Damasio mit ihrer Fähigkeit

> *„elektrochemische Signale zu erzeugen und auf diesem Weg den Zustand anderer Zellen zu verändern. […] Neuronen sind dazu in der Lage, weil sie einen elektrischen Strom erzeugen und diesen an ihrem röhrenförmigen, als Axon bezeichneten Fortsatz entlangleiten […]. Kommt der elektrische Strom an der Synapse – der Spitze des Axons – an, sorgt er dort für Ausschüttung von Transmittermolekülen, die ihrerseits auf die nächste Zelle in der Kette wirken. Handelt es sich bei dieser zweiten Zelle um eine Muskelfaser, ist eine Bewegung die Folge.“* (Damasio, 2013: 49)

In diesem Vorgang liegt also der tiefste und zutiefst biologische Ausgangspunkt aller unserer kulturellen Leistungen und damit auch der Definition von Willensfreiheit und die Frage: Könnten wir anders handeln, wenn wir wollten? Dabei ist der Wille immer nur als körperlicher Wille zu denken – auch in Bezug auf seine Freiheit bzw. die Selbstbestimmung. Die Antwort auf diese Frage wird bestimmt von der Fähigkeit der Neuronen, 1. auf die Veränderungen in der Umgebung zu reagieren, 2. Informationen zu vermitteln (durch Nervenimpulse) und 3. zu lernen, begründet in den weitverzweigten Nervenverknüpfungen der Synapsen (vgl. Solms, 2010: 26 ff.; vgl. Kandel u. a., 2000). Das Gehirn kartiert/speichert auf diese Weise die Außenwelt durch die Vermittlung des Körpers (vgl. Solms, 2010: 38 f.; Damasio, 2013: 50, 75 ff., 101 ff.): Es bringt *„den Körper in den Geist“* (ebd.: 102). Es bringt aber gleichzeitig auch die inneren Zustände des Körpers in ein Zusammenspiel mit den äußeren Begebenheiten. Die sich zunehmend manifestierende Körperrepräsentation wird später zum wichtigen Teil des Selbst-Bildes (vgl. Henningsen, 2000b: 108).

> *„Das dem Gehirn die Schaffung neuronaler Muster gelingt, welche die als Bilder erlebten Dinge kartiert, ist natürlich ein wichtiger Bestandteil des Bewusstwerdungsprozesses.“* (Damasio, 2013: 22)

Der Geist kann seine Informationen nur über den Körper beziehen. Auch unser Bewusstsein ist damit ein zutiefst körperliches.

> *„Wir können uns den inneren Aspekt des Bewusstseins gleichsam als die Seite vorstellen, auf der die Niederschrift äußerer Wahrnehmung erfolgt. Die Beziehung zwischen den beiden Aspekten des Bewusstseins – den Wahrnehmungsobjekten und dem Subjekt der Wahrnehmung – ist zugleich dasjenige, was die Bestandteile der Wahrnehmung miteinander verbindet; Objekte werden immer von einem erlebenden Subjekt wahrgenommen. […] Vor allem werden die phänomenalen Zustände des Körpers-als-Subjekt ‚affektiv‘ erlebt. Affekte sind Zustände des Subjekts, die vermutlich die biologische Wertigkeit der sich ständig verändernden inneren Bedingungen (z. B. Hunger, sexuelle Erregung) repräsentieren. Wenn die inneren Gegebenheiten das Überleben und den Fortpflanzungserfolg begünstigen, fühlen sie sich ‚gut‘ an, wenn nicht, fühlen sie sich ‚schlecht‘ an. Ebendies ist Sinn und Zweck unserer Bewusstseinszustände. Bewusste Gefühle sagen dem Subjekt, wie gut es seine Sache macht. Auf*

der Ebene des Gehirns hängt das Bewusstsein folglich eng mit der Homöostase zusammen."
(Solms, 2013: 994 f.)

Der Geist entsteht also durch Schaltkreise in den gitterartigen neuronalen Netzwer-
ken, die Muster bzw. Karten bzw. Bilder ergeben und aufgrund von Dingen, inneren
Zuständen und Ereignissen gebildet werden[88].

Das Neuronen-Netzwerk in seiner erfahrungsabhängigen Plastizität erschafft vor
allem einen virtuellen Körper (vgl. Damasio, 2013: 50), auf dessen Grundlage das
Selbst als Wahrnehmung einer selbstbestimmenden Instanz entsteht (vgl. ebd.: 103).

> *„Der Geist erwächst aus der Aktivität kleiner Schaltkreise in großen Netzwerken, die so or-
> ganisiert wird, dass sich kurzfristig Muster ergeben. Diese Muster repräsentieren Dinge und
> Ereignisse, die sich außerhalb des Gehirns, entweder im Körper oder in der Außenwelt be-
> finden; manche Muster bilden aber offenbar auch die Verarbeitung anderer Muster im Ge-
> hirn selbst ab. Alle diese Abbildungsmuster werden als Karten (im Sinne von Landkarten)
> bezeichnet. […] Kurz gesagt kartiert das Gehirn sowohl seine Umwelt als auch seine eige-
> ne Tätigkeit. Solche Karten erleben wir in unserem Geist als Bilder".* (Damasio, 2013: 29 f.)

Wir erleben diese Bilder immer verbunden mit den bewertenden Gefühlen, d. h.
Freude/Belohnung oder Schmerz/Bestrafung.

> *„Gefühle übersetzen die jeweilige Lebens- und Körperverfassung in die Sprache des Geistes.
> […] Spielarten von Lust und Schmerz sind ein ständiger Teil der Wahrnehmung, die wir Ge-
> fühle nennen."* (Damasio, 2005: 103 f.; vgl. 148).

Insofern ist ein Gefühl ein „Wohl- oder Unwohl-Denken". Der Körperzustand beim
Betrachten eines Objekts ist der Objekt-Gefühlszustand, der sich dynamisch verändert. Und dies findet bei allen Objekten (konkreten oder vorgestellten) statt (vgl.
ebd.: 107 ff.). Sie basieren auf sensorischen Kartierungen, neuronalen Mustern, die
wir als gefühlte Bilder erleben – als gerade erlebte oder als erinnerte. Denn *„der Geist
ist eine raffiniert fließende Kombination aus tatsächlichen und erinnerten Bildern in
sich ständig wandelnden Proportionen."* (Damasio, 2013: 82) Diese existieren als Hintergrund und beeinflussen von dort aus als Automatismen unser Handeln (vgl. Damasio, 2013: 83 f.) – wenn sie uns nicht sogar eine Stufe höher als Bewusstseinsinhalte reflexiv zugänglich werden. Grundsätzlich gilt: Je größer und komplexer die

---

88 Mittlerweile ist nachgewiesen, dass bestimmte Aktivitätsmuster in den Sinneszentren
    der menschlichen Hirnrinde eindeutig bestimmten Objektkategorien entsprechen (vgl.
    Damasio, 2013: 81). Aus mikroskopisch kleinen Schaltkreisen (Protophänomenen) ent-
    stehen im Verbund dann die Karten (vgl. ebd.: 266). Das Hirn kann aber auch Karten
    vom Vorgang der Kartierung anlegen. Doch an dem entscheidenden Punkt *„wie aus
    neuronalen Mustern Vorstellungsbilder werden, klafft eine riesige Lücke"* (ebd., 2005: 230)
    der Erkenntnis. An genau diesem Punkt entsteht der Doppelaspekt-Monismus: Vor-
    stellungsbilder sind *„biologische Prozesse"* (ebd.); ihre lebensweltliche Stofflichkeit wird
    nicht in Abrede gestellt.

Neuronennetzwerke bei einem Lebewesen sind, umso mehr nehmen Kognition und Gefühl zu. Es handelt sich dabei um eine „*Umfangserweiterung des Geistes mit Gefühlen.*" (Damasio, 2013: 32)

Wegen der Sprachfähigkeit des Menschen kann er die gefühlten Bilder mit Namen und Begriffen versehen (vgl. Damasio, 2013: 61 f.)[89]. Auf dieser Grundlage werden vor jeder Handlung die wahrscheinlichen Folgen und der Bedürfnis-Befriedigungs-Vorteil erwogen. Das geschieht zum größten Teil unbewusst (im Sinn von nicht-reflexiv-bewusst).

Durch diese unzähligen Erfahrungen bauen wir in unserer psychischen und biologischen Entwicklung allmählich ein System von Bildern/neuronalen Aktivitäts-Muster/Karten auf: vom Zustand und Umfang unseres Körpers und den Erfahrungen mit den Dingen der Außenwelt. Dies geschieht zusammen mit den neuronalen Verschaltungen unseres Hirngewebes – bis hin zur Kartierung eines Selbst, als Bewusstsein von uns als lebendem Körper (vgl. Damasio, 2013: 50).

Also: Nur durch das Vorhandensein eines zentralen Steuerungssystems, als bewusster Wahrnehmung vom eigenen Körper in der Umwelt, kommt es zu dem Phänomen, das bisher gemeinhin als Bewusstsein bezeichnet wurde (Damasio, 2013: 28 ff.).

> „*Manche neuronalen Muster sind gleichzeitig Bilder. Erzeugen dann andere neuronale Muster ein ausreichend reichhaltiges Selbst-Prozess-Objekt, können die Bilder bekannt werden. Wird aber kein Selbst erzeugt, sind die Bilder dennoch da; allerdings weiß dann niemand innerhalb oder außerhalb des Organismus von ihrer Existenz.*" (Damasio, 2013: 27 f.)

Das bewusste Selbst ist also das übergeordnete Gerüst für die Makro- und Mikroereignisse im menschlichen, körperlichen Hirn. „*Ebendiese Tatsache, dass Sie in einem singulären Körper existieren, bindet und vereinheitlicht das Bewusstsein.*" (Solms, 2010: 90). Doch dieses verkörperlichte Bewusstsein (Embodiment, Minding the body – vgl. Solms, 2013: 991; Fuchs, 2013: 134), das als Wissender von sich selbst das Selbst ausmacht, ist nicht an- oder ausgeschaltet bzw. in Teilen der neuronalen Prozesse da oder weg: Es baut sich aufsteigend auf, von den evolutionär älteren Hirnstrukturen (Hirnstamm) zu den jüngeren (Kortex) (vgl. Damasio, 2013: 34, 87; Solms, 2010: 101 ff.; 2014: 1027); es besteht aus Bewusstsein und somit aus Gefühlswahrnehmungen, die das aufsteigende Bewusstsein ausmachen; es ist mit den abgespeicherten (kartierten) Gefühlserfahrungen der Vergangenheit untrennbar verbunden.

Unser Bewusstsein über äußere Dinge gründet also *immer* im Bewusstsein, das unsere Innenwelt zum Inhalt hat (vgl. Solms, 2010: 6, 44, 90; Damasio, 2013: 102). Diese Rückkopplung dient der Funktion der Selbst-Kontrolle, Bewertung, Regulierung der Aktivität. Auch unsere bewusste höhere Selbstwahrnehmung ist demnach „nur" eine Vorstellung von uns selbst als Anpassungsstrategie in unserer Umwelt:

---

89 Diese Tatsache ist meiner Meinung nach wichtig für den Vorgang des Durcharbeitens in der Psychoanalyse (s. u.).

Hinter dem Bewusstsein und dem Selbst steht grundsätzlich unser biologischer Körper, der mithilfe seines Anpassungsorgans Gehirn überleben will und Leben weitergeben will (vgl. Damasio, 2013: 116).

Zahlreiche Prozesse und Inhalte, die zu diesem Zweck geschehen, entziehen sich unserem reflexiven Bewusstseinsinhalt (als höchster Stufe des aufsteigenden Bewusstseins). Daher missverstehen wir aus gutem Grund oft unsere eigenen eigentlichen Motive, Erinnerungen und Einstellungen.

Bewusstsein ist also nach dem aktuellen Wissensstand ein vom Hirnstamm zur kortikalen Zone *„aufsteigendes retikuläres Aktivierungssystem"* (Solms, 2010: 102) bzw. ein *„erweitertes retikuläres und thalamisches Aktivierungssystem"* (ebd.), das keine genauen Abgrenzungen zulässt (vgl. Damasio, 2013: 259)[90]. Damit wird die Suche nach einem zentralen Steuerungssegment im Hirn, dem als bewusstes Ich ein freier Wille zugeordnet werden könnte, hinfällig.

In seinem aktuellen Buch *Selbst ist der Mensch/Self comes to Mind* (2013/2010) weist Damasio überzeugend nach, dass das menschliche Gehirn seinem Besitzer erlaubt, sich selbst in seiner Umgebung zu erfassen und bewusst seine Situation, über die Gegenwart hinaus, zu abstrahieren. Es erlaubt uns zu planen, sprachlich zu verhandeln und unseren Überlebensvorteil auf diese Weise zu verbessern. Vor diesem Hintergrund, hat der menschliche Geist gerade *„durch vielfältige Selbst-Prozesse das Bewusstsein erlangt."* (Damasio, 2013: 256) Denn

> *„wenn der Geist bewusst werden soll, muss im Gehirn ein Wissender erzeugt werden, ganz gleich, welchen Namen – Selbst, Erlebender, Protagonist – wir ihm geben. Wenn es dem Gehirn gelingt, in den Geist einen Wissenden einzuschleusen, ist Subjektivität die Folge."* (Damasio, 2013: 22)

Damasio betont den bewussten menschlichen Geist als Ausgangspunkt *„zu einer grundlegenden Veränderung der Spielregeln"* (ebd., 2013: 60) in der Evolution:

---

90 *„Der Hypothalamus gibt diese Informationen* [des vegetativen Nervensystems als System, das die selbst-regulierenden Aspekte des Körpers kontrolliert] *an eine Reihe anderer Strukturen, die über das limbische System und das übrige Gehirn verbreitet sind, weiter. Auf diese Weise wird der augenblickliche Zustand des Körpers zu den in der Außenwelt wahrgenommenen Objekten in Beziehung gesetzt, und diese Verbindungen (die für das Überleben von ausschlaggebender Bedeutung sind) werden im Gedächtnis gespeichert. [...] Die Wahrnehmung viszeraler Informationen wird bewusst als Gefühl und (durch Assoziationen) als Erinnerung erlebt."* (Solms, 2010: 44). Das Bewusstsein ist also keineswegs, wie bisher angenommen, ein kortikales Produkt. Unbewusst und bewusst lassen sich nur im Rahmen dieses vom Hirnstamm aufsteigenden Systems, das den Output der Hirn-Nuclei weit ins Vorderhirn sendet, definieren. Fallen die kortikalen Strukturen z. B. durch Verletzung aus, bleibt das Kernbewusstsein/Hintergrundbewusstsein bestehen; wird der Hirnstamm verletzt, finden dagegen keinerlei Bewusstseinsprozesse mehr statt.

„Das Bewusstsein hat die Anpassungsfähigkeit verbessert und seinen Nutznießer in die Lage versetzt, neuartige Lösungen für die Probleme von Leben und Überleben zu schaffen […] Hinter dem unvollkommenen, aber bewundernswerten Gebäude, das Kulturen und Zivilisationen für uns aufgebaut haben, bleibt die Lebenssteuerung das grundlegende Thema, mit dem wir uns auseinandersetzen müssen." (Damasio, 2013: 70 f.).

Es geht nicht mehr nur um das bloße Überleben, die Instandhaltung des lebenden Gewebes. Es geht darum, den *„idealen Homöostasebereich"* (ebd.) zu erfassen, zu erreichen und zu erhalten (als eine optimale Verwaltung des Lebens). Dieser drückt sich in unserem Gefühl des *„Wohlbefindens"* (ebd., 2005: 226; vgl. ebd., 2013: 59, 70) aus.

An anderer Stelle bezeichnet Damasio das Bewusstsein auch als Mittel für ein *„lebenswertes Leben"* (ebd.: 42). Dadurch wird klar, dass der Begriff des Wohlbefindens signifikante Bedeutungsinhalte braucht, um etwas auszusagen. Die Homöostase als Überlebensstrategie, repräsentiert im Gefühl des Wohlbefindens, wird somit zum systemischen Integrativ einer psychodynamischen Neurologie.

Die Speicherung der für das Wohlbefinden/idealen Homöostase notwendigen Abläufe dient der Voraussage und der Prognose zukünftiger Zustände (vgl. ebd., 2013: 61, 65). *„Diese Nutzeffekte haben im Wesentlichen mit Planung und gezieltem Handeln zu tun."* (ebd., 2013: 282) In dieser Betrachtungsweise wird Kultur zum sichtbaren Zeichen der *„biologischen Revolution"* (ebd.: 302), Bewusstsein zu einer erweiterten Lebenssteuerung.

„Jeder unserer bewussten Momente wird durch unbewusste Vorgänge geprägt, die sich aus einer persönlichen und biologischen Vergangenheit herleiten, von der wir zumeist gar nichts ahnen. Ererbte Erinnerungen bestimmen die Form der basisemotionalen Steuerungssysteme. Die guten und die schlechten Objekte machen die Inhalte dieser Systeme aus". (Solms, 2010: 290 f.)

Diese kontextabhängigen Dynamisierung des Selbstbegriffs der Hirnforscher Damasio und Solms ist auf den Selbstbegriff der modernen Psychoanalyse (vgl. OPD) und der PTW (vgl. Fischer, 2008: 47) abbildbar. Beide stehen auf der Grundlage eines dynamisierten, erfahrungsgeprägten Strukturniveaus (vermittelt durch die Bindungsforschung). Das Bewusstsein ist Selbst-Prozess, basierend auf den unbewussten bisherigen Erfahrungen des „körper-selbstigen" Menschen. Sie sind immer untrennbar mit bewertenden Gefühlen verbunden, und neue Erfahrungen werden durch wertende Gefühle abgespeichert und in abrufbare Erinnerungen gewandelt (vgl. Damasio, 2013: 33). Denn Gefühle sind als Teil des Bewusstseins *„das Barometer des Lebensmanagements"* (Damasio, 2013: 67).

„Wie sollten Sie ohne Ihr Bewusstsein wissen, was Sie fühlen? Das ist die Funktion Ihres Bewusstseins. […] Sie bewertet. Sie sagt uns, ob etwas gut oder schlecht ist; und sie tut dies, indem sie bewirkt, dass sich Dinge gut oder schlecht (oder mittelmäßig) anfühlen." (Solms, 2010: 106)

Und dieses gefühlte Bewusstsein geht von den Hirnstammkernen aus, deren Strukturen gleichzeitig das emotionserzeugende und das bewusstseinserzeugende System erstellen.

> „Während die Kerne im Hirnstamm die Gefühle auf einer grundlegenden Ebene gewährleisten, liefern die Inselrinden eine differenziertere Form dieser Gefühle, und – was am wichtigsten ist – sie können die Gefühle zu anderen Aspekten der Kognition (die auf andere Aktivitäten in anderen Gehirnregionen zurückgehen) in Beziehung setzen." (Damasio, 2013: 91; vgl. 130 ff.).

Im Inneren verursachen die Gefühle Hormonausschüttung, Herz-, Atem- und Gefäßveränderung. Im Äußeren bewirken sie Gesichtsausdrücke und andere motorische Abfuhrprozesse. Die Verbindung von Gefühl und Bewusstsein ist also weit älter als das menschliche reflexive Bewusstsein, das Neurologie (aber auch Philosophie) als einziges Bewusstsein bisher kannte und beachtete. Gerade das Nichtvorhandensein einer genauen Grenze zwischen Bewusstsein (auch reflexivem Bewusstsein), Unbewusstem, Gefühlen, Erinnerungen und menschlichen Selbst-Prozessen (als Selbstwahrnehmung, Selbsteinschätzung des Körpers in seiner Umwelt und Zeit) ist also von entscheidender Bedeutung.

Die Ebenen des emotional-bewusstwerdenden Selbst werden von Damasio und Solms aufsteigend unterteilt in:

1. „*Protoselbst*" (Damasio, 2013: 31 f., 34, 193, 202 f.)/„*primäres SELF*"/„*fundamentales Ich*" (Solms, 2010: 125)
2. „*Kern-Selbst*" (Damasio, 2013: 180, 194, 214 ff.)[91]
3. „*autobiographisches Selbst*" (Solms, 2010: 112; Damasio, 2013: 22, 32 ff., 169 ff., 181, 194)[92].

Entsprechend den Prozessen des aufsteigenden Bewusstseins werden ihnen die emotionalen Bewusstseinsebenen zugeordnet:

---

[91] „*Veränderungen im Protoselbst* [durch die Verbindung mit den Ereignissen] *setzen augenblicklich die Schaffung des Kern-Selbst in Gang. Das erste Glied in dieser Kette ist die Umwandlung des ursprünglichen Gefühls, die zu einem Gefühl führt, das Objekt zu kennen.*" (Damasio, 2013: 215) Dieser Vorgang „*erzeugt im Geist den Eindruck, dass es einen Protagonisten gibt, dem bestimmte Dinge zustoßen, und dieser Protagonist ist das materielle Ich.*" (ebd.: 216) Damasio nennt das Kern-Selbst deshalb auch „*Protagonisten-Schwelle*". (ebd.: 214) Durch intersubjektive Regulation entsteht ein Sich-Empfinden. Hier kann man eine deutliche Parallele sehen zu Sterns Kern-Selbst-Begriff, der sowohl die Intersubjektivität der Objektbeziehungstheorie nach Winnicott und Klein, aber auch die Selbst-Psychologie nach Kohut in seine Definition mit einbezieht (vgl. Stern, 1992: 16)

[92] „*Das Selbst tritt in Form von Bildern in den Geist ein, die unermüdlich eine Geschichte solcher Beschäftigung* [als objektbezogenes, gefühltes Kern-Selbst] *erzählen.*" (Damasio, 2013: 216)

1. *„Basisemotionen"* (Solms, 2010: 126)/*„ursprüngliche Gefühle"* (Damasio, 2013: 113)[93].

2. *„Kern-Bewusstsein"*/*„Hintergrundbewusstsein"* (Damasio, 2013: 180; vgl. Solms, 2010: 108)[94] mit den *„Hintergrundemotionen"* (Damasio, 2005: 55 ff.)[95].

3. *„Autobiographisches Bewusstsein"* (Damasio, 2013: 195)[96] mit seinen reflexiven *„Bewusstseinsinhalten"* (Solms, 2010: 101)[97] als *„erweitertes Bewusstsein"* (Solms, 2010: 110; vgl. Damasio, 2013: 180) mit den Gefühlen des autobiographischen Selbst (Damasio, 2005: 38).

Durch den Entstehungs- und individuellen Entwicklungsprozess des Bewusstseins wird deutlich, woher seine Verwobenheit mit allen Hirnprozessen kommt: Im Hirn-

---

93 Sie werden auch als *„spontane Spiegelbilder des Zustandes unseres lebenden Körpers"* (Damasio, 2013: 113) beschrieben, als universale Affektreaktionen *„mit festem biologischem Wert"* (Solms, 2013: 995). Es sind also Verknüpfungen zwischen biologisch signifikanten äußeren Situationen und darauf folgenden subjektiven (überlebenswichtigen) Reaktionen. Sie sind somit angeborene Karten/Muster/Bilder, die direkt gefühlt werden am Beginn jeden Bewusstseinsaufbaus: Sie liegen allen anderen Gefühlen zugrunde, begleiten alle anderen Bilder/Muster und gehen vom Hirnstamm aus – haben aber auch Bestandteile von Rindenfeldern-Aktivität. Sie stellen das *„stabile Gerüst"* (Damasio, 2013: 202 ff.), die *„biologische Verankerung"* (ebd.) als chemische Mischung des *„Angst- und Glückszustands"* (ebd.) für das Selbst.

94 Im Hintergrundbewusstsein wird auch ein Teil der Körper-Prozesse in Form unseres Befindlichkeits-Gefühls bewusst gemacht (Damasio, 2005: 151). Es erfordert keine Sprache und geht der Sprache doch notwendig voraus (ebd., 2013: 184). Das Hintergrundbewusstsein wird vormals von vielen Autoren als „implizites Gedächtnis" bezeichnet (siehe: Fonagy, Stern). Der alte Begriff des Unter-Bewusstseins hat diese aktuelle Erkenntnis vom aufsteigenden Bewusstsein quasi schon begrifflich vorausgenommen.

95 Es sind *„mehrere gleichzeitig ablaufende Regulationsprozesse"* (Damasio, 2005: 64), die sich zu unserer *„Befindlichkeit"* (ebd.) bzw. *„bestimmten Stimmung"* (ebd.) zusammensetzen, auf der Grundlage von homöostatischen Anpassungen und Antrieben.

96 Es ist Bewusstsein im eigentlichen Sinn des Wortes. Es unterteilt sein Wissen in Kategorien, Symbole (z. B. rekursive Sprache) und wird durch Phantasie und Vernunft manipuliert. Es findet in den Aktivitäten der frühen Rindenfelder (Großhirnrinde) und im oberen Hirnstamm statt, dessen Signale über den Thalamus auf das weite Gebiet der äußeren Hirnrinde verteilt werden: Hirnrinde und Hirnstamm sind *„vollständig gegenseitig abhängig."* (Damasio, 2013: 264)

97 *„Die Inhalte des Bewusstseins repräsentieren Veränderungen in den kortikalen Zonen, die sich aus äußeren Wahrnehmungsmodalitäten herleiten, während der Bewusstseinszustand Veränderungen der Situation unseres Körperinneren repräsentiert."* (Solms, 2010: 105) Darüber hinaus ist aber auch zu beachten, *„dass diese Strukturen nicht nur Informationen wahrnehmen, die sich aus der äußeren beziehungsweise inneren Welt herleiten, sondern dass sie auf diese Informationen auch einwirken und dadurch ihre Quellen modifizieren."* (ebd.) Für Damasio entsteht diese Form des Bewusstseins *„wenn zum Geist eine Selbst-Funktion hinzukommt"* als einen *„erdachten Protagonisten für unsere geistigen Vorgänge"* (Damasio, 2013: 178).

stamm/Hypothalamus liegen die „Nuclei der Affektbildung"[98], die unsere Basisemotionen mit universaler Signifikanz verursachen: Universal-biologische Situationen haben in der Evolution angeborene motorische Reaktionen erschaffen, d. h. sie sind in den Genen festgesetzte *„Ur-Erfahrungen"* (Damasio, 2013: 336).

Der Ursprung von Bewusstsein und Selbst, das in diesem basisemotions-erzeugenden System liegt, bezeichnet Damasio als Protoselbst, das in seiner Körperlichkeit im Hirnstamm (direkt oberhalb der Hirnstamm-Nuclei) angesiedelt ist, zur Steuerung der vegetativen Funktionen[99]. *„Unser psychischer Apparat beginnt da, wo diese Systeme enden."* (Solms, 2010: 287) – wobei der genaue Übergang eben nicht abgrenzend zu definieren ist.

Unsere Psyche basiert also auf den angeborenen, universal signifikanten Basisemotionen (ursprüngliche Gefühle) als evolutionäre Bewegkräfte bzw. Steuerungssysteme. Sie sind als der *„Aktivierungstonus"* (ebd.) unseres Gehirns zu verstehen, im Ausdruck von: Ich existiere, ich fühle mich so und so, ich habe diese oder jene Bedürfnisse. Damasio bezeichnet sie auch als *„Körperkartierungsstrukturen"* (Damasio, 2013: 32) und *„erste Bilder"* (ebd.), die *„unmittelbare Ausdrucksform der Empfindungsfähigkeit"* (ebd.: 34) sind.

Es wird überzeugend deutlich, dass die Basis des bewussten Geistes mit diesen aktuellen Erkenntnissen aus der Neurologie zu etwas ganz anderem geworden ist, als der bewusste Geist, von dem man bisher gesprochen hat: Bewusstsein und Unbewusstes lassen sich nicht weiter künstlich trennen oder getrennt untersuchen, als hätten sie eigentlich nichts miteinander zu tun oder wären zwei verschiedene geistige Prinzipien.

Der Ursprung des basisemotions-erzeugenden Systems[100] und die Ausgangs-Strukturen des Hintergrund-Bewusstseins sind identisch: Es sind Bilder vom gefühlten

---

98 Es sind nach Panksepp der Hypothalamus, das ventro-tegmentale Areal, die parabrachialen Kerne, das periaquäduktale Grau, die Raphe-Kerne, der gesamte Komplex des Nucleus locus coeruleus und die klassische retikuläre Formation. Sie produzieren auch alle wichtigen Neurotransmitter und Hormone (vgl. Panksepp, 1998). Damasio schränkt dagegen den physischen Ort der grundlegenden Affektbildung auf den Nucleus tractatus solitarius und den Nucleus parabrachialis ein.

99 Diese sind Herzschlag, Atmung, Verdauung etc. Sie sind auch dem verlängerten Rückenmark (Medulla oblongata) zuzuordnen. Hier wird deutlich, dass das Hirn vom restlichen Körper nicht getrennt werden darf, da die Übergänge körperlich/mental fließend sind.

100 Sie liegen im periaquäduktalen Grau (PAG). Seine säulenartigen zerebralen Aquädukte, im unteren PAG, erzeugen lustvolle Empfindungen, die im oberen PAG unlustvolle. Dieser evolutionärer älteste Teil des Hirns ist mit seinen Schaltkreisen für das Leben unverzichtbar: Sie haben im Hirn überdauert (wie alle anderen Funktionen auch), weil sie sich bewährt haben. Das beweist auch, dass die Strukturen zur bewertenden, gefühlten Bewusstseinsbildung im neurologischen Sinn nicht dem Menschen vorbehalten sind. Dadurch wird m. E. deutlich, dass die herkömmliche Definition des Menschen als alleiniges Bewusstseinswesen überholt ist und durch ein Verständnis vom Menschen

Objekt, beginnend mit den frühen Beziehungs-Objekten des fühlenden Protoselbst. Das Protoselbst wird durch die Erfahrungen mit den Beziehungs-Objekten dann ständig verändert – das Bewusstsein wächst heran.

Die Beziehungs-Objekte kalibrieren somit die Lust- und Unlustgrade (d. h. Belohnung und Bestrafung als biologischen Wert) zur Verwaltung und Sicherung des Lebens. Alle Säugetiere – und allen voran der Mensch – können deshalb Emotionen als Urform eines Bewusstseinszustands körperlich ausdrücken. *„Daher definieren die Basisemotionen ein Set gemeinsamer biologischer Bewertungen, die uns alle im Kampf mit den Aufgaben des Lebens vereinen."* (Solms, 2010: 128) Sie sind unser *„Lebens-Antrieb-Bewertungs-System"* (vgl. Damasio, 2013: 37 f.).

Der Neurobiologe und Psychologe Jaak Panksepp gilt als Pionier und Referenz in der aktuellen Bewusstseinsforschung, da er als erster die basisemotionalen Steuerungssysteme als solche definiert hat. Er benennt sie als primäres *„SELF"* bzw. *„simple Ego-like Life Form"* (Panksepp, 1998: 187, 235), als das *„fundamentale Ich"* (Solms, 2010: 112). Es ist das geistige Fundament für die weiteren komplexeren Repräsentationen des Bewusstseins/Selbst, aufsteigend bis zum autobiographischen Selbst; es ist die Schnittstelle des körperlich-geistigen Erlebens. Eine „präreflexive Selbstvertrautheit" des Menschen – mitsamt seiner affektiven Qualität – ist also die Basis aller Reflexion und Selbsterkenntnis (vgl. Fuchs, 2013: 54).

Panksepp bezeichnet die Basisemotionen aufgrund ihrer überlebensbestimmenden Aktivität auch als *„e-motions"* (Panksepp, 1998: 187), als *„evolutionäre Bewegkräfte"* (Solms, 2010: 127). Er unterscheidet vier *„basisemotionale Steuerungssysteme"* (Solms, 2010: 128): *Suche* (Befriedigungssystem), *Wut, Furcht* (Erstarren), *Panik* (Trennungsschmerz)[101]. Diese vier Basisemotionen sind der Ausgangspunkt aller körperlichen Vorgänge und ihrer geistigen (unbewussten und bewussten) Repräsentanten, aller motorischen Abfuhrprozesse (Motivation/Impuls/Bewegung/Handlung), Hormonausschüttungen, Herz- und Atemfrequenzveränderung, Emotionen und Gefühle etc.

Besonders das *Such*-System ist auf Freuds Triebbegriff abbildbar, als

„Grenzbegriff zwischen Seelischem und Somatischem, als psychischer Repräsentant der aus dem Körperinneren stammenden, in die Seele gelangenden Reize, als das Maß der Ar-

---

als einzigartigem selbstzentrierten Trieb-Hemmer und Zukunfts-Planer ersetzt werden sollte.

101 Engl. *seeking, rage, fear, panic.* An anderer Stelle zählt Solms auch noch Pflege und Fürsorge und Raufen und Balgen zu den Basisemotionen (vgl. Solms, 2013: 995). Wir haben dieses System, diese Hirnschaltkreise, mit allen anderen Säugetieren gemein. Durch die Zugabe von charakteristischen chemischen Botenstoffen (Hormonen) oder elektrischen Stimulationen können gezielt Körperreaktionen im Sinne der e-motions bei anderen (Säuge-)Tieren entsprechend absichtlich erzeugt werden. Die Bandbreite menschlicher Affekte und ihre Darstellung gehen aber weit über die tierischen hinaus.

beitsanforderung, die dem Seelischen infolge seines Zusammenhangs mit dem Körperlichen auferlegt ist" (Freud, 1915a: 214).

Basisemotionen sind angeborene Dispositionen, determinierte Reaktionsmodi, „Triebkomponenten menschlichen Verhaltens" (Kernberg, 1996: 291), die als Körpererfahrungen durch Objektbeziehungen aktiviert werden. Auch dass wir Objekte nicht neutral, sondern immer „im Kontext von möglichen Handlungen und Bedeutsamkeit" (Fuchs, 2013: 146) erfassen, wird in diesem Triebbegriff als Such-Kognition deutlich. Und noch darüber hinaus dient alle Kognition dann nicht mehr der (inneren) Modellierung der Welt; sie ist kein kodierter Zustand der Informationsverarbeitung, sondern Such-Trieb. Denken (bewusst und unbewusst) ist immer schon sensomotorische Koppelung bzw. praktischer Umgang „des Lebewesens mit seiner Umwelt." (Fuchs, 2013: 149)

Das Such-System als Überlebenssystem erfährt mit der Geburt eine neue Form an Interaktion mit der Umwelt: Fuchs verweist hierbei auf den entscheidenden Moment der „Neunmonatsrevolution" (Fuchs, 2013: 209) in der Entwicklung des Kindes, bei der ab diesem Moment „die primären, biologisch angelegten Gefühlsreaktionen mehr und mehr von sekundären Gefühlen überformt, sozialisiert werden" (ebd.). Durch Identifikation mit anderen (die nach der Geburt als intentionale Akteure erlebt werden) und das Erfassen von Ziel, Zweck und Mittel einer Handlung, lernt sich das Kind „immer mehr als intentionales, wollendes, Ziel verfolgendes Wesen kennen" (ebd.: 210): Kind und Umwelt werden vom Kind als „Akteure im gemeinsamen sozialen Raum" (ebd.) erfahren[102].

Dies ist der entscheidende ontogenetische Schritt für die besondere Position der menschlichen Persönlichkeit in der Welt. Der aktive Wille ist m. E. demnach ein dem sozialen Wesen Mensch „system-immanenter Entwicklungsschritt", der der Sprache weit vorausgeht: Intention/Telos/Suchen/Streben/Wille ist in der Erfassung vom Sinngehalt der Handlungen, dem „Leibverhalten im sozialen Raum", immer schon Teil des menschlichen Lebens. Ihm ist auch der salutogenetische „Wille zur Heilung" zuzuordnen (siehe Kapitel 3).

„Ich bin Leben, das leben will, inmitten von Leben, das leben will." (Schweitzer, 1966: 21). Das war Albert Schweitzers Antwort auf die Frage nach seinem Lebenswerk (jenseits einer transzendentalphilosophischen Normenbegründung). Das ständige Drängen bzw. die begehrende psychische Energie und grundlegende Lebens- und Bedürfnismotivation – das große X des Lebens – vereint an dieser Stelle

---

102 „Die Zeigegeste ist der Ursprung geteilter Bedeutung und damit des Zeichens – des Gebildes, das für etwas anderes steht, es repräsentiert bzw. für das Gemeinte transparent wird." (Fuchs, 2013: 212) Zeigen, Zeichen, Sprache ist eine Entwicklung von der direkten leiblichen Geste zur höheren Form der sinngebenden akustischen Geste: Sprache. Die Broca-Region (als aktives Sprachzentrum) fällt zusammen mit den Hauptarealen der Spiegelregionen im inferioren prämotorischen Kortex und verweist darauf, dass Sprache „ursprünglich ein interpersonelles Resonanzsystem für Handlungsentwürfe darstellt." (ebd.: 213)

auch Neurologie und Psychoanalyse. Und sie macht klar, dass dem Lebenswillen als Grundlage jedes Willen nur Qualitäten und Quantitäten zugeordnet werden können – und seine Existenz nicht sinnvoll in Frage gestellt werden kann.

Das *Such*-System ist in der Beschreibung von Damasio als solches erst einmal objektlos und unabhängig von Gedächtnissystemen (die die Repräsentationen der gesuchten und erfahrenen Objekte stellen). Diese hypothetische Feststellung des Neurowissenschaftlers Damasio, jenseits einer empirisch möglichen Nachweisbarkeit, ist, genauso wie der Triebbegriff Freuds, ein rein theoretisches Konstrukt, auf der alle weiteren anthropologischen Definitionen und Bedeutungszuweisungen basieren.

Denn in der Realität kann das *Such*-System nur aus den realen Interaktionen zwischen dem Körper-Selbst und den Objekten wissen, was es sucht (vgl. Solms, 2010: 133). Genauso kann der Trieb nur an einem realen Ziel seiner Bedürfnisbefriedigung erfahrbar und beobachtbar werden.

> *„Die Postulierung einer biologischen Fundierung schließt keineswegs aus, dass Freud den Trieb – im Unterschied zum Instinkt – als eine psychische Aktivität konzeptualisierte, die im Verlauf der Sozialisation eine spezifische Ausprägung erfährt. Freilich macht sich der Trieb auch als ein körperliches Geschehen bemerkbar."* (Mertens, 2007: 115)

Such-System und Triebbegriff haben also dieselbe wissenschaftstheoretische Wertigkeit. Ihre darauf aufbauenden psychodynamischen Modelle der geistigen Prozesse ähneln sich ebenfalls. Es gibt nicht länger irgendeinen logischen Grund, die Psychoanalyse von Seiten der Neurologie abwertend zu behandeln (außer den des Narzissmus, der aber auch nur von der Psychoanalyse wissenschaftlich erfasst werden kann).

Damasio geht in seinem neuesten Buch dezidiert darauf ein. Er definiert das *Such*-System als Teil des theoretisch-voranstehenden Protoselbst wie folgt:

> *„Ich bin aber zu dem Schluss gelangt, dass dieser Prozess nur dann funktionieren kann, wenn der Hirnstammanteil des Protoselbst ein elementares Gefühl erzeugt, eine Art Urgefühl, das von allen mit dem Organismus interagierenden Objekten unabhängig ist und damit das Protoselbst abwandeln."* (Damasio, 2013: 34; vgl. 336)

Diese *„urtümliche Daseinsempfindung, die ganz von allein aus dem Protoselbst erwächst"* (Damasio, 2013: 34), ist für Damasio

> *„ein spontanes Produkt des Protoselbst. Theoretisch kommen ursprüngliche Gefühle unabhängig davon vor, ob das Protoselbst mit Objekten und Ereignissen, die sich außerhalb des Gehirns befinden, in Wechselwirkung steht."* (ebd.)

Dabei verweist Damasio auf den Gedanken, dass der Lebenswille der einzelnen Zellen, insbesondere der spezialisierten, sensorischen, erregbaren Neuronen, in immer größeren Zusammenschaltungen zu einer Art „Protogefühl" (ebd.: 271) führt, als Grundlage des Urgefühls von Leben.[103]

Dagegen ist das reale Erleben der Basisemotionen (als Interaktion mit der Welt) schon im Bereich des Kern-Selbst (eine Stufe über dem Protoselbst) angesiedelt: Das Protoselbst verändert sich durch die erste Interaktion mit dem Objekt (vgl. ebd.: 36). Der Organismus wird aber (vorher) im Protoselbst mit seinen „*relativ stabilen Aspekten*" repräsentiert (vgl. ebd.: 193 f.). Es ist daher – vor der ersten Erfahrung – eine Daseins-/Lebenswahrnehmung.

> „*Es ist ein Gefühl, dass mein eigener Körper existiert; es ist unabhängig von irgendwelchen Objekten, mit denen es interagieren könnte, vorhanden und bestätigt wortlos und unbeirrbar, dass ich am Leben bin.*" (ebd.: 198)

Als entscheidendes Element des Selbst-Prozesses siedelt Damasio das Protoselbst im „*Bereich zwischen Lust und Schmerz*" (ebd.) an, mit eindeutiger Qualität/Valenz.

Sein Selbstbegriff setzt sich also aus drei Stufen zusammen – und nicht nur aus zwei (in der Protoselbst und Kern-Selbst zusammenfallen als Einheit neben dem autobiographisch-reflexiven Selbst):

> „*Der erste Schritt ist die Erzeugung der ursprünglichen Gefühle, jener urtümlichen Daseinsempfindung, die ganz von allein aus dem Protoselbst erwächst. Als Nächstes kommt das Kern-Selbst hinzu. Das Kern-Selbst handelt von Taten – insbesondere von einer Beziehung zwischen Organismus und Objekt. Es entfaltet sich in einer Abfolge von Bildern: Diese beschreiben, wie das Objekt das Protoselbst beschäftigt und es – einschließlich der ursprünglichen Gefühle – abwandelt. Und schließlich gibt es noch das autobiographische Selbst. Dieses Selbst definiert sich unter dem Gesichtspunkt autobiographischen Wissens, das sich sowohl auf die Vergangenheit als auch auf die vorhersehbare Zukunft bezieht. Die vielen Bilder, die in ihrer Gesamtheit eine Biographie definieren, erzeugen Pulse des Kern-Selbst, die in ihrer Summe ein autobiographisches Selbst ausmachen.*" (Damasio, 2013: 34)

Solms kritisiert daran:

> „*Das Such-System selbst scheint nicht zu wissen, was es sucht. (Im psychoanalytischen Jargon würde man sagen, dass es objektlos sei.) Es wird offenbar durch jeden beliebigen Auslöser auf dieselbe Art und Weise angeschaltet und sucht, sobald es aktiviert wurde, auf unspezifische Art und Weise nach etwas. Es scheint lediglich zu wissen, dass sich dieses Etwas, das es haben möchte, da draußen befindet. […] Der Operationsmodus des Such-Systems ist daher ohne Bezug auf die Gedächtnissysteme, mit denen es aufs engste verbunden ist, nicht zu begreifen.*" (Solms, 2010: 133)

---

103 Das Protoselbst veranschlagt er daher auch nur in den zwei Kernen Nucleus tractatus solitarius und Nucleus parabrachialis – und nicht mit dem PAG oder den tieferen Schichten des Colliculi superiores. Eine Überaktivität des *Such*-Systems als reale Überaktivität dieser Kerne verursacht Schizophrenie und (in der Vorstufe) das Gefühl, bestimmte äußere Dinge hätten eine besondere Bedeutung (Paranoia); Kokain und Amphetamine verursachen eine künstlich Stimulierung des *Such*-Systems.

Denn:

> *„Erlebte Erinnerung bestimmen die Form der basisemotionalen Steuerungssysteme. Die guten und schlechten Objekte machen den Inhalt dieser Systeme aus."* (Solms, 2010: 290 f.)

Diese Kritik ähnelt stark den Kritiken an der Psychoanalyse durch die Neurologie und andere Naturwissenschaften, die den Trieb immer für eine unbegründete Annahme hielten. *Such*-Energie hat jedes Lebewesen, als Urerfahrung von: Suche und überlebe. Doch wie will man begründen, dass es Leben gibt, das schon jenseits der ersten Erfahrung seiner selbst leben *will*? Hier liegt wohl die einzige zeitlose transzendentale Erkenntnis vor, die der Mensch erkennen kann. Sie aber rein theoretisch fassen zu wollen, birgt die Gefahr der Metaphysik und damit der narzisstisch-wissenschaftlichen Selbstüberhöhung. Dieser Vorwurf kann Freuds Triebbegriff genauso gemacht werden wie Damasios Protoselbst.

Panksepp hat mit dieser Begriffswahl vom *simple Ego* schon 1998 deutlich gemacht, wie schwer die Trennung Bewusstsein und Unbewusstes, genauso wie Ich und Es, nunmehr zu halten ist. Damasio bezeichnet das Protoselbst daher auch als *„materielles Ich"* (Damasio, 2013: 34 f., 215), im Gegensatz zum *„sozialen Ich"* (ebd.) und *„spirituellen Ich"*(ebd.), die er den höheren Stufen des Selbst zuordnet.

Solms ist hier lange ungenau (vgl. Solms, 2010: 112, 125). Erst mit seinem neuen Aufsatz *The conscious Id/Das bewusste Es* (2011/2013) werden diese Ungenauigkeiten endgültig aufgelöst: Bewusstsein findet ohne den *Such*-Trieb des Hirnstamms nicht statt. Rindenfelder und Hirnstamm erzeugen im ständigen Austausch Bewusstsein auf verschiedenen Stufen (sowohl Bottom-up, als auch Top-down): Solms ordnet das aufsteigende Bewusstsein (aus Basisemotionen, Kern-Selbst) also dem *„Zustand des Es"* (Solms, 2010: 112) zu. Somit wird die klare Trennung von unbewusst und bewusst aufgehoben. Das Es lässt sich vom Ich nur in der Selbstwahrnehmung klar unterscheiden: Selbst als Körper, d. h. Objekt unter Objekten, ist das Ich; Selbst als innerer Selbst-Zustand (jenseits der Reflexion) entspricht dem Freudschen Es (vgl. Solms, 2013: 1015). Und das System Ubw (System Unbewusst) ist nach Solms nur der Teil des Es, der das Verdrängte beinhaltet (vgl. Solms, 2013: 1017). Sonst ist das Es „hintergrundsgewahr" als Selbst-Erfassung. Umgekehrt ist das Ich in sich selbst unbewusst und erhält sein Bewusstsein aufsteigend vom Es (vgl. Mertens, 2014a: 149).

Während Freud 1915 die dynamisch-verdrängten Inhalte noch völlig als unbewusst ausgemacht hatte, ja sogar deshalb den Nachweis des Unbewussten erstellte (vgl. Freud, 1915: 210 ff.), bekommt in *Das Ich und das Es* das Unbewusste dann *„vieldeutige Qualitäten"* (Freud, 1923: 244). Aus ihnen lassen sich Gesetzmäßigkeiten des Unbewussten (Ubw) schließen, die weit über das Verdrängte hinausgehen: neben dem Vorbewussten (Vb als deskriptives Unbewusstes, das wieder erinnert werden kann), sind diese auch die Abwehr-Qualitäten des Ich und die Verbote aus dem Über-Ich (die als dynamisches Unbewusstes nur durch die Überwindung der Abwehr wieder bewusstseinsfähig werden).

Freuds Konzeption des Unbewussten ist also seit 1923 nicht mehr gleichzusetzen mit verdrängten Inhalten. Er beschreibt auch das Bewusste (Bw) als nicht mehr zuständig für die Verdrängung. Das exekutive Ich bzw. Über-Ich übernimmt jetzt diese Aufgabe (vgl. Freud, 1923: 257 ff.). Die einfache Unterteilung von Bewusstsein (System Bw) und Unbewusstem (System Ubw) wird in diesem neuen Entwurf des Dreiinstanzenmodells fallen gelassen, indem Freud feststellte, dass die theoretische Unterteilung, in System Ubw einerseits und System Vbw und Bw andererseits, durch die Praxis nicht zu halten ist. Das Bewusstsein ist nun keine psychische Instanz mehr, sondern ein qualitatives Merkmal. Die neue Instanz des Ich bekommt, als entscheidendes Merkmal, nicht mehr die Bewusstseinsfähigkeit (denn nur der kleinste Teil des Ich ist bewusst und kann durch die Redekur der Psychoanalyse auch nur ein Stück weit vergrößert werden). Das Ich ist seit 1923 in Freuds Theorie ausgezeichnet durch seine Hemmungsfunktion. Das Ich wird damit dem Es gegenübergestellt, mit seinen unbewussten Trieben, Triebkonflikten und daraus hervorgehenden Verdrängungen. Somit stimmen nunmehr Es und System Ubw auch nicht mehr überein: System Ubw enthält jetzt das Verdrängte, wohingegen das Es darüber hinaus auch Triebe und Wünsche enthält (vgl. Solms 2013: 1016 ff.). Doch eigentlich muss nun ein Teil des Es, nämlich der Teil, der aus Verdrängtem besteht, einmal bewusst gewesen sein, denn: *„Bewusst werden kann nur das, was schon einmal bw Wahrnehmung war."* (Freud, 1923: 247).

Freud wusste von der Körperlichkeit, Es-Haftigkeit des Ich, das sich als Körper immer auch selbst als Objekt repräsentiert: *„Das Ich ist vor allem ein körperliches, es ist nicht nur Oberflächenwesen, sondern selbst Projektion der Oberfläche."* (Freud, 1923: 253) Dem berühmten Satz: *„Wo Es war, soll Ich werden"* (ebd.), kann man ebenfalls schon einen aufsteigenden Charakter zuweisen, der aber bei Freud immer eine klare Grenze zwischen „Bewusstsein als Gewusstem" und „Unbewusstem als Verdrängten" manifestiert.

Ich und Es konnten also im Dreiinstanzenmodell von Freud ab 1923 nicht mehr den Qualitäten bewusst und unbewusst zugeordnet werden, die sie davor noch hatten (vgl. Freud, 1915b: 285 ff.). Sie verschwimmen nun weiter zu einer Einheit, die keine horizontalen Grenzen mehr aufweist, sondern vertikale aufsteigende Qualitäten. Sein präferiertes Lustprinzip konnte schwerlich nur dem Es zugehören, wenn seine erlebten Erfahrungen doch nur über das Ich verdrängt werden können (vgl. Freud, 1940). Warum können Affekte unbewusst sein, obwohl sie einmal bewusst erlebt worden sein müssen? Und wie sollte man die zugehörigen Affekte dem Bewusstsein völlig entziehen? (vgl. Freud, 1923: 247; vgl. Solms, 2013: 17) Denn: *„Das Es gehorcht dem unerbittlichen Lustprinzip."* (Freud, 1940: 128). Doch gleichzeitig kann dieses Lustprinzip eben auch dem Ich bewusst bekannt sein. Denn in Freuds psychoanalytischer Theorie und in seinem Krankheitsverständnis war das Lustprinzip bekanntermaßen vor allem bestimmt durch sexuelle Lust (verboten und uneingestanden) und den daraus hervorgehenden Konflikten und Verdrängungen.

Freud selbst hat die konzeptuellen Probleme des Unbewussten im Zusammenhang mit dem Verdrängten nicht mehr lösen können (vgl. Sandler u. a., 2003). Durch Solms' Zuweisungen lösen sich diese Konflikte der psychoanalytischen Theorie und Praxis, die durch Freuds scharfe Unterteilung (in cartesianischer Tradition) entstanden sind.

Befreit man das Lustprinzip aus der Lebenswelt der Wiener Jahrhundertwende und legt den damit einhergehenden *„kortikozentrischen Trugschluss"* (Solms, 2013: 998) eines reinen Bewusstseins der Hirnrinde ebenfalls ab, gleicht das Freudsche Lust-Belohnungs-Verständnis sich dem unteren Ende des aufsteigenden Bewusstseins Damasios an: dem basisemotionalen Grund-Systems von Suchen und Befriedigungserfahrung. *„Schon an der Wurzel des Bewusstseins liegen somit die homöostatischen Regulationsprozesse, die sich zwischen Körper und Gehirn abspielen"* (Fuchs, 2013: 137). Sie sind in Lust- und Unlusterfahrungen für uns bewusst und unbewusst erlebbar. Im Abwehrvorgang bleiben diese Inhalte dann *„ahnungsbewusst"* (Deneke, 2007: 86).[104] Es wird klar, warum unbewusste Lust- und Unlust-Empfindungen das Ich auch in seiner bewussten Handlungsmacht bestimmen (vgl. Freud, 1915c: 276).[105]

Doch wie wird das Lebens-Prinzip in seinen Selbst-Erhalt im aufsteigenden Bewusstsein des Menschen weiter organisiert?

Hat ein spezifischer Bedürfnisdetektor angeschlagen, weil die sensible Homöostase nicht mehr im Normalbereich liegt, wird gesucht, was aus persönlicher Erfahrung (im Bereich des Kern-Selbst) als suchenswert gelernt wurde. Das *„Lust-Subsystem"* (Solms, 2010: 133; vgl. Panksepp, 1998) wird über Belohnung als Lernsystem mit positiver Verstärkung und Speicherung im Gedächtnissystem erweitert. Befriedigungsgefühle werden dann erzeugt, die das Appetenzverhalten ausschalten (vgl. Solms, 2010: 137)[106].

Solms bezeichnet diesen, von Freud als Primärprozess benannten Vorgang, als ungehemmten *„unfreiwilligen Prozess"* (Solms, 2003a: 251). Dass wir suchen müssen, leben wollen und dabei Erfahrungen machen, die unsere weiteren Suchaktionen durch ihre Wertigkeit bestimmen, ist uns also „fremdbestimmt" von der Natur bzw. dem Lebensprinzip vorgegeben.

---

104 Das „Ahnungsbewusste" ist hier ein versöhnlicher Vorschlag des Psycho-Somatikers Friedrich W. Deneke an die Neurologie: Eine dritte Qualität zwischen bewusst und unbewusst/kernbewusst (vgl. Deneke, 2007). Es besteht aus flüchtigen Erinnerungsfragmenten, emotionalen Gestimmtheiten, Gedankenfetzen, verschwommenen Phantasien, Körperempfindungen, Selbst- und Sinnfragen zu Beziehungen, Träumen etc., die noch in Arbeit sind. Als solches ist es Freuds Vorbewussten vergleichbar.

105 Auch die Gleichsetzung von „triebhaft" mit „männlich" oder „phallisch", die Freud oft zum Vorwurf gemacht wird, ist damit irrelevant.

106 Instinktive Verhaltensmuster und Reflexprogramme werden automatisch freigesetzt, sobald man auf das Befriedigungs-Objekt trifft (z. B. Picken, Saugen, Schlucken etc.). Es gibt auch Lust-Zentren im basalen Vorderhirn, die dem Hirnstamm-SELF vermitteln, wenn Befriedigungsobjekte zur Verfügung stehen.

Nach Solms können Quellen der Erregung genauso miteinander verschmelzen wie Formen der Erregung, so dass Freuds Aussage von der lockeren Binding von Affektbeträgen an Ideen, Instinkte oder Objekte (bei der Verschiebung oder Verdichtung als Formen der Ersatzbindung) hier ein neurologisches Korrelat finden.

Als primitiver Mechanismus unterliegt dieser Vorgang mannigfachen Einflüssen höherer kognitiver Vorgänge. Doch ihnen allen ist (vergleichbar den frühen Entwürfen von Freuds Lustprinzip) die übergeordnete Suche nach Stimulation dieses überlebenswichtigen Belohnungszentrums gemein[107]: Ein Baby internalisiert seine Betreuungspersonen über die Maßnahmen, die diese Bezugspersonen ausüben, zur Bedürfnisbefriedigung seines *Such*-Systems – bis es über diese gelernten Maßnahmen sich selbst zu versorgen (stimulieren) weiß. Über diesen biologisch-neuronalen Vorgang bekommen die ersten Bezugspersonen ihren herausragenden körperlich-psychischen Stellenwert.

> *„Der Mensch bedarf […] wie kein anderes Lebewesen seiner Artgenossen, um seine Anlagen zu Vermögen zu entfalten. Nirgendwo im Tierreich sind die Nachkommen beim Erlernen dessen, was für ihr Leben wichtig ist, über einen so langen Zeitraum auf die Fürsorge, Unterstützung und Unterrichtung durch die Eltern angewiesen. Keine andere Spezies kommt aber auch mit einem so plastischen und formbaren Gehirn zur Welt wie der Mensch. Seine neurobiologischen Anlagen sind zu einem hohen Anteil ,offene Schleifen', die der komplementären Ergänzung durch die emotionalen, sozialen und intellektuellen Kompetenzen der Bezugspersonen bedürfen […]".* (Fuchs, 2013: 220)

Und:

> *„Frühe Befriedigungserfahrungen bilden Schablonen, an denen sich unser Verständnis des Lebens orientiert; wie das Kind lernen wird, seine eigenen Bedürfnisse zu erkennen und sie in der Welt zu befriedigen, hängt aufs Engste mit der Qualität der frühen elterlichen Betreuung zusammen."* (Solms, 2010: 136).

Diese Schablonen bzw. Symmetrien bzw. Symbolisierungen (in der Affektspiegelung als erster Schritt der Mentalisierung und reflexiven Kompetenz) bestimmen alle weiteren Interaktionsformen des Menschen (vgl. Mertens, 2007: 145 f.; Solms, 2010: 34).

---

107 Die biochemischen Substanzen des Systems sind die Endorphine. Drogensucht erzeugt demnach Pseudo-Appetenzverhalten und Pseudo-Befriedigungsverhalten, da die Droge keinen sinnvollen biologischen Zweck erfüllt – auch keinen, der durch anfänglichen Befriedigungsaufschub sich in einen erweiterten Befriedigungszustand zu einem späteren Zeitpunkt erfüllt. Das Such- und Lust-System gewöhnt sich an diese Drogen, so dass immer größere Mühen auf sich genommen und alle anderen Bedürfnisse mit einer gesunden Befriedigungserfahrung extrem vernachlässigt werden, um die extreme Belohnungswirkung durch die Droge zu erzeugen (vgl. Solms, 2010: 135 f.). Führt man diese Erkenntnis weiter, kann man m. E. zu folgendem Schluss kommen: Narzisstische Störungen, die die Objektbesetzung in die eigene, primitiv-narzisstische Besetzung zurückziehen, können einen vergleichbaren Effekt ergeben wie die Drogeneinnahme. Statt Belohnung und Befriedigung vom (frustrierenden) Objekt wird hier eine Pseudobefriedigung vollzogen.

Die grundsätzliche Motivation der Schmerzvermeidung ist ebenfalls eine (biologische) Basisemotion des *Such*-Systems, die uns – als Negativ der Lustsuche – lernen lässt, was schmerzhaft ist in unserer realen Umgebung.

> *„Wenn Wahrnehmungskarten des Körpers den Organismus effizienter dazu veranlassen, Schmerzen zu meiden und Lust zu suchen, sollten sie sich nicht nur wie etwas anfühlen, sondern sie müssen sich sogar wie etwas anfühlen. Die neuronale Konstruktion von Schmerz- und Lustzuständen müsste in der Evolution schon frühzeitig entstanden sein und für ihren weiteren Verlauf eine entscheidende Rolle gespielt haben."* (Damasio, 2013: 272; vgl. Solms: 2010: 120 ff.)

Schmerzgefühle führen ebenfalls zur negativen Verstärkung der Lernerfahrung (z. B. bei Trennung von Schutzpersonen – vgl. Solms, 2010: 146).

Werden unsere Bedürfnisse dauerhaft nicht befriedigt, schalten sich die anderen drei basisemotionalen Steuerungssysteme als *„negative emotionale Steuerungssysteme"* (Solms, 2010: 140; vgl. Panksepp, 1998: 312 f.) ein, die aber – im Gegensatz zum *Such*-System – normalerweise nur gelegentlich motiviert werden und dann auf das *Such*-System einwirken. Sie beruhen auf biologisch unerwünschten Erfahrungen und sind in der Amygdala zentriert.

Bei Frustrationszuständen, durch dauerhafte Vereitelung zielgerichteten Verhaltens, ist zum einen *Wut* (d. h. Ärger-Wut, auf niedrigem Niveau: Gereiztheit) eine mögliche Reaktion[108]. Dazu kommen die *Furcht*-Angst und die *Panik*-Angst.[109] Dieses Verlassenheits-Panik-System steht im direkten Zusammenhang mit den sozialen Bindungen. Im Hypothalamus werden die Frustrationsgefühle erzeugt und vom Kern-Selbst wahrgenommen, das dann motorische Programme in Gang setzt (vgl. Solms, 2010: 141; Kernberg, 2001: 63).

---

108 Bei Tieren gibt es darüber hinaus noch die *„kalte Aggression"* (Solms, 2010: 138) des Beutejagdverhaltens.

109 Eine Fehlfunktion der Regulierung des basis-emotionalen *Such*-Systems kann auch zu schizophrenen oder auch depressiven Erkrankungen führen. Angststörungen/Phobien gehen auf Fehlfunktionen der Regulierungen des *Furcht*-Systems zurück. (Die Verbindung mit dem Gefahrenstimulus wird prinzipiell extrem schnell hergestellt auf der Grundlage einer schnellen ungenauen Verarbeitungsbahn von der Amygdala zum PAG, oft schon nach einer Begegnung.) Eine Fehlregulierung des *Panik*-Systems ist dagegen Grundlage für Autismus und Asperger-Syndrom. Die Entwicklung und Ausformung dieser Störungen hängt also von der Entwicklung der Regulierung dieser Systeme ab, die wiederum sehr früh von der Umwelt geformt werden. Das *Panik*-System scheint die psychoanalytische Erkenntnis, dass Panikattacken, Trennungsangst und Depressionen zusammenhängen, neurologisch zu bestätigen. Die Neurochemie dieses Systems gründet in den endogenen Opioiden. Leider wird bisher von der Neuropsychoanalyse nicht erklärt, *wie* aus Frust Autoaggression entsteht bzw. es durch emotionale Konflikte zur Depression kommt.

Diese basisemotionalen Systeme werden besonders geprägt durch die frühkindlichen (meist mütterlichen) Bindungs- und Bedürfnisbefriedigungs-Erfahrungen[110].

> *„So kann es keinen Zweifel mehr daran geben, dass der Mensch von klein auf ein affektives, soziales Wesen ist, das für sein Gedeihen eine soziale Gruppe benötigt und auf versorgende und schutzgebende Objekte angewiesen ist. Starre Instinktsysteme wurden im Verlauf der Evolution durch das flexiblere Affektsystem abgelöst.“* (Mertens, 2007: 129)

Und: Da unser Wahrnehmungssystem sich immer auf die emotional gewerteten Informationen aus vorangegangenen Erfahrungen bezieht und auf dieser Grundlage die aktuelle Situation für die eigene Person, das eigene Selbst auswertet, bekommen die grundlegenden Welt- und Selbst-Erfahrungen der ersten Lebensjahre eine enorme Tragweite für alle zukünftigen Einschätzungen von Erfahrungen.

Diese gelernten, neuronal schnellverknüpften Reaktionen der basisemotionalen Systeme im Kern-Selbst können nach den ersten Lebensjahren nie wieder aufgelöst werden: Es kann kein Eintrag eines lebensbedrohlichen Objekts oder einer unheilvollen Situation in das *Furcht*-System-Verzeichnis rückgängig gemacht werden. Solms nennt sie bei pathologischen Verhaltensweisen *„fehlangepasst“* (Solms, 2010: 150). Doch ist es möglich, Einfluss zu nehmen auf das *„willkürliche Verhalten“* (Solms, 2010: 151), das daraus entsteht: Durch zunehmende Ich-Strukturen im heranreifenden Stirnlappen können die negativen Emotions-Systeme des limbischen Systems gehemmt und somit kontrolliert werden (vgl. Fuchs, 2013: 219). Die Eigenperspektive wird zugunsten der sozialen Perspektive – bewusst relativiert. Doch hier bleibt Solms sehr ungenau, denn es reicht eben nicht einfach nur, die Ich-Strukturen in ihrer Hemmfunktion zu erweitern (s. u.).

Solms und Damasio stellen die Basisemotionen als das untere Ende des Bewusstseins dar. An dessen oberem Ende stehen die *„Bewusstseinsinhalte“* (Solms, 2010: 110) der *„höheren Bewusstseinsebenen“* (ebd.), die als Selbst-Prozesse in ihrer umfangreichsten Ausprägung nur der Mensch besitzt. Diese höchsten kognitiven Aspekte des Bewusstseins nennen beide Hirnforscher auch *„erweitertes Bewusstsein“* (Damasio, 1999: 39) bzw. *„reflexives oder sekundäres Bewusstsein“*, *„Bewusstsein des Bewusstseins“* (Solms, 2010: 110), *„Zugangsbewusstsein“*, *„deklaratives Bewusstsein“*, *„Denken höherer Ordnung“* (Solms, 2013: 1014). Sie finden im Assoziations-Kortex statt, der sich vor allem aus den Sprachzentren der linken Hemisphäre und dem

---

110 Die wirksamen Neurotransmitter sind hierbei wiederum endogene Opioide: Separation und Verlust von Liebesobjekten, was die Wirkung der Opioide verringert, sind schmerzhaft im wörtlichen Sinn. Sie bilden auch die Grundlage aller kooperativen Strategien, die die Überlebensaussichten für das Individuum und seinen Nachwuchs erheblich verbessert haben (vgl. Damasio, 2005: 191 f.). Letztendlich sind wir Menschen opioidabhängig in unserem sozialen Verhalten. Ein ethisches oder moralisches Zentrum weist Damasio aber entschieden zurück. Ethische Verhaltensweisen sind *„Nebenwirkungen“* (ebd.: 194) der biologischen Überlebensstrategien.

Präfrontallappen zusammensetzt (vgl. Solms, 2010: 111)[111]. Diese Bewusstseinsstufe wird als Reservoir der individuellen Erfahrungs-Erinnerungen, als autobiographisches Selbst beschrieben, das die Zukunft des Selbst durch die Fähigkeit des Abstraktions-Konzepts der Sprache vorausplant und somit über Erfahrungen (vergangene und zukünftige) bewusst reflektieren kann.[112]

Als Zwischenstufe (zwischen dem Protoselbst und dem erweitertem Bewusstsein/ autobiographisches Selbst) steht das Kern-Bewusstsein im Zentrum des neuen neurologischen Menschenbildes, ohne dass das reflexive Bewusstsein nicht existiert: Das Kern-Bewusstsein ist immer Teil des reflexiven, erweiterten, deklarativen Bewusstseins. *„Der Zustand des Bewusstseins ist eine Hintergrundebene des Gewahrseins – ein globaler Arbeitsraum"* (Solms, 2010: 101). Diese Hintergrundebene wird von Solms als Homunkulus identifiziert, als das steuernde Wesen im Kopf, nachdem die Philosophie und Hirnforschung bisher Ausschau gehalten hat. Damasio spricht von der *„Protagonisten-Schwelle"* (Damasio, 2013: 214; vgl. ebd.: 22) des Kern-Selbst als verkörpertes Dauer-Bewusstsein: Es ist die zentrale Funktion des menschlichen Hirns und beinhaltet den Abgleich zwischen Innen und Außenwelt des Körpers, die

> *„fluktuierende Kopplung des augenblicklichen Selbst-Zustand mit dem augenblicklichen Ist-Zustands der Objektwelt. Jede Bewusstseinseinheit knüpft eine Verbindung zwischen dem Selbst und Objekten"* (Solms, 2010: 107; vgl. ebd.: 33).

Diese *„momentanhaften Einheiten"* (ebd.) werden durch rhythmische 40-Hertzschwingungen erzeugt (vgl. Damasio, 2013: 32, 97 ff.)[113] und haben immer zwei Quellen: 1. den Kortex mit seinen Reizinformationen aus der Außenwelt. 2. die tief im Innern des Hirns befindlichen thalmischen Kerne und das PAG des Hirnstamms, mit ihren Reizinformationen aus der Innenwelt des Körperzustandes und den Basisemotionen (vgl. Solms, 2010: 38 f.).

Die äußere und innere Wahrnehmung wird viele Male in der Sekunde miteinander gekoppelt und erzeugt so *„das Gefühl dessen, was geschieht. Bewusstsein besteht*

---

111 Sie reifen erst nach der Geburt und haben zwei erhebliche Entwicklungsschübe im Alter des Kindes von zwei und von fünf Jahren (vgl. Solms, 2010: 105). Sie setzen ihre erfahrungsabhängige Entwicklung aber auch, im geringeren Maß, bis ca. zum zwanzigsten Lebensjahr fort. Solms verweist darauf, dass der Kortex nichts anderes ist als ein *„Direktzugriffsspeicher"* (Solms, 2013: 1013).

112 Wird diese Differenzierung der verschiedenen Erfahrungsebenen des Selbst nicht beachtet, entstehen Fehlschlüsse wie bei der Deutung des Libet-Experiments. Die Verzögerung der bewussten Wahrnehmung einer beschlossenen Bewegung steht der Wahrnehmung ihrer Konsequenz, die gleichzeitig erfolgt, entgegen. So ist die Verzögerung des Bewusstwerdens (über den Entschluss zur Bewegung des Fingers) dem Zusammenrücken von Ursache und Wirkung geschuldet – die weit wichtiger ist für des Selbst als eine aus dem Kontext gerissene Bewegung, die als solche im Hirn gar nicht existiert.

113 Diese Erkenntnis stammt aus den Forschungen des deutschen Neurowissenschaftlers und vehementesten Willensfreiheitsgegners Wolf Singer.

also aus Gefühlen (Bewertungen), die auf das, was in unserer Umwelt passiert, projiziert werden." (Solms, 2010: 108) Dabei sind diese Inhalte nicht nur an konkrete, tatsächliche Veränderungen gebunden, sondern auch an virtuelle Körpervorstellungen. Diese Vorstellungen vom Körper sind durch Gefühle bewertet und modifizieren sich ständig – und das immer zuerst auf der Ebene des Kern- bzw. Hintergrundbewusstseins (vgl. Damasio, 2013: 104).

„Bewusstes Gewahrsein gründet daher in emotionalem Gewahrsein […] Emotionen ähneln einer Sinnesmodalität" (Solms, 2010: 120), einer nach innen gerichteten Wahrnehmungsmodalität[114]. Der evolutionäre Sinn des Hintergrundbewusstseins wird von den Hirnforschern als Form der Bewertung beschrieben, als das gefühlte Wahrnehmen der eigenen Bedürfnisse in Bezug auf etwas in der Außenwelt (Objektwelt). „Bewusstsein besteht also aus Gefühlen (Bewertungen), die auf das, was in unserer Umwelt passiert, projiziert werden." (Solms, 2010: 108) Denn:

„Wir könnten gut und gerne auf das Bewusstsein verzichten, wenn es keine Gefühle voraussetzte. […] Daher ist Bewusstsein im Kern eine Beziehung: Ich empfinde in Bezug auf dies und jenes dieses bestimmte Gefühl […] Unsere Gefühle (die innere Quelle unseres Bewusstseins) sind deshalb immer in Bezug auf die Objekte unserer Bedürfnisse (die äußeren Bewusstseinsquellen) definiert […] Ebendies ist die Funktion unseres Bewusstseins. Es sagt uns, wie wir uns angesichts der inneren und äußeren Situation fühlen […] Bewusstes Gewahrsein ist seinem Wesen nach bewertend." (Solms, 2010: 288 f.)

Und:

„Emotionen sind die pflichtbewussten Vollstrecker und Diener des Wertprinzips, sie sind die bisher intelligentesten Sprösslinge des biologischen Wertes." (Damasio, 2013: 121)

Also:

„Ohne Bewusstsein sind wir nicht in der Lage zu fühlen. Allerdings verhält es sich so, dass die Mechanismen des Gefühls selbst zum Bewusstseinsprozess beitragen, nämlich zur Erzeugung des Selbst, ohne dass keine Erkenntnis möglich ist." (Damasio, 2005: 132)

---

114 Emotionen sind für Solms der sechste Sinn: die Sinnesmodalität der „Qualia" (Solms, 2010: 120 ff.) als Gefühlsqualität. Während die ersten fünf Sinne auf die Qualität und Quantität der Außenwelt gerichtet sind, ist die Qualia auf unsere Innenwelt gerichtet. Als solche ist sie subjektive Reaktionen auf einen Vorgang, die Wahrnehmung eines Zustandes des Subjekts als subjektive Reaktion. Damasio unterscheidet Emotionen und Gefühle: „Die Emotionen treten auf der Bühne des Körpers auf, die Gefühle auf der Bühne des Geistes. (Damasio, 2005: 38; vgl. 62 ff., 116 ff.). Fuchs und Panksepp verweisen hier zu recht auf die erneute cartesianische Zweiteilung Damasios an dieser Stelle (vgl. Fuchs, 2013: 139; Panksepp, 2003): Gefühle sind vielmehr immer komplexe mental-körperliche Bewertungen (bis hin zur Aktivierung des Immunsystems). Wer aber z. B. nur Filme schaut, verpasst die „wirkliche Qualität" des Gefühlsystems. Gefühle sind auch die Grundlage aller religiösen und sozialen Vorschriften (vgl. Damasio, 2005: 66, 165).

Bewertung ist Gefühle, Bewusstsein ist Gefühl, Bewusstsein wurzelt in einem Bewertungssystem (Bewusst = intrinsische Bewertung, kalibriert in Lust- und Unlustgraden, die alle Aktivität steuern). *„Das Ganze stellt eine dynamisch verbundene Einheit dar."* (Damasio, 2013: 270)[115]

Diese Erkenntnis und Zuordnung, die auf der Methode und den Forschungsergebnissen der dynamischen Lokalisation der letzten Jahre basiert, ist von *„fundamentaler Bedeutung."* (Solms, 2013: 1005). M. E. kann man hier sogar von einer Art „kopernikanischen Wende" sprechen, die bis in die Wissenschaftstheorie hinein wirkt und das Menschenbild der Naturwissenschaften grundlegend revolutioniert: Panksepp, Damasio und Solms haben *„eine Revolutionierung der Bewusstseinsforschung ausgelöst"* (ebd.) – einhergehend mit gewaltigen Konsequenzen für alle Forschung, Methoden und Modelle über Psychopathologie und für das dazugehörige Menschenbild. Es ist nicht mehr möglich sich in Zukunft *„eine Neurowissenschaft vorzustellen, die nicht psychodynamisch wäre"* (Solms, 2013: 1019). Denn: *„In seinen primären Manifestationen hat es* [das Bewusstsein] *weniger mit Kognition als mit Trieben zu tun.* [...] *Bewusstsein wird im Es erzeugt; das Ich ist in sich unbewusst"* (ebd.).

Auf der primitiven Organisationsebene, die hauptsächlich im Hirnstamm stattfindet, führen die Bewertungen über die Basisemotionen zu stereotypisierten motorischen Reaktionen als *„Instinktverhalten"* (Solms, 2010: 292). Das Selbst ist hier ohne Entscheidungsmöglichkeiten: *„Diesem primitiven Selbst fehlt der freie Wille."* (Solms, 2010: 292)

In Verbindung mit dem Gedächtnis macht das aufsteigende Bewusstsein aber abstrakte Planung, absichtsvolles Denken und neue Lösungen für Probleme (als Koordination der Bilder und Muster) auf der höchsten Ebene möglich (vgl. Damasio, 2013: 31, 69 f.).[116]

„Wenn das Problem zu kompliziert wird und eine Kombination von automatischen Reaktionen und logischem Umgang mit Wissen verlangt, dann sind die unbewussten Kartierungen keine Hilfe mehr, und das Gefühl kommt uns sehr gelegen. [...] *Wenn Gefühle dem Selbst eines Organismus, das diese entwickelt, bewusst werden, verbessern und verstärken sie die*

---

115 Man könnte hier mit Kernberg auch noch erweiternd sagen: Basisemotionen sind Triebe. Vaihingers Ansicht im Anschluss an Kant: *„Wir müssen zunächst streng daran festhalten, dass das Gegebene nur Empfindung, und das alles weitere, was nicht Empfindung ist – selbsteigene Arbeit der Seele ist"* (Vaihinger, 1911: 167) wird damit hinfällig. Empfindung ist schon „selbsteigene Arbeit der Seele", sollte aber keinesfalls auf ein „nur" herabgewertet werden. Empfindung ist überlebenswichtige Orientierung in der Welt. Und die Basisemotionen entsprechen der „transzendentalen Subjektivität" Kants im evolutionär-biologischen Sinn. An dieser Stelle wird wiederum klar, dass der cartesianische Dualismus und mit ihm eine reine hermeneutische Auslegung sich nicht halten lassen.

116 Diese Vorgänge finden vor allem in der linken und rechten Hemisphäre und im Präfrontal-Kortex statt.

Prozesse der Steuerung der Lebensvorgänge. […] [Sie] fördern die Suche nach Ereignissen, die eventuell positive Gefühle hervorrufen könnten." (Damasio, 2005: 208 ff.)

Wir können damit Entscheidungen aufschieben, um im Nachdenken Handlungsoptionen durchzuspielen und in Relation zu setzen: Bisherige Welterfahrung wird bewusst sortiert und kategorisiert, um zukünftige besser zu bewerten.

„Wir können uns das Denken als ein imaginäres Handeln vorstellen, auf dessen Grundlage wir mögliche Aktivitäten bewerten können, weil das imaginierte Aktionsprogramm ohne motorischen Output abläuft. Denken ist also Handeln ohne zu handeln (imaginäres Handeln). Infolgedessen stellt die Hemmung die Grundvoraussetzung und das Medium des Denkens dar." (Solms, 2010: 293)

Selbst logische Schlüsse, welche sich als *„zwingend-korrekt"* (Fischer, 2008: 11) beschreiben lassen, werden in ihrer überzeugenden Kausalität somit deutlich emotional gewertet, da eine *„Bedeutungskopplung"* (ebd.: 78) vorliegt: Verstand und Gefühl sind nicht länger zu trennende Leistungen des Denkens. Hier löst sich das cartesianische Weltbild endgültig auf.

Über ein reflexives oder erweitertes Bewusstsein (im Gegensatz zum Kern-Bewusstsein mit seinen basisemotionalen Steuerungssystemen) verfügt im höchsten Maß nur der Mensch: Seine Wahrnehmung geht über die bloße Wahrnehmung als Gefühl des Erlebens von Augenblick zu Augenblick hinaus. Er hat die Möglichkeit einer Reflexion in verhandelbaren Wahrnehmungsbildern – auch in vergangenen und zukünftigen (vgl. Solms, 2010: 110 f.). Dazu ist, noch vor der Sprache, ein komplexes Gedächtnissystem nötig, das man grundsätzlich in seinen Funktionen unterteilt: Kodierung der Informationen, Speicherung/Konsolidierung, Abruf (vgl. Solms, 2010: 154).

Unsere Sprachfähigkeit transferiert die Wahrnehmung dann in abstrakte Konzepte. Die Vorausplanung der Zukunft ergibt sich evolutionär wohl daraus, dass homöostatische Ungleichgewichte nur sehr schlecht korrigiert werden können. So war es effizient, Ungleichgewichte vorauszuahnen (vgl. Damasio, 2013: 56, 61)

4.4   Gedächtnis: Das veränderbare Selbst

Das Gedächtnis ist als Reizschutz eine (bewusste und unbewusste) Kategorie des individuellen Wissens und Könnens. Sie vermag bedürfnisbefriedigende Aktivitäten an die spezifischen Besonderheiten der Umwelt anzupassen – bestimmt durch die bisherigen Erfahrungen mit der Umwelt. Als solches ermöglicht das Gedächtnis, im Zusammenhang mit dem Bewusstseinssystem, einen erheblichen Überlebensvorteil. Es ist nach regelmäßigen, standardisierten Mustern organisiert, seine Inhalte sind aber individuelle Lern-Erfahrungen: *„Nur die Subjektivität bildet das synchrone und* *diachrone Integral über den Zuständen und Erfahrungen des Organismus in der Umwelt.*" (Fuchs, 2013: 239)

Diese *„Manifestationen des impliziten Gedächtnisses"* (Henningsen, 2000b: 107) werden in der Psychoanalyse als Ich-Funktionen und Selbst-Repräsentanzen beschrieben und lassen sich auf den psycho-sozialen Kontext des Selbst-Begriffs in der aktuellen Bewusstseinsforschung abbilden. Beide Wissenschaftsfelder bieten nun also einen interdisziplinären Ausgangspunkt, um eine Bestimmung eines pathologischen versus hohen Reifegrads des Selbst fassbar zu machen und somit eine wissenschaftstheoretisch weitreichende Definition von verkörperlichter, gelebter Freiheit zu gewährleisten.

Die Aufzeichnung von Erfahrungen wurden im Laufe der Evolution immer präziser und komplexer, je einzigartiger und persönlicher die Erinnerungen wurden (Damasio, 2013: 148 ff.). Kartierungen aller Art finden sowohl beim Abspeichern als auch beim Abruf statt (vgl. Damasio, 2013: 75). Das gilt auch für Träume. Der Abruf einer Erinnerung ist aber keine Kopie, sondern nur Nachahmung (ebd.: 162):

> *„Wenn die erlebten Erfahrungen wieder zusammengesetzt und – ob in bewusster Reflexion oder durch unbewusste Verarbeitung – erneut abgespeichert werden, wird ihre Substanz neu bewertet und zwangsläufig auch neu angeordnet. Dabei kann es sich um eine geringfügige Modifikation handeln, aber auch um einen weitreichenden Umbau im Hinblick auf die Tatsachenzusammenhänge und ihre emotionale Begleitung. Durch diesen Prozess erhalten Inhalte und Ereignisse ein neues Gewicht."* (Damasio, 2013: 223)

Erinnerung ist somit immer zusammengesetzte, immer weiter bearbeitete Erinnerung. Sensorische und motorische Abläufe (als Wechselbeziehungen zwischen dem Körper und den Objekten) werden ständig als Erinnerung abgerufen und dann, in Form einer bearbeiteten Erinnerung, um-kartiert und erneut abgespeichert (vgl. Damasio, 2013: 146 ff.)[117].

---

117 Abgerufen werden Erinnerungen durch die gerichtete, gleichzeitige Aktivität in den Rindenfeldern durch sich wiederholende Reaktivierungszyklen. An oberster Stelle der Hierarchie stehen die Felder der Schläfen und Stirnlappenregion, die die aktuellen Ereignisse beim Abruf einbinden können (vgl. Damasio, 2013: 161, 345). Implizite Körper-Erinnerungen werden als Dispositionen (abstrakte Aufzeichnungen von Möglichkeiten aus der Evolution oder erfahrene Körperzustände) genetisch oder epigenetisch gespeichert; explizite Objekt-Körper-Erinnerungen werden als Karten gespeichert: Dispositionen warten darauf (durch individuelles Erleben) Karten zu werden (ebd.: 157). Es handelt sich bei Dispositionen und Karten um verschiedene Gehirnregionen aus verschiedenen Evolutionsstadien (ebd.: 165): Das Gehirn hat mit der Möglichkeit der Kartierung nachgerüstet. Bei Abruf der Kartierungen werden vergleichbare Gehirnregionen und Muster aktiviert, wie bei der akuten Wahrnehmung der Zustände: Die Erfahrungen werden als Bilder rekonstruiert.

Alles, was wir erleben, durchwandert zuerst das Kurzzeitgedächtnis[118]. Es bewahrt die Inhalte des reflexiven Bewusstseins wie in einem *„Puffer"* (Solms, 2010: 158) auf und siebt die zu speichernden Erfahrungen in einem ersten Schritt direkt aus: In den heteromodalen Rindenfeldern werden ausgewählte Merkmale der einlaufenden Informationen zu assoziativen simultanen Mustern codiert. Gemerkt wird etwas, wenn sich in 40-Hertz-Frequenz gemeinsam feuernde Zellen miteinander verdrahten: Geschieht das länger oder häufiger, werden neue verbindende Synapsen gebildet.

> *„Solange das Feuerungsmuster bestehen bleibt, behalten wir die betreffende Information im Kopf. Sobald ein besonders stark reverberierender Schaltkreis hergestellt wurde, steigt die Wahrscheinlichkeit seiner erneuten Aktivierung, denn Zellen, die gemeinsam feuern, verdrahten sich miteinander."* (Solms, 2010: 159f.)

Die weitere Konsolidierung der Bewusstseinsinhalte findet vor allem im Schlaf statt und setzt sich darüber hinaus die nächsten Tage, Wochen und Jahre fort. Dies ist gleichzeitig ein weiterer Prozess der Auswahl. Dabei werden signifikante Muster kontinuierlich auf immer tieferen Ebenen gespeichert, was aber nicht anatomisch zu verstehen ist: Langzeit-Erinnerungen befinden sich überall im Gehirn. Das macht sie resistenter.

Die Information wandert also nach und nach ins Langzeitgedächtnis, indem Kurzzeiterinnerungen in Langzeiterinnerungen umwandelt werden. Eine strukturelle Veränderung der Nervenzellen macht aus der Kurzzeit- eine Langzeiterinnerung. Dieser Vorgang ist aktivitätsabhängig.

Für den empirischen Nachweis dieses Prozesses hat, wie eingangs schon erwähnt, Kandel den Nobelpreis bekommen. Genau in diesem „Baustein der Erkenntnis" liegt die Chance und Notwendigkeit, neuronale Vorgänge in subjektive Sinnzusammenhänge einzuordnen. An dieser Stelle wurde m. E. der erste Stein zur Brücke zwischen Hirnforschung und Psychoanalyse gelegt: Neuronale Vernetzung (als Speichermedium) ist der physiologische Vorgang einer Gen-Expression (als Speichermedium), ausgelöst durch konkretes individuelles Erleben (als wichtiger zu speichernder Inhalt).

Unser Hirn hat unendlich viele Möglichkeiten der neuronalen Vernetzung und wählt die bestmöglichen aus in Bezug auf unsere Überlebens-Umwelt, in die wir hineingeboren wurden. Im Normalfall wirken Genetik und Umwelt *„absolut untrennbar"* (Solms, 2010: 234) zusammen. Langzeitspeicherung setzt veränderte Genexpression und Proteinsynthese voraus, kurzzeitige dagegen beeinflussen „nur" bereits bestehende Proteine. Das begründet die (bei starken emotionalen Bewusstseinszuständen) abgelegten Erinnerungen im Langzeitgedächtnis als Kodierung (der entsprechenden Nervenzellen). Je länger die Konsolidierung andauert, umso schwerer

---

118 Es gibt zwei Sorten von Kurzzeitgedächtnissen: 1. Das unmittelbare Gedächtnis als *passives* Kurzzeitgedächtnis. 2. Das Arbeitsgedächtnis als *aktives* Kurzzeitgedächtnis, das Dinge bewusst aufruft und somit das Medium unseres erweiterten Bewusstseins ist (vgl. Solms, 2010: 157f.).

ist sie zu zerstören[119]. Wird eine neuronale Zelle von einer anderen mitaktiviert, werden in ihr Gene stimuliert, die daraufhin Proteine herstellen, aus denen die Zelle (bei ständiger Wiederholung oder starker Affektflutung) neue Synapsen bildet: So werden Neuronen zu einer neuen Karte, einem neuen Bild verknüpft. In den kritischen Perioden der Entwicklungsphase der Kindheit geschieht dies schubartig.

Die Erinnerung wird aber wohl so abgelegt, dass sie später nicht direkt als autobiographisches Selbst aufrufbar wird: Wir können uns über unsere Motive täuschen, da wir anscheinend deren psychodynamische Gesetze verkennen und Scham, Angst und Schmerz oft als bedrohliche Selbst-Zweifel verdrängen. Doch neue Erfahrungen können an diese verdrängten emotionalen Altlasten anknüpfen: *„Interessanterweise wirken Erlebnisse, die mit intensiven Bedürfnissen und Gefühlen verbunden sind, in besonderem Maß strukturbildend"* (Fuchs, 2013: 158). Solch ein andauerndes strukturbildendes Erlebnis, das eine neue Synapsen-Bildung anregt, ist z. B. eine therapeutische Beziehung. Deshalb sollten die strukturbildenden Erlebnisse, die uns und unseren Selbst-Repräsentanzen nachhaltig „gut tun", wissenschaftlich sinnvoll erfasst werden (siehe Kapitel 3). Die therapeutische Beziehung ist m. E. deshalb als entscheidender Wirkfaktor in der Prozess-Outcome-Forschung erkannt worden, weil er als emotionsstarke andauernde Erfahrung die pathologischen Inhalte des Gedächtnissystems des Patienten verändert. Therapien wirken nachhaltig, wenn sie die Synapsenbildung (im Gegensatz zur Frequenzveränderung des Kurzzeitgedächtnisses) als neue andauernde Verbindungen entstehen lassen. Länge und Intensität der Therapie sind daher entscheidend. Denn der Zeitgradient bei gespeicherten, emotional gewerteten Informationen ist für die Art des Gedächtnisses von entscheidender Wichtigkeit. Beim passiven Vergessen dauert die 40-Hertz-Frequenz der sendenden Nervenzellen nur kurz (Spurenverfall); beim „aktiven Vergessen" ist die Frequenz sehr lange, denn sie gelingt nur durch die Veränderung der synaptischen Strukturen.

Am Anfang unseres Lebens werden aus der Vielzahl der möglichen synaptischen Verbindungen nur diejenigen aktiviert und ausgebildet, die durch die Einflüsse unserer speziellen Umwelt wiederholt gereizt werden. Dieser Prozess des *„Pruning"* (Solms, 2010: 162) setzt sich aber (wenn auch nicht so intensiv) ein Leben lang fort. Und

> *„es ist durchaus wahrscheinlich, dass die Netzwerke, die die gründlichen Pruning-Prozesse der frühen Kindheit überdauert haben, als Schablone dienen, um die herum alle späteren Erinnerungen organisiert werden."* (Solms, 2010: 162)

Zum jetzigen Zeitpunkt der Forschung scheint es sicher, dass die Langzeiterinnerungen zu Stammschaltkreisen werden, um die herum sich alle weiteren Erinnerungen organisieren (von der Informationskodierung bis zur Bewertung neuer Reize), die wiederum die Konsolidierung bestimmen. Das Grundprinzip des Systems Ge-

---

119 Dieser Zeitgradient wird nach seinem Finder Théodule Ribot das „Ribot'sche Gesetz" genannt. Es stammt von 1882.

dächtnis ist, „*dass in die Transformationsregeln für eintreffende Reize die jeweils vorausgehenden Operationen mit eingehen*" (Fuchs, 2013: 114). Metapsychologisch kann man beim frühkindlichen Entstehen des Langzeitgedächtnisses daher von einer ersten Strukturbildung des Ich sprechen (vgl. Solms, 2003: 101). Man kann verschiedene Gedächtnissysteme unterscheiden:

1. Das *prozedurale Gedächtnis* ist eine Art „*körperliches Gedächtnis*" (Solms, 2010: 170 ff.) und speichert implizite Disposition als erlernte motorische Fähigkeiten, die dann automatisch ablaufen (z. B. mit dem Löffel essen, Fahrradfahren etc.). Seine evolutionären Wurzeln liegen tief. Seine Inhalte können aber darüber hinaus semantisch und episodisch erweitert abgespeichert sein, wenn man zu den motorischen Abläufen bewusste Bewegungsvorstellungen oder Spielregeln gelernt hat (z. B. beim Sportspiel). Je fester motorische Lernvorgänge konsolidiert sind, umso tiefer werden sie in subkortikale Strukturen verlagert.

2. Das *semantische Gedächtnis* speichert das Wissen unserer Kultur als Enzyklopädie: objektive Informationen, Allgemeinwissen, Daten, Sprach- und Mathematikregeln, Wiedererkennung, Eigenschaften, kategoriale Abstraktionen. All diese Informationen wurden zwar ursprünglich einmal gelernt/bewertet, repräsentieren aber keine persönliche Erfahrung. Diese gelernten Verzeichnisse werden kodiert, sind miteinander verbunden und als Erinnerungsspuren in der gesamten Hirnrinde verteilt (Solms, 2010: 164 ff.). Auch die abstrakten Zusammenhänge zwischen Objekten und Eigenschaften von Objekten sind semantische Erinnerungen (z. B. Namen- oder Gesichtserinnerungen).

3. Nur das *episodische Gedächtnis* ermöglicht als eigentliche Erinnerung ein Wiederbeleben früherer persönlicher Erfahrungsmomente: Es ist der entscheidende Teil des autobiographischen Selbst. Seine Inhalte werden nicht einfach gespeichert, sondern gelebt. Das Wiederaufrufen versetzt uns auch in die Lage vorauszuplanen (vgl. Solms, 2010: 174 ff.; Damasio, 2013: 84).[120]

---

120 Dazu braucht es Verzeichnisse von Verbindungen zwischen Rindenmustern und Hirnstamm-SELF/Selbst-Zuständen. Neben dem Frontalhirn hat auch der Hippocampus, als wichtige Hirnregion für das episodische Gedächtnis, in den ersten zwei Lebensjahren seine Funktionsfähigkeit noch kaum ausgebildet. Das Erinnern ist hier nur als ein körperliches und motorisches möglich und noch nicht als autobiographisches, da das Kind sich ohne voll entwickelten Frontallappen und Hippocampus noch nicht als Selbst erleben kann. Das frühkindliche Wissen wird nur als implizite Körpererinnerung und Funktionsverständnis abgespeichert. Damit ist (neben Freuds frühkindlicher Amnesie – vgl. Kapitel 3.5.) das Argument vieler Kognitionspsychologen hinfällig: Erwachsene würden in völlig veränderten Lebensalltagsumständen und Anforderungen leben, die sie in ihrer Kindheit nicht gewohnt waren, und deswegen würden viele synaptischen Verbindungen dieser Zeit zerfallen (es käme somit zu einem einfachen Gedächtnisverlust ohne Verdrängung). Dieser Behauptung wird schon durch das Ribot'sche Gesetz widersprochen. Denn gerade Langzeit-Erinnerungsspuren bleiben implizit vorhanden und bestimmend, auch wenn man sie nicht mehr bewusst aufrufen kann. Das kommt

Es gibt darüber hinaus belastende, traumatische Erfahrungen, die vollkommen die Regie über die Persönlichkeit übernehmen können und das Selbst zu einem ständigen Wiedererleben zwingen.[121] Das episodische Gedächtnis wird hierbei entweder lahmgelegt, d. h. das Ereignis wird nur degeneriert gespeichert, so dass es später nicht wieder richtig abgerufen werden kann. Oder es wird so gespeichert, dass es daueraktiviert wird (vgl. Solms, 2010: 186 f.).[122]

4. Das *Arbeitsgedächtnis* ist Teil des reflexiven, erweiterten Bewusstseins (als einzigem vollbewussten Prozess des Gehirns). Es ist ein „bewusstes Sich-merken" aufgrund von prozeduralen und semantischen Aspekten oder emotionalen Episoden – oder ruft selbige wieder auf. Der aktuelle Selbst-Zustand wird dabei durch aktuelle Ereignisse der Außenwelt mit früheren Momenten persönlicher, gelebter Erfahrung oder Gelerntem gekoppelt. Nur so werden Erinnerungen als wiederbelebte Erfahrungsmomente bewusst. Solms verortet hier den Teil des Ich, der für den psychoanalytischen Heilungsprozesses wichtig ist (vgl. Solms, 2010: 98 ff.).

„Das erweiterte Bewusstsein ist genau deshalb erweitert, weil es die Bewusstseinsqualität zeitlich auf frühere, in der Vergangenheit erlebte Selbst-Objekt-Kopplungen ausdehnt. Das Wiedererleben früherer Momente (oder früherer Selbst-Objekt-Einheiten) des Kern-Bewusstseins ist eine seiner charakteristischen Eigenschaften." (Solms, 2010: 175)

---

vielen Hirnverletzten zugute und ist evolutionär sinnvoll. Bei einer Zerstörung beider Hippocampi (wie in der berühmten Fallgeschichte des H. M.; vgl. Solms, 2010: 179) verschwinden die Fähigkeiten, Erinnerungen zu kodieren und tragfähige Voraussagen zu machen. Auch bei einer Schädigung des Zwischenhirns oder der ventromedialen Frontalhirnstrukturen (die ebenfalls an der episodischen, autobiographischen Erinnerung beteiligt sind) bleiben die Erinnerungen erhalten. Sie werden aber nicht mehr wahrheitsgemäß oder rational organisiert, da keine Abstimmung mit der Realität mehr erfolgen kann. Das Realitätsprinzip bzw. ein Sekundärprozess finden nicht mehr statt.

121 Sehr belastende Erlebnisse gehen immer mit einer Erhöhung der Stresshormonproduktion und Ausschüttung einher. Glukokortikoide dienen eigentlich der Energiebereitstellung oder der Hemmung von Prozessen, die in Stresssituationen hinderlich sind. Eine andauernde Erhöhung beeinträchtigt die Funktion des Hippocampus als herausragender Ort der Erinnerungsspeicherung. Im Hippocampus sind die Verzeichnisse gespeichert, die die möglichen Verbindungen zwischen dem fühlenden Selbst und den Erinnerungsspuren darstellen. Andauernder oder übermäßiger Stresshormoneinfluss kann ihn zerstören, da dort besonders viele Rezeptoren für diese Stresshormone vorhanden sind. Eine Abkopplung des Hippocampus ist wohl auch am Vorgang der Verdrängung beteiligt (vgl. Solms, 2010: 182 f.). Buchheim sieht auch in einer Hyperaktivität des medialen präfrontalen Kortex (MPFC) ein Zeichen von Verdrängung (vgl. Buchheim u. a., 2012). Doch eine exakte neuronale Klärung der psychodynamischen Verdrängungsvorgänge konnte noch nicht gefunden werden (s. u.).

122 Hierbei handelt es sich um falsche Abrufmechanismen. Eine Schädigung der Abrufprozesse liegt auch der Verweigerung des Realitätsprinzips zugrunde: Das Wahrheitsprinzip ist ein prinzipielles Merkmal beim Abrufvorgang, das auch beim Träumen oft beeinträchtigt ist. Auch die freie Assoziation beruht auf dem Abrufmechanismen.

Das Kern-Bewusstsein/Kern-Selbst ist also das Medium der Kopplung der Erinnerungsprozesse. Dabei ist es wichtig zu betonen, dass es sich hier um gefühlt-wiederbelebte Erinnerungen als aktuelle Erfahrung des Erinnerns handelt: Ohne „Ich-erinnere-mich-an-mich-in-dieser-Erfahrung" d. h. ohne *Selbstgefühl (das Gewahrsein, da zu sein)"* (Damasio, 2013: 225) als gelebte, bewertete Selbst-Welt-Kopplung ist das episodische Erinnern nicht denkbar. Die Aufzeichnungen des Gedächtnisses können ohne fühlendes Selbst nicht bewusst werden – was auf den psychoanalytischen Vorgang der Verdrängung verweist:

> *„Somit haben wir die nahe liegende Tatsache, dass das, was wir in Bezug auf unsere Erfahrung empfinden, das ist, was sie anfällig für die Verdrängung macht, offenbar unter einem neurowissenschaftlichen Blickwinkel wiederentdeckt […] Unbewusste Erinnerungen an Ereignisse (unbewusste episodische Erinnerungen) sind Als-ob-episodische Erinnerungen. Sie existieren nicht als Erfahrungen, solange sie nicht durch das gegenwärtige SELF reaktiviert werden. In der Zwischenzeit bleiben sie lediglich in Form prozeduraler und semantischer Spuren (Gewohnheiten und Überzeugungen) erhalten."* (Solms, 2010: 176)

Alles, was die Kopplung von Selbst und Erinnerungsspuren verhindert, macht eine Bewusstwerdung unmöglich.

> *„Jeder Teil der Hirnaktivität, der von dem übergreifenden Netzwerk der Exekutivkontrolle durch die Präfrontallappen ausgenommen ist, ist in einem gewissen Sinn das Verdrängte. Dies wiederum bedeutet, dass es verschiedene Arten von Verdrängung geben muss."* (Solms, 2010: 300)

Hieraus wird ebenfalls deutlich, warum Erinnern-als-Nacherleben auch für den psychoanalytischen Prozess des Durcharbeitens so relevant ist.[123] Außerdem stellt dieses implizite Lern-System bzw. affektive Informationssystem die Voraussetzung für die psychoanalytische Funktion der Übertragung und Gegenübertragung (vgl. Solms, 2010: 193 f.).

Prinzipiell ermöglicht die vorsortierte Wahrnehmung dem Organismus, sich gegen eine überwältigende Informationsflut aus der Außenwelt zu schützen, und verhindert dadurch einen Zustand ständiger Erregung. Perzeptuelle Erfahrungen und internalisierte Objekte (besonders die frühkindlichen Beziehungsobjekte, die Reizüberflutungen durch stabilisierende Interaktion beruhigt haben) wandeln somit *Such*-Trieb-Reiz und Außenwelt-Reiz in psychische Struktur: *„Der Reizschutz ist der Stoff, aus dem das Ich gewoben ist."* (Solms, 2003a: 245)

---

123 Hier findet sich m. E. auch die mögliche Erklärung, warum Hypnose als externer Zugriff auf das Gedächtnis nicht dauerhaft die durch Verdrängung entstandenen psychodynamischen Konflikte aufheben kann: Nur das bewusste, gefühlte Erinnern kann alte Emotions-Konflikte lösen – wie es ja auch Freud (1895) schon erkannt hat. Es wird leider von den hier zitierten Hirnforschern nicht darauf eingegangen, wie es zu der kathartischen Wirkung solcher wiederdurchlebten Erinnerungen in einer psychoanalytischen Behandlung kommen kann.

Während beim Kleinkind die Wahrnehmungsvorgänge durch die konkrete gerade stattfindende Wahrnehmungsrealität bestimmt wird, modifiziert das Wissen aus den vergangenen Lernerfahrungen die Wahrnehmungsprozesse der Erwachsenen und prägt seine Weltsicht: Vieles, was wir als Erwachsene für unsere Wahrnehmung halten, ist eigentlich ein Erinnern von Gelerntem. Die Weltwahrnehmung der Erwachsen ist also ein durch autobiographische Erfahrungen gefiltertes Wahrnehmen. Damit einhergehen Erwartungen des Hintergrundbewusstseins (vgl. Solms, 2010: 176, 191). *„Infolgedessen haben manche Patienten große Schwierigkeiten zu erkennen, dass die Veränderung sie selbst und nicht die Welt ist.“* (Solms, 2010: 168). Auch wenn Solms sich hier auf Hirnverletzte bezieht, trifft diese Aussage auf alle psychischen Pathologien zu.

Wahrnehmung beruht also auf Selbst-Organisationsprozessen: *„Jeder Wahrnehmungsakt ist eine erinnerte Gegenwart“* (Fuchs, 2013: 168), die eine *„optimale Kohärenz“* (ebd.) zwischen *„Hirnaktivitätsmustern und komplementären Umweltsituationen“* (ebd.) anstrebt. Andererseits sind diese impliziten Lernerfahrungen auch die Grundlage für unsere Intuition, die man damit auf neurophysiologische Füße stellen kann (vgl. ebd.: 194).

Wir projizieren unsere Erfahrungs-Erwartungen als mnestische Wunschbesetzung (als komplexe, unbewusste, assoziative Vorstellung, die sich an vorangegangenen Erfahrungen der Befriedigung orientiert) auf die gerade stattfindende Szene unseres aktuellen Lebens[124]. Und wir korrigieren die Projektion nur dann, wenn sie einer Befriedigung unserer Erwartungen (schmerzhaft) zuwiderläuft.

> *„Es gibt eine vielfältige Wechselbeziehung zwischen dem Objekt der Begierde und einer Fülle von persönlichen Erinnerungen, die dieses Objekt betreffen – frühere Anlässe der Begierde, frühere Sehnsüchte und frühere Lust“.* (Damasio, 2005: 115)

Es gehört zur täglichen Arbeit von Psychotherapeuten, diese verinnerlichten Modelle über den Vorgang der Übertragung (der auf der vorgeprägten Wahrnehmungs- und Erwartungshaltung beruht), bewusst zu machen (vgl. Solms, 2010: 170). Diese Prozesse bestätigen die Wirksamkeit von Psychotherapie und die Struktur des Ich als soziale Erfahrungen (bis in den Hippokampus hinein). Sie bestätigt aber m. E. auch den Wiederholungszwang als Dauerenttäuschung der (infantilen) Erwartungen, was seine Definition als pathologisches Verhaltensphänomen bestimmt.

Das Gedächtnis ist also durch die Ergebnisse der aktuellen Bewusstseinsforschung nicht mehr nur ein Speicher von Befriedigungs- und Versagungssituationen, son-

---

124 So ist das Ding-an-sich nicht nur durch unseren typisch menschlichen Wahrnehmungsapparat, sondern auch durch unsere individuellen Lernerfahrungen und unser Gedächtnis von einer objektiven Erkenntnis getrennt. Und insofern können Babys die Welt noch klarer sehen, als durch ihre Erfahrung verblendete Erwachsene – wobei die Abhängigkeit und Bedürftigkeit von Babys ihre Wahrnehmung wiederum stark einschränkt.

dern eine soziale Kategorie. Es ist als Netz von Beziehungserfahrungen die Grundlage von Interaktionsschemata zwischen Selbst- und Objektrepräsentanzen, eine fortlaufende psychodynamische Lebensgeschichte.

> *„Die Speichermetapher hat sich gewandelt, zu einem Modell eines fortwährenden im Fluß begriffenen, autopoetischen Systems, dessen Fließgleichgewicht durch fortgesetzte Sinnstiftungsprozesse im inneren Erzählen stabilisiert wird."* (Leuzinger-Bohleber u. a., 1998/1: 21).

Werden wir also zur Reflexion der Umstände und Ursachen gedrängt, durch sich wiederholende Enttäuschungen (die überlebensbedrohlich sein können), so birgt m. E. unsere emotionale Einsicht in unsere Erfahrungsmuster (als Aufhebung der Verdrängung ihrer widersprüchlichen sozialen Bedrohlichkeit) die Möglichkeit einer erweiterten Selbstbestimmung. Die Vorgänge in der therapeutischen Beziehung können demnach wie folgt beschrieben werden:

Durch das aktuelle Erlebnis einer jetzigen Selbst-Objekt-Erfahrung werden alte Beziehungserfahrungen als bewusst-episodische aufgerufen. Die stützende und korrigierende therapeutische Beziehung als guter Selbst-Zustand überschreibt alte Beziehungserfahrungen und modifiziert das alte autobiographische Selbst (aller bisherigen Selbst-Objekt-Erfahrungen). Durch die in der therapeutischen Beziehung stattfindenden Affektspiegelungen (als stabilisierende Maßnahme vergleichbar mit frühkindlicher Bindungserfahrung), werden neue Affektregulationen etabliert. Über einen gewissen Zeitraum nach dem Einsetzen eines solchen Gefühls der Reizhemmung durch den Therapeuten käme *„es fast mit Sicherheit zu einer wiederholten Beteiligung des Körpers und daran anschließend, zu einer dynamischen Veränderung."* (Damasio, 2005: 111) Begleitet von der Wiedererkennung von Reizmustern, wird in der therapeutischen Beziehung, während des aktuellen Wieder-Erlebens im Durcharbeiten, ein Teil des Es (als meist unbewusst erinnerte Lust/Unlusterfahrung) in die assoziative Gedächtnisstruktur des Ich überführt.[125]

---

125 Gerhard Roth hat drei Angebote zur möglichen Veränderung der Gehirnstrukturen durch Therapie gemacht (vgl. Roth, 2006b: 13): 1. der cinguläre und orbitofrontale Kortex verstärkt seine Kontrolle der Impulse aus der Amygdala (und anderen assoziierten subkortikalen Zentren), 2. limbische Netzwerke werden aufgelöst, die vormals zu pathologischen Verhaltensimpulsen führten, 3. *„Ersatzschaltungen"* (ebd.) werden in der Amygdala gebildet, die die pathologischen einkapseln. Nach dem jetzigen Wissenstand in der Hirnforschung ist eine Kombination der ersten und der letzten Möglichkeit neuronaler Veränderung die wahrscheinlichste. Auch Solms (2010) und Damasio (2013) gehen nicht davon aus, dass alte pathologische Kartierungen gelöscht werden. Doch auch die Epigenetik liefert hierfür entscheidende Forschungsergebnisse auf der biochemischen Ebene: Da die DNA-Expression nachweislich von den sozialen Faktoren der Umwelteinflüsse abhängt und geprägt wird (vgl. Tsankova u. a., 2007; McGowan u. a., 2009), ist umgekehrt davon auszugehen, dass der liebevolle Umgang in der Therapie bestimmte epigenetische Vorgänge, die durch schlechte Kindheitserfahrungen angestoßen

Indem wir uns neuen korrigierenden Erfahrungen aussetzen und diese Erfahrungen anhaltend und emotional stark genug sind, werden also die pathologischen psychischen Strukturen verändert, hin zu einer gereiften Selbst-Wirksamkeit als nachhaltige Veränderung unseres Langzeitgedächtnisses. Dabei spielen *„Schlüsselepisoden"* (Damasio, 2013: 227) eine besondere Rolle: Sie bestimmen sich durch den (biologisch-sozialen) Wert, der ihrem Inhalt bei der Wahrnehmung und Abspeicherung bemessen wurde. Das bestimmt auch ihren Stellenwert in der Organisation des Gedächtnisses und jeden zukünftigen Abruf.[126]

Nur in einigen Extremfällen bestimmter geistiger Erkrankungen *„überdeterminieren"* (Solms, 2010: 231) die neurologischen Netzwerke das menschliche Verhalten derart, dass korrigierenden Erfahrungen nicht mehr die Gesamtstruktur der Selbst-Organisation heranreifen lassen.

4.5 Weitere Ergebnisse der Dynamischen Lokalisation: Eine Übersetzung des psychodynamischen Dreiinstanzenmodells in die Bewusstseinsforschung (als weiterführender Versuch)

Kein Areal, kein Ablauf im Hirn ist ohne das Selbst, ohne die Person als Organisationsprinzip zu verstehen. Dabei gilt es immer zu beachten, dass auch der einfachste Empfindungszustand weit davon entfernt ist, *„einem bestimmten Gehirnareal zuschreibbar zu sein. Er entspricht vielmehr einer komplexen Interaktion großer Teile des Gehirns mit dem gesamten Organismus."* (Fuchs, 2013: 138).

Das Hintergrundbewusstsein/Kern-Bewusstsein/Kern-Selbst mit den Gedächtnissystemen liefert, vom Hirnstamm ausgehend, über alle Regionen hinweg, permanent Impulse, um die Leistung einer bestimmten Hirnregion überhaupt erst zu ermöglichen. Die Bedürfnisse des Organismus werden durch zwei neuronale Systeme in Verbindung mit der Außenwelt gebracht, die sich als somatische Grundlage des psychischen Apparats abbilden und sich in Interaktionsmustern neurologischer Organisation darstellen lassen. Während die visuellen, auditorischen und somatischen

---

wurden, rückgängig macht bzw. positive anstößt (z. B. die Stressresistenz). Dies wäre ein interessantes zukünftiges Forschungsgebiet der Epigenetik.

126 Ohne explizit vom Wiederholungszwang zu sprechen, verweist Damasio hier auf eine entsprechende Situation: Die Emotion *Furcht* wird immer wieder aufgerufen, wenn man ein Haus oder vergleichbares Haus aufsucht, indem man sich als Kind schon mal sehr fürchtete (vgl. Damasio, 2005: 70). So sind es die *„unbewussten Gedanken und die aus ihnen resultierenden, ebenso unbewussten Konflikte"* (ebd.: 89), die die Menschen auf die Couch zwingen. Er vergleicht diese Reize auch mit Schlüsseln, die sich ursprünglich in der ersten Lernerfahrung ein Schloss, eine Emotion gesucht haben: Beides gehört nun zusammen als emotional besetzter Reiz (ebd.: 73). Eine alte Lernerfahrung muss also erkannt werden, der Auslöser/Reiz muss von der alten emotionalen Reaktion getrennt werden, und für den Reiz (z. B. dem Bedürfnis nach Zuwendung und Liebe) müssen neue emotionale Lernerfahrungen installiert werden.

Informationen, die auf den Kortex im Bereich der primären Rindenfelder projiziert werden, noch vollkommen symmetrisch auf der linken und rechten Hemisphäre verteilt sind (vgl. Solms, 2010: 252 ff.)[127], handelt es sich bei den neuronalen Vorgängen in den sekundären und tertiären kortikalen Feldern (in der Neurologie auch als Assoziationskortex[128] bezeichnet), um auffällig asymmetrisch verteilte Funktionen. Dabei dominiert nicht (wie lange vermutet) die linke die rechte Hemisphäre, sondern jede Seite ist auf unterschiedliche Funktionen spezialisiert.

a)   Funktionen der linken Hemisphäre des Kortex

In der linken Hemisphäre der heteromodalen Rindenfelder werden konkrete Ganzobjekte (primär visuell-räumliche und Phoneme) zu abstrakten (quasi-räumlichen[129] und audioverbalen) Mustern transkribiert und erweitert zu einer lexikalischen, bedeutungszuweisenden Analyseebene: Die Verbindung zwischen Dingen, Tönen, Bildern und Wörtern wird hergestellt.[130] Von Freud wurde dieser Prozess als Symbolisierung bezeichnet (vgl. Freud, 1895).

Damit das menschliche Hirn reflexiv-bewusst über wahrgenommene Informationen nachdenken kann, müssen diese Eindrücke an Worte gebunden werden (vgl. Solms, 2010: 97). Dieser Vorgang stellt einen sehr effizienten Reizschutz dar, da die Vielfalt der realen Dinge nun in einem Kategoriensystem der Sprache gewertet und geordnet werden kann: Die Syntax zähmt die Semantik. Denn Erfahrungen können so über Worte verhandelbar gemacht werden: Die Worte schützen vor der direkten Wirkung der Dinge. Sprache formt das Erleben zu einer grammatikalischen Struktur; Sprache ist ein sekundärer Ordnungsfaktor und verbindet Gedächtnisspuren mit aktuellen Erfahrungen und Informationen. Auch in der Übertragung als „affektiver Übertragung" der therapeutischen Beziehung wird eine Verbindung zwischen verbalen und nonverbalen Strukturen hergestellt, die vorher nicht da war: Angst und Sehnsucht werden benannt und durch die Benennung (als in Sprache aufgerufene Gefühle) greifbar und erfahrbar gemacht – auch wiederum vor dem Hintergrund des „Getragenseins" durch den Therapeuten (vgl. Mertens, 1993: 209).

---

127 Dabei werden die Informationen aus der rechten Körperhälfte auf den linken Kortex projiziert und umgekehrt. Der primäre motorische Kortex des linken Frontallappens organisiert die rechte Körperhälfte und umgekehrt.

128 Er befindet sich in den posterioren Konvexitäten (okzipito-temporo-parietalen Verbindungen der hinteren Hirnregion – vgl. Solms, 2010: 39).

129 Zu den abstrakt-räumlichen Aspekten werden auch die quasi-räumlichen Strukturen der Wortabfolge von Sätzen gezählt.

130 Untersucht wurde das an Patienten mit Broca-Aphasie, d.h. Schädigung der Sprachproduktion, sowie Wernicke-Areal-Schäden, d.h. Schädigung des Sprachverständnisses bzw. der phonologischen Analyseebene und andere Schäden des linken Parietallappens, die zu einer Störung der Laut-Bilder-Bedeutungszuweisung führen, d.h. die lexikalische Analyseebene beinträchtigen (vgl. Solms, 2003: 90 ff.; ebd., 2010: 261 ff.).

Eine Schädigung des linken inferioren (unteren) Parietallappens verursacht also einen mehr oder weniger großen Verlust der Fähigkeit (z. B. abstrakte sprachliche), Konzepte von räumlich organisierten, multimodalen Informationen abzubilden: Wahrgenommene Informationen können nicht mehr symbolisch repräsentiert werden (z. B. bei der Begriffsbildung), obwohl die primäre Wahrnehmung völlig intakt ist.

Damit einhergeht die Fähigkeit der Traumbildung verloren: Abstraktionen als höhere Ordnung des Erlebten ist somit nachweislich eine notwendige Funktionskomponente des Träumens[131].

Die Ich-Funktionen sind dagegen von einer Verletzung der linken Hemisphäre – trotz stark eingeschränkter Sprachfähigkeit – nicht betroffen: Das Ich kann immer noch zwischen Wünschen (Es) und Idealen (Über-Ich) sowie der Realität vermitteln. Trauerprozesse (aufgrund der durch die Verletzung eingetretenen neuen Lebenssituation der von Solms mit Psychoanalyse behandelten Patienten) sind möglich (vgl. Solms, 2010: 268): Aphasie-Patienten, deren verbale Kommunikation mit der Außenwelt sehr eingeschränkt ist, sind durchaus fähig, Trauerprozesse zu durchlaufen und ihre veränderte Realität mit den inneren Wünschen und Idealen nach und nach abzugleichen – was eindeutig auf funktionierende Ich-Fähigkeiten verweist. Ihr Verhalten bleibt vernünftig an die noch vorhandenen Fähigkeiten ihrer Selbstreflexion durch die noch möglichen Vorstellungen gebunden (Solms, 2010: 270f.).

Häufig wurde von der Neurologie nach einer Verletzung der linken Hemisphäre eine Depression als typische Folge beschrieben, woraus (monokausal als Eins-zu-eins-Zuordnung) geschlussfolgert wurde, dass die linke Hemisphäre auf positive, die rechte auf negative Emotionen spezialisiert wäre: Die „Seite der positiven Emotionen" war angeblich durch die Verletzungen gestört und somit die Ursache der Depression bzw. Gleichgültigkeit nach der Hirnschädigung …

Solms konnte nachweisen, dass es sich bei dem Verhalten der Patienten aber vielmehr um psychodynamische Phänomene handelt. Die Depressionen verschwanden nach einer durchgeführten Psychoanalyse (die bei Sprachstörungen auf neue Formen der Darstellungen des Patienten von seinen inneren Zuständen angewiesen war). Ein eingeleiteter Trauerprozess, der sich explizit mit der neuen Situation nach der Hirnverletzung auseinandersetzte, ließ die Depression abklingen. Dieser Trauerprozess war vorher nicht möglich, da ein Verlust der eigenen Körperunversehrtheit (des intakten Körper-Objekts) und damit einhergehender Fähigkeiten von den Patienten (aufgrund ihrer Bedrohlichkeit für die „gute" Selbst-Organisation) geleugnet wurde. Erst durch den psychoanalytischen Prozess kam es zu einer allmählichen Akzeptanz der neuen Realität (vgl. Solms, 2003: 138ff.).

---

131 Doch an der Traumfunktion sind weiterhin viele andere elementare Funktionen anderer Hirnregionen beteiligt, genauso wie umgekehrt der linke Parietallappen an anderen komplexen Funktionen Teil hat.

Auch für den (durch eine Hirnverletzung) geschädigten Körper als Liebesobjekt, dessen Bindung an das Ich von besonders narzisstischer Art ist, ist ein Trauerprozess notwendig. Findet dieser Trauerprozess nicht statt, ist eine Depression möglich – um nicht zu sagen typisch (vgl. Freud, 1917). Diese Nichtakzeptanz des Verlustes der eigenen Körperfunktionen, als Form mangelhafter Ich-Leistung, wird bei den Verletzungen der rechten Hemisphäre sogar noch wichtiger (s. u.).

Die charakteristisch verkürzenden Schlussfolgerungen der klinisch-anatomischen Methode, die vom Phänomen direkt auf eine Gewebefähigkeit schließen, ohne (ganzheitliche) psychodynamische Prozesse zu berücksichtigen, werden hier besonders deutlich. Oft ist es nicht die Fähigkeit Emotionen oder Wahrnehmungen zu erzeugen, die eine psychische Störung herbeiführt, sondern die Fähigkeit sie *zu ertragen*. Wie die Psychoanalyse weiß, sind Angaben, die Patienten über ihre Verfassung machen, in dieser Hinsicht oft falsch, da sie von Scham, Angst oder Verleugnung geprägt sind (vgl. Solms, 2010: 277).

Die Neuropsychoanalyse kann damit auch nachweisen, dass die konventionelle Gleichsetzung von Ich-Funktionen mit verbal vermittelter mentaler Aktivität falsch ist (vgl. Solms, 2003a: 83; 2010: 273 f.). Diese Annahme geht auf Freuds Unterscheidung zwischen *Wort-Vorstellung* als Funktion des Vorbewussten und *Ding-Vorstellung* als Funktion des Unbewussten zurück, die er beide versuchte in das Ich zu integrieren (vgl. Freud, 1923). Auch die Über-Ich Funktionen können demnach nicht allein auf internalisierten sprachlichen Verknüpfungen basieren, wie es Freud vermutet hat (vgl. Freud, 1923)[132].

b) Metapsychologische Funktionen der rechten zerebralen Hemisphäre bzw. rechten perisylvischen Konvexität des Kortex

Die rechte Hemisphäre des Gehirns beinhaltet die räumliche Ganzobjekt-Vorstellung als räumliche Orientierung. Auch diese Funktionen dienen in erster Linie als ein überlebenswichtiger Reizschutz. Hier wird die Masse von modalitätsspezifischen, sensorischen Ereignissen einer stabilen Anordnung erkennbaren Dingen zugeordnet: Nach der ersten Strukturierung der Introjektionen üben diese auch einen projektiven Einfluss auf die weiteren wahrgenommenen Ereignisse aus.

Eine Verletzung der rechten Hemisphäre führt oft zu einem Neglect (Hemineglect), d. h. einer Leugnung der linken Seite des Raums und somit einer Leugnung der Verletzung der gelähmten linken Körperhälfte. Sie ist bedingt durch eine Aufmerksamkeitsstörung (unterschieden von einer Wahrnehmungsstörung, die hier nicht vorliegt). Die eigene linke Körperhälfte und die umgebende linke Raumhälfte werden nicht erkannt oder sogar wahnhaft geleugnet. Patienten mit Verletzungen der

---

132 Vorbewusstes, Bewusstsein und Unbewusstes können demnach auch nicht einfach der linken und rechten Hemisphäre zugeschrieben werden, wie es die Psychoanalyse nach David Galin seit 1974 angenommen hat (vgl. Solms, 2010: 257).

rechten Hemisphäre sind ihrer Situation gegenüber völlig gleichgültig und allgemein emotional verarmt oder hassen sogar ihre gelähmte Körperseite.

Die Neuropsychoanalyse konnte mit ihrer Methode der dynamischen Lokalisation erstmals nachweisen, dass dieser Neglect nicht von einer somatisch gestörten Wahrnehmung verursacht wird. Er ist vielmehr von einer psychodynamisch motivierten Gleichgültigkeit bedingt. Er ist eine „*Störung der emotionalen Wahrnehmung*" (Solms, 2010: 275), als „*somatisches Gewahrsein*" (ebd.) des eigenen körperlichen Zustandes (vgl. Damasio, 1997; 2013: 113). Infolge der narzisstischen Verletzung durch das versehrte Körper-Objekt und einer drohenden Depression wird die gelähmte Körperhälfte verleugnet (als Form eines Abwehrvorgangs) oder emotional abgestoßen (als kränkendes Hassobjekt). Ein durch die Schädigung verursachtes Versagen eines Trauerprozess liegt auch hier dieser Gleichgültigkeit, Ignoranz oder dem Hass zugrunde: Die Tatsache, im Rollstuhl zu sitzen, wird von solchen Patienten oft damit begründet, es wäre kein anderer Stuhl frei; wenn man sie fragt, warum sie den linken Arm nicht benutzen, behaupten sie, der Arm würde jemand anderem gehören etc. Oft wollen diese Patienten sogar die gelähmten Körperextremitäten amputiert bekommen oder attackieren sie selbst, teilweise bis zum Selbstmord (vgl. Ramachandran, 1994; Solms, 2003a: 138 ff.; 2010: 274 ff.; Röckerrath, 2004). Besonders diese starken emotionalen Reaktionen weisen eindeutig auf psychodynamische Phänomene hin, die von der empirisch-psychologischen Methode nicht erfasst werden können und bisher auch nur sehr unzureichend erklärt wurden. Nur im psychodynamischen Konzept der Neuropsychoanalyse wird dieses Phänomen sinnvoll: Statt Trauer und langsame Akzeptanz der neuen Situation werden leugnende oder wahnhafte Erklärungen für das eigene Unvermögen (durch die Lähmung verursachte Unbeweglichkeit der Gliedmaßen der linken Körperhälfte) fabriziert. Oder es wird eine tiefe Abscheu gegenüber den nichtfunktionierenden (fremden) Körperteilen geäußert.

Als neurophysiologischer Ort der Gesamtobjekt-Repräsentation des eigenen Körpers ist der Bereich der rechten Hemisphäre auch der Ort der Gesamt-Objektbesetzung und somit der reifen Objektliebe. Sie vereint normalerweise die ambivalente Emotionen: Hass und Liebe, Frust und Bedürfnisbefriedigung (als emotional gelernte Erfahrung mit dem eigenen Körper). Die Beziehung des Patienten zum eigenen Körper (als Liebes- oder Hass-Objekt) verbindet sich hier mit emotionalen, bewertenden Aspekten. Denn alle Beziehungen zu äußeren Objekten (auch zum eigenen bedürftigen Körper) sind von unserem libidinösen, narzisstischen Bedürfnis getrieben, das unserer biologischen Konstitution entspringt.[133]

„*Verletzungen in diesem Bereich* [der rechten Hemisphäre des Kortex] *beeinträchtigen daher die Fähigkeit des Patienten, die Beziehung zwischen seinem Selbst und Objekten zutreffend zu repräsentieren.*" (Solms, 2010: 282)

---

133 Diese Beziehung ist auch bei Essstörungen relevant.

Bei Schäden der rechten Hemisphäre findet diese reife Objektliebe zum Körper nicht mehr statt, es kommt zu einer Objekt-Beziehungs-Störung, so dass die gelähmte linke Körperhälfte als verhasstes Objekt abgespalten und einer nicht zum Patienten gehörigen, feindlichen Außenwelt zugeordnet wird (vgl. Solms, 2003a: 184).

Für den Nachweis dieser Abspaltung ist folgendes Experiment von Vilayanur Ramachandran sehr überzeugend: Er hatte Patienten mit Schädigung der rechten perisylvischen Region (und daraus folgendem Neglect) Eiswasser ins linke Ohr geschüttet, was dazu führte, dass sie die Leugnung ihrer Lähmung zeitweise aufgaben und sich ihrer Schädigung vollständig bewusst waren – bis die Wirkung der Kälte und die damit verbundene Aufmerksamkeitszentrierung auf die rechte gelähmte Körperhälfte wieder nachließen (vgl. Ramachandran, 1994: 323). Dann wurde der Bewusstseins-Raum vom eigenen Körper wieder (entsprechend den Selbst-Wünschen des Patienten) narzisstisch ausgestaltet und bildete daher die Realität der Lähmung nicht mehr ab.

Mit einer psychoanalytischen Behandlung kann die zugrundeliegende emotionale Basis aufgedeckt und eine solche Leugnung anhaltend aufgehoben werden, indem der Psychoanalytiker das beschädigte Selbstbewusstsein des Patienten stützt, bis die narzisstische Kränkung durch die Verletzung annehmbar wird (vgl. Solms, 2003a: 155 ff.). Das eigentliche Problem des Neglects ist somit ein narzisstisches der psychischen Selbst-Organisation, die mit der physiologischen Verletzung (als anderen Aspekt des Monismus) einhergeht.

Bei der psychoanalytischen Behandlung dieser rechtshemisphärisch-verletzten Patienten ist auch zu beobachten, dass auf eine anfängliche Verdrängung (als unreifer Abwehrvorgang) später Hass und selbstverletzende Reaktionen folgen (als eine Art reifere Abwehrform der narzisstischen Kränkung): Die reife Objektliebe war anfangs völlig zusammengebrochen, da sie auf einer realistischen Wahrnehmung der Getrenntheit zwischen Selbst und dem eigenen Körper (als über das Selbst hinaus wahrnehmbares Objekt) beruht. Die Objektliebe zum Körper als Selbst-als-Objekt regrediert somit auf ein verleugnendes und dann auf ein separierendes Stadium. So wird die nun wieder ins Selbst gehörende, frustrierende, gelähmte Körperhälfte mit der gnadenlosen Rachsucht eines „verschmähten Liebhabers" angegriffen, um (vermeintlich) ein intaktes Selbst wiederherzustellen. Dieser narzisstische Abwehrmechanismus (aus dem auch die Verleugnung stammt), die vor der Reizüberflutung schützen soll (die aus dem Objektverlust resultiert), lassen den Patienten keinen normalen Trauerprozess durchleben, sondern eine (zweifache) narzisstisch-autoaggressiv-depressive Verschiebung (vgl. Solms, 2003a: 162 ff.; 2010: 278 f.).

Röckerrath verweist darauf, dass die Aufrechterhaltung einer zusammenhängenden Selbstrepräsentanz nicht vereinbar ist mit der gelähmten, entfremdeten Körperhälfte und diese deshalb nicht ins (neue) Selbst-Bild integriert werden kann (Röckerrath, 2004: 326). Das Neglect ist somit eine psychodynamische Verleugnung der Behinderung und der Versuch, ein ganzheitliches, liebenswertes Körper-Selbst aufrechtzuerhalten.

Da das Sprechvermögen bei Rechtshirngeschädigten erhalten bleibt, gelingt diese Verleugnung der Verletzung dort drastischer (als ohne Sprache als Mittel sozialer Fähigkeit und Grundlage des höheren Selbst). Die Wahrung der persönlichen Identität, mithilfe der narrativen Kohärenz als reflektiver Teil der Persönlichkeit, ist bei Linkshirngeschädigten nicht so zerstört wie bei Rechtshirngeschädigten. Ihnen steht also die (autoaggressive) Depression als ein reiferer Abwehrmechanismus zur Verfügung, als höhere Form der Selbst-Organisation, im Gegensatz zur Verleugnung oder Abspaltung.

Ebenfalls erfolgt bei Verletzungen der rechten Hemisphäre ein Traumfähigkeitsverlust. Wegen des Verlustes des visuell-räumlichen Arbeitsgedächtnisses, also der Fähigkeit visuell-räumliche Informationen (externe und interne) in einem simultanen Muster abzubilden, kann nicht mehr geträumt werden, obwohl die primäre Wahrnehmung nicht gestört ist.

Bei links-hemisphärischen Verletzungen bleiben dagegen die räumlichen Konzepte und Bedeutungszuweisungen intakt. Insofern weisen die neuronalen Vorstellungsmodi der rechten Hemisphäre einen stärkeren Einfluss auf die Ich-Funktionen auf (vgl. Solms, 2010: 283): Das Ich gründet im Körper-Ich, das Körper-Ich ist das Es (vgl. Solms, 2013: 1012). Das Körper-Ich besteht aus gelernten Repräsentationen von Körperzuständen.

An diesen Fallbeispielen der dynamischen Lokalisation wird die wissenschaftstheoretische und epistemologische Fähigkeit der Neuropsychoanalyse besonders deutlich: Das Verständnis des Menschen als psychodynamischen bzw. emotional-wertenden Selbst ist grundlegend für die richtige Einordnung psychologischer Phänomene bei physiologischer Beeinträchtigung. Das Hirn dient dem Körper als Repräsentant seines Zustandes in dessen aktueller Umwelt. Und es bezieht sich dabei auf emotional gelernte bisherige Erfahrungen.

c) Metapsychologische Funktionen der Großhirnrinde (ventromesiales Frontalhirn)

Wichtiger noch als die Unterscheidung in die rechte und linke Kortexhälfte ist die Unterscheidung in die hintere und vordere Region des Kortex.

Über den beiden bisher erwähnten posterioren Zonen der linken und rechten Hemisphäre liegt die anteriore (vordere) tertiäre Zone des präfrontalen kortikalen Bereichs. Sie regelt als eine Art obere Instanz in der Hierarchie der Hirnfunktionen die Aktivitäten in allen anderen kortikalen Bereichen.

Patienten mit einer ventromesialen Frontalhirn-Verletzung weisen, ohne angemessene Hemmfunktionen, einen typischen Mangel der Ich-Funktion auf, d. h. ein Verhalten mit typischen Eigenschaften des Freudschen Primärvorgangs: Beweglichkeit der Objektbesetzung, Widerspruchslosigkeit, mangelndes Zeitgefühl und ein Ersetzen der äußeren Realität durch die eigene innere. Gerade die mangelnde Realitätsprüfung und die damit einhergehende ungenügende Vermittlung zwischen den Zuständen der Außen- und Innenwelt (als grundlegende Ich-Leistung), verweisen (anhand von Frontalhirnverletzungen) auf diese Region als physiologischen Ort des hemmenden Ich (vgl. Solms, 2003a: 263 ff.; 2010: 271 ff.).

Auch die Regulationsfunktion der Sprache ist gestört. Das beinhaltet ebenfalls die innere Sprache als eine von den Eltern im Über-Ich übernommene Reglementierung und Hemmung (vgl. Solms, 2010: 271).

Der präfrontale Kortex, der sich im Alter von fünf bis sechs Jahren zum größten Teil fertig strukturiert hat, kontrolliert und bindet motorische, genauso wie perzeptuelle, wahrnehmungsorientierte Entladungen, die auch zu Projektionen und Halluzinationen führen können. Diese Prozesse wurden schon von Freud als Sekundärprozesse (Realitätsprüfung, Anerkennung des Realitätsprinzips, Zensur, Verdrängung, Urteilsvermögen) beschrieben – im Gegensatz zum Primärprozess (als Beweglichkeit der Besetzungen). Die Sekundärprozesse fungieren als Reizschranken und als Gedächtnissystem, die zusammen die Hemmfunktionen des Ich ausmachen (vgl. Freud, 1923). Die Ich-Instanz wird ursprünglich durch den Einfluss der äußeren Realität geprägt und mit der Zeit internalisiert: Die internalisierte Mutter wird zur Strukturbildung des Ich als reizregulierende und haltgebende Funktion – vor allen anderen regulierenden Erfahrungen. Diese Funktionsentwicklung entspricht in der Neurologie dem prozeduralen Lernen und der Gedächtnisbildung (vgl. Damasio, 2013: 31).

Dieser entwicklungspsychologische Vorgang steuert dann *„alle weiteren Wahrnehmungserfahrungen und Handlungsplanungen."* (Solms, 2003a: 217). Das Ich bekommt über die sensorischen Endorgane des Körpers die kodierten Informationen aus der Außenwelt. In den unimodalen Rindenfeldern (limbischer Kortex) werden sie hinsichtlich unzähliger funktioneller Kriterien analysiert und synthetisiert. Dieser Vorgang entspricht (als innere Wahrnehmung) Freuds System W (System Wahrnehmung), aus dem er den Kern des Ich abgeleitet hat (als topographischer und genetischer Ursprung des Ich, der aber nicht das ganze Ich ausmacht). System W bildet (als Wahrnehmungsapparat) nach Freud eine erste Schutzbarrieren des Ich gegenüber Reizstimulationen: Verschiedene Qualitäten werden über das Wahrnehmungsbewusstsein (als Kern-Bewusstsein bzw. Hintergrundbewusstsein) zuordnend registriert.

Das Ich mit Sitz im Frontalhirn ist, mit seiner vermittelnden Funktion zwischen den verschiedenen Kräften der Psyche, mehr Diener als Herr. Diese Ich-Funktionen sind hauptsächlich in der heteromodalen kortiko-thalamischen Zone (posteriore kortiko-thalamische Konvexität) lokalisiert. Hier findet aber nicht nur die Hemmung der stereotypischen Primärprozesse statt (die durch die limbio-posterior-kortikale Achse vermittelt werden), sondern auch die Gedankenaktivität der inneren Sprache, die zwischen Trieb (*Such*-System) und Handlung geschaltet wird (vgl. Solms, 2010: 268). Ist diese Region beschädigt, fehlt es daher an Selbstwahrnehmung und es kommt zu einem Unvermögen der Selbstreflexion, was mit der Sprachreflexion in diesem Bereich zusammen hängt.

Die audioverbale Assoziation kann deutlich unterschieden werden von den visuell-geschriebenen oder motorisch-gesprochenen Komponenten der Sprache (vgl. Solms, 2010: 254 f., 271 f.). Am Übergang der posterioren zur anterioren Zone des Frontalhirns, im mittleren temporalen Kortex, wird das lexikalische System der Wortpräsentation mit dem der logisch-grammatikalischen Regeln verbunden. Die simultanen Wort-Informationsmuster werden hier in eine nacheinander ablaufende Struktur der propositionalen Sprache umgeschrieben. Diese sind für die Ich-Funktionen der Selbstreflexion entscheidend. So kann mit einem Patienten, der sprachlich noch denken kann, auch wenn er weder sprechen noch schreiben kann, immer noch eine Psychotherapie durchgeführt werden, da die Ich-Funktionen noch intakt sind (Solms, 2003a; 2010: 266 ff.).

Auch die auditiven Anteile der Wortvorstellung sind an der Exekutivfunktion des Ich beteiligt. Sie verursachen bei ihrer physiologischen Beeinträchtigung ebenfalls keinen Verlust der Ich-Instanz, sondern nur eine Beeinträchtigung der Bewusstwerdung von Gedanken (vgl. Solms, 2003a: 106).

Im mediobasalen präfrontalen Bereich (der in das limbische System übergeht), bindet und organisiert die verbal enkodierte, strukturierte Wahrnehmung alle Triebkräfte, die auf den tiefen Ebenen des Ich erzeugt wurden. So können die inneren Vorgänge des Ich (als Kern-Bewusstsein bzw. Hintergrundbewusstsein) die (höhere) Qualität des reflexiven Bewusstseins (System Bw) erlangen, wenn sie sich in diesem Bereich mit Erinnerungsspuren verbinden, die durch Reize aus der äußeren Wahrnehmung (System W) angezapft wurden. Genau dieser Vorgang der Kopplung verhilft der freien Assoziation in der Psychotherapie, als Mittel der Bewusstwerdung und Verhandelbarkeit von unbewussten Seeleninhalten, zu ihrer Wirksamkeit: Wörter stellen zerstreute Erfahrungs-Fakten in einen zusammenhängenden Kontext und haben somit eine „*Verzeichnis-Funktion*" (Solms, 2003: 137; vgl. 2010: 299 f.).

> „*Unbewusste mentale Vorgänge, die von der Wahrnehmungsperipherie weit entfernt sind – etwa die tiefen motivationalen Prozesse, die durch die ,Bedürfnisdetektoren' des Hypothalamus und der mit ihm zusammenhängenden Strukturen unterstützt werden – können erst ins Bewusstsein gelangen, wenn sie mit etwas Wahrnehmbarem assoziiert werden. Da sich die Erinnerungsspuren der Worte – von Freud als Wortvorstellungen bezeichnet – aus bewusst auditorischen und kinästhetischen Sensationen herleiten, besitzen sie die notwendigen perzeptuellen Voraussetzungen. Unbewusste Gedanken können folglich bewusst gemacht werden, indem sie in Worten repräsentiert werden.*" (Solmsa, 2010: 265)

So bestätigt die aktuelle Hirnforschung Freuds Methode der Redekur, die den Einflussbereich des Ich erweitert, als vermittelnde Funktion zwischen dem Es (als Hintergrundbewusstsein/Kern-Bewusstsein – einschließlich der basisemotionalen Steuerungssysteme/Triebkräfte) und der Realität. Diese kann nach dem sprachlichen „Begreifen" über das motorische System verändert werden (vgl. Solms, 2010: 297 ff.). Die „*affektive Kommunikation*" (Kernberg, 2001: 63) in der Psychotherapie kann eine

Brücke schlagen zur affektiven Kodierung, Kartierung und Symbolisierung der intersubjektiven Erfahrung in der Neurologie. An dieser Stelle wird auch noch einmal klar, dass sich der Selbstbegriff der aktuellen Neurologie durchaus auf den Selbstbegriff der Psychoanalyse abbilden lässt.

d) Traumgeschehen

Träume haben Bedeutung. Auch hier ist die klassische Naturwissenschaft mittlerweile bereit, der Psychoanalyse entgegenzukommen. Doch die verschlüsselte Symbolsprache als Zensur bzw. Selbst-Schutz (vor unliebsamen Wünschen) wird dem Traumgeschehen von der Neurologie nach wie vor abgesprochen. Häufig wird bei dieser Kritik aber die Weiterentwicklung der PTW und Psychoanalyse-Forschung, die Verschiebung des sexuellen Schwerpunkts aus Freuds Traumdeutung, hin zu einer modernen Ich-Psychologie, missachtet (vgl. Klein, 2014).

Die Neurologie weist Träumen eine Wiederholung aktueller Ereignisse zu, die in das Gedächtnis (als Tagesreste) eingewoben werden. Dabei werden im Traum selbst emotional ähnliche Erfahrungen der Vergangenheit aufgerufen.

> „Um nach einer Problemlösung zu suchen, müssen alte, konflikterzeugende Affekte (die positiven wie die negativen) nachsimuliert werden. Das ist der Prozess der Affektaktualisierung im Traum […] Die affektive Intensität, die wachgerufen wird, darf nicht zu gering sein und nicht zu hoch werden. Schießen die Affekte über, kommt es zu einer Unterbrechung des Traumprozesses. Ist sie zu gering, so bleibt die Entwicklung möglicher und neuer Selbst- und Objektmodelle und entsprechender Wechselwirkungen aus." (Moser, 1999: 227)

Emotionale Belastungen werden auf diese Weise verarbeitet (in das Selbst-Bild eingearbeitet) und für die Zukunft des Selbst nutzbar gemacht. Diese emotionale Belastung wird aber m. E. durchaus durch Verbote und uneingestandene Sehnsüchte bestimmt, für die der Traum Bilder bereitstellt. Mögen diese auch nicht der Unterdrückung der (sexuellen) Wünsche dienen, so ist ihre emotionale Aufgeladenheit doch verstörend für die sich an den Trauminhalt erinnernde bewusste Psyche. Denn dass uns viele unserer Wünsche und Ängste nicht bewusst sind oder wir sie vor uns selbst verleugnen, da unser Selbstwertgefühl oder Selbst-Bild damit in Konflikt käme, wird niemand leugnen wollen. Deshalb können uns Traumbilder so erschrecken/hochschrecken lassen, wenn sie durch emotionale Stärke zu nahe an das reflexive Bewusstsein herankommen.

Betrachtet man die neuronalen Abläufe während der Traumarbeit, wird auch deutlich, dass sie in ihrer funktionellen Organisation vergleichbar sind mit den Vorgängen in der Psychose. Auch darauf hatte Freud schon früh verwiesen (vgl. Freud, 1900: 109 ff.). Doch statt der räumlich-visuellen wird in der Psychose verstärkt die audio-verbale Wahrnehmung halluzinatorisch aktiviert (vgl. Solms, 2010: 225 ff.). Freuds Annahme, dass Träume Geisteskrankheiten normaler Menschen seien, lässt sich mit der Ähnlichkeit der neuronalen Vorgänge bei Psychosen also wiederum bestätigen.

Die Traumaktivität umfasst das gesamte limbische System[134], einschließlich der limbischen Anteile der Stirn und Schläfenlappen (d. h. der Strukturen, die auch die Basisemotionen unterstützen). Dagegen sind aber nur einige hochspezifische Vorderhirnstrukturen am Traumgeschehen beteiligt:

1. Die okzipito-temporo-parietale Übergangszone im hinteren Bereich des Vorderhirns (links und rechts), *„mitten im Zentrum der Funktionseinheit für Aufnahme, Analyse und Speicherung von Informationen."* (Solms, 2010: 212). Sie spielt eine wichtige Rolle bei der Herstellung von raum-bildlichen Vorstellungen: *„Träume sind schließlich ein spezifischer Ausdruck visuell-räumlicher Vorstellung."* (ebd.: 216)
2. Die limbische weiße Substanz des ventromesialen Quadranten der Stirnlappen (links und rechts). Diese Region, als Teil der Leitungsbahnen des *Such*-Systems und der Dopamin-Transmission, stellt die primären Antriebskräfte d. h. Reizintentionen für das Traumgeschehen.

> *„Traumprozess und motivierte Vorstellung (die möglicherweise den von Freud beschriebenen Wünschen ähneln) scheinen sogar unauflöslich miteinander verbunden."* (Solms, 2010: 221)

Dabei ist nicht die Art des Reizes, sondern das Maß an Erregung die notwendige Voraussetzung für das Träumen.

> *„Vermutlich ist es richtig zu sagen, dass ein Erregungsimpuls nur dann das Träumen im engen Sinn auslöst, wenn er das Interesse des Such-Systems auf sich zieht. Sobald dies geschieht, empfinden wir subjektiv ein Gefühl, das sich vielleicht in die Frage fassen lässt: ‚Was könnte dies sein? Ich möchte mehr darüber wissen'."* (Solms, 2010: 224)

Auf dieselbe Weise beginnt auch der Traumvorgang. Er kann durch eine Episode vom Vortag ausgelöst werden oder aber durch irgendein Gefühl.

Ausgenommen beim Träumen sind dagegen die höheren kognitiven Komponenten des Vorderhirns: Die Hemmfunktionen des Frontalhirns bzw. die Zensur des Ich und Über-Ich finden während des Träumens nicht im vollen Umfang statt (vgl. Solms, 2010: 227). Deshalb wird das Traumgeschehen bizarr und halluzinatorisch, einer schizophrenen Psychose vergleichbar. *„Im Traumschlaf widerfahren die Ereig-*

---

134 Zum limbischen System zählen alle hochvernetzten Strukturen, die am Gedächtnis und den Emotionen beteiligt sind (Hypothalamus, Thalamus, Amygdala, Hippocampus). Als solches bezeichnet das limbische System keine eigene Struktur, sondern ein theoretisches Konzept (vgl. Solms, 2010: 31 f., 215).

nisse dem Selbst. Dieses Traumselbst ist natürlich nicht das normale Selbst" (Damasio, 2013: 240).

Eine (notwendige, aber nicht hinreichende) Grundvoraussetzung für das Träumen ist also ein bestimmtes Maß an neuronaler Erregung während des Schlafs[135]: Durch diese Basisemotion entsteht im Kern- bzw. Hintergrundbewusstsein ein Interesse an der Objektwelt zur Befriedigung des Bedürfnisses. Doch statt die *Such-*Motivation (wie im Wachzustand) auszuagieren, ist der Mensch im Schlaf motorisch blockiert, und die motivierte Kognition richtet sich daher nicht an die zielgerichteten Aktionssysteme, sondern auf die Wahrnehmungssysteme, besonders auf das visuell-räumliche. Damit wird Freuds These vom Traum als Wächter des Schlafs bestätigt. Träume sind also motivierte Antworten auf Reize, die sich im Schlaf nicht motorisch entladen können: Sie werden ersatzhalber nur symbolisch abgebildet. Allerdings erfolgen sie, ohne dass eine umfangreiche Frontalhemmung einwirkt.

> *"Ohne das programmierende, steuernde und kontrollierende Einwirken der Frontallappen auf unsere Kognition, unsere Affekte und Wahrnehmungen wird das subjektive Erleben bizarr, wahnhaft und halluzinatorisch."* (Solms, 2010: 225)

Die symbolische Transformation, auf die Freud seinen Schwerpunkt bei der Traumarbeit legte, konnte bisher aber noch nicht bestätigt werden. Damit steht auch seine symbolische Transformation im Traumgeschehen als Form von Zensur weiterhin zur Diskussion.

> *"Die verfügbaren Daten können uns nicht sagen, ob die Entstellung, die zwischen latentem und manifestem Traumgedanken erkennbar werden, tendenziell motiviert sind oder nicht."* (Solms, 2010: 228)

M. E. ist die Emotionalität einer Erfahrung (bzw. einer sich wiederholenden Erfahrung durch eine bestimmte Lebenssituation) des Träumenden etwas, das sich genauso an Symbolbilder hängen kann, wie die abgespeicherten Erfahrungen durch Sprache gebunden und wieder-erlebbar werden. Und das gilt nicht nur für den Traumzustand, sondern kommt auch beim Betrachten von Bildern, Szenen und Symbolen im Wachzustand zum Tragen und macht die Bedeutung von Kunst deutlich. Ein Verweis auf meine These wäre Solms Aussage:

> *"Unbewusste mentale Vorgänge, die von der Wahrnehmungsperipherie weit entfernt sind – etwa die tiefen motivationalen Prozesse, die durch die Bedürfnisdetektoren des Hypothala-*

---

135 Die Hirnstammaktivierung während des REM-Zustands ist notwendig, aber nicht hinreichend für das Traumgeschehen. 25% unserer Schlafzeit ist vom REM-Schlaf besetzt, dessen Phasen alle 90 Minuten auftreten. Dabei ist die lang vertretene Auffassung, dass die REM-Phase identisch sei mit dem Traumschlaf, ein Irrtum: Trotz einer Verletzung des Pons (Hirnbalkens), der den REM-Schlaf erzeugt, träumen solche Patienten weiter. Es finden also nur ca. 80% der Träume im Erregungszustand der REM-Phase statt und 20% während der Nicht-REM-Phasen (vgl. Solms, 2010: 206 ff.).

mus und der mit ihm zusammenhängenden Strukturen unterstützt werden –, können erst ins Bewusstsein gelangen, wenn sie mit etwas Wahrnehmbaren assoziiert werden." (Solms, 2010: 265).

Hier kann die Bewusstseins-Forschung der Psychoanalyse hoffentlich in Zukunft weitere wertvolle Hinweise geben, um zu klären, ob und wie Träume Lösungsentwürfe für Selbst-Organisations-Probleme sind (Leuzinger-Bohleber u. a., 1998/1: 33).

Besonders Ulrich Mosers „*Modell von der Traumgenerierung*" bzw. dem „*Traum-komplex*" (vgl. Moser/Zeppelin, 1996) ist mit dem Gedächtnismodell der aktuellen Neurologie vereinbar und lässt m. E. eine Folgerung auf den Traumvorgang zu: Im Gedächtnis sind Affekte, Selbst- und Objektrepräsentanzen, sowie generalisierte Interaktionserfahrungen, als Netzwerk miteinander verbunden. Affekte, auf der Suche nach einer Lösung der Affektregulierung, reaktivieren also auch im Traum den zugrundeliegenden Konflikt, der symbolisch dargestellt wird. Nimmt man auch beim Träumen das oberste Prinzip des guten sozialen Überlebens als grundsätzliche causa efficiens *und* causa finalis, wird so auch der symbolisierte Konflikt im Traumvorgang schlüssig.

4.6 Der biologisch-soziale Wert der Willensfreiheit

Wer will was warum? Die wertende Antwort auf diese Frage bestimmt uns als intersubjektive Individuen und gleichzeitig die Forschung über uns als eben solche. Wir können dabei nicht die Welt noch die Entwicklungsgeschichte verlassen. Raum und Zeit sind die Grundkoordinaten unserer Wahrnehmung. Wir können auch nicht uns selbst verlassen, als lebende Individuen mit einem Gehirn, einem Leben voller eigener Erfahrungen.

Die bisherige Hirnforschung hatte ihren Zweifel an der Willensfreiheit (jenseits neuronaler Determiniertheit) vor allem mit dem Fehlen eines zentralen Steuerungs-Ich/Homunkuli im Hirn begründet. Damasio revidiert in seinem neuesten Buch diese überkommene Ansicht endgültig und stellt das Selbst als Dirigenten dar, der erst durch das „*Spielen des Orchesters*" (Damasio, 2013: 35) seine Funktion bekommt. Das „Selbst als Dirigent" unterscheidet sich dabei explizit vom „Gehirn als Dirigent", was viele andere Neurowissenschaftler immer noch als eine Art Macher bzw. „Fremdbestimmer in uns" aufgreifen. Das Gehirn dient als Teil des Körpers dem Gesamt-Körper in seiner Umwelt, dem System des bewussten, sich in Teilen selbststeuernden Selbst. Das Gehirn gleicht daher eher „*einem der Musiker eines Jazz-Ensembles, die auf der Grundlage bestimmter Akkorde gemeinsam improvisieren*" (Fuchs, 2013: 150). Damasio nennt das Selbst mit seinem Wissen um sein Selbst „*das am höchsten entwickelte Motivationssystem*" (Damasio, 2013: 66). Hier wird der unbewusste Wille zu leben, der in jeder Zelle herrscht, im bewussten Willen nachgeahmt, als „*Kollektiv einzelner Willen*" (ebd.: 47 ff.; vgl. Schweitzer, 1966).

Wille ist m. E. demnach nur als körperlich-psychischer Wille in Bezug auf eine Umwelt zu denken, freier Wille ist nur als Wahl der Homöostase-Strategie sinnvoll: Der bewusste Wille sorgt dafür, dass wir das Lebensmanagement der Zellen, des Gehirns und des Selbst mit unserem Wissenschaftssystem (als „Wahrheitsmaschine") erkennen können. Die emotionalen Wertungen, Lust- und Unlustgefühle sind für die Wahrheitsfindung, jedes „Richtig" und „Falsch", von grundlegender Bedeutung.

> *„Lust korreliert mit einem optimalen, reibungslosen Ablauf des Lebensmanagements, Schmerz mit einem Lebensmanagement, das gehemmt und mit Problemen belastet ist."* (Damasio, 2013: 273)

Unsere Wahrheit und unsere wissenschaftlichen Erkenntnisse werden also letztlich immer an der Optimierung unseres Lebensmanagements, an der gefühlten Homöostase gemessen. Unsere Intelligenz und unser Abstraktionsvermögen stellen uns dabei (begrenzte) Wahlmöglichkeiten zur Verfügung, um unser Lebensmanagement zu optimieren.

Der Wille zur bestmöglichen Homöostase beinhaltet, als Wille zum Leben, auch den Willen zur Heilung durch Veränderung. Das Optimieren der Homöostase wird durch ein nachhaltiges Gefühl des Wohlbefindens erfasst.

Bewertungsmuster für gute oder schlechte Homöostase gewährleisten das Überleben und wurden geprägt durch Belohnungs- und Bestrafungszustände, Lust- und Unlustzustände mit ihren Hormonen und Transmitter als *„Wertmoleküle"* (Damasio, 2013: 59) des Körperorgans Gehirn:

> *„Warum messen wir praktisch allen Dingen, die uns umgeben – Lebensmitteln, Häusern, Gold, Schmuck, Gemälden, Aktien, Dienstleistungen, ja sogar anderen Menschen –, einen Wert bei? Warum verwenden alle so viel Zeit darauf, die mit solchen Gegenständen verbundenen Gewinne und Verluste zu berechnen? Warum tragen Gegenstände Preisschilder? Wozu diese unaufhörliche Bewertung? Und welches sind die Maßstäbe, an denen solche Werte gemessen werden?"* (Damasio, 2013: 59)

Wir bewerten die Dinge in unserer Welt mit den Emotionen sozialer Wesen, die in ihrer Gruppe ihr Überleben sichern wollen, im Gefühl des Wohlbefindens. Doch dieses Messinstrument ist nur zum Teil biologisch (biologisierte Erfahrung unserer Vorfahren). Sein anderer Teil entsteht individuell durch die (körperliche, bedürfnisbefriedigende Interaktion) mit unseren ersten Beziehungspersonen: Sie legt sich in unserer psychischen Struktur und dem psychodynamischen Konzept des Selbstwert-Gefühls nieder, als Resultat der Erfahrung körperlichen intersubjektiven Wohlbefindens.

Unser Hirn produziert also ständig eine Überfülle an bewerteten, wertenden Bildern, bestehend aus den Wahrnehmungsdaten, Erinnerungsdaten und Körperdaten. Sie sind in einer Art unbewussten *„Handlungsstruktur"* (Damasio, 2013: 185) organisiert, die einen zeitlichen und räumlichen Rahmen stellt, mich als Besitzer dieser

Bilder ausweist. Und sie veranlassen mich zu unbewussten Handlungen, die automatisiert und fremdbestimmend ablaufen, damit mein Überleben aufgrund der bisherigen Erfahrungen gesichert wird.

Manchmal ergibt sich ein „*sinnvoller Zusammenhang*" (ebd.), der eine „*Bedeutung konstruiert*" (ebd.), die für das Lebensmanagement sehr wertvoll ist: Er wird durch den „*emotionalen Faktor herausgehoben*" (ebd.). Denn emotionale Marker als „*Wertgradienten*" (Fuchs, 2013: 140) begleiten alle Bilder „*in einer Art Parallelspur*" (ebd.) und ermöglichen so die überlebenswichtige Auswahl der Bilder. Bei sehr wichtigen Bildern wird das „*Selbst angelockt*" (Damasio, 2013: 185) mit seinem reflexiven Bewusstsein.

> „*Und wir können uns eine lange Nabelschnur vorstellen, die den kaum von der Mutter entwöhnten, stets abhängigen bewussten Geist mit den Tiefen ganz elementarer, völlig unbewusster Regulatoren des Wertprinzips verbindet.*" (Damasio, 2013: 39)

Doch auch wenn „*unser Selbst nicht immer fehlerfrei ist und nicht die Kontrolle über alle Entscheidungen hat*" (Damasio, 2013: 40), ist es das komplexeste Mittel um Handlungen abzuwägen und Werte zu verändern, um das menschliche Leben zu sichern. Wir können nach Damasio

> „*die komplexen Ebenen des Selbst auffordern, die Vorgänge auf den einfachen Ebenen zu beobachten. Dies ist eine schwierige Übung und nicht ohne Risiken. Introspektion kann [...] irreführende Informationen liefern. Aber da Introspektion den einzigen unmittelbaren Blick auf das ermöglicht, was wir erklären möchten, lohnt es sich das Risiko einzugehen.*" (Damasio, 2013: 197)

Damasio nennt diese Erweiterung des autobiographischen Selbst/Ich-Einflusses auf das Kern-Selbst auch „*sich die Bilder zu eigen machen*" (ebd.: 23). Er verweist darauf, dass das Wissen um eigene neuronale Muster (als Autobiographie des Selbst) die Subjektivität stärkt. Es sind demnach laut Solms und Damasio die Erkenntnisse über die prägenden Einflüsse der eigenen Biographie, die typischerweise einen großen Teil der psychoanalytischen Behandlung ausmachen, die das Ich stärken.

Auf dieser Grundlage wird nun von der Neuropsychoanalyse ein „*optimaler Handlungsablauf*" (Solms, 2010: 299) etabliert, der dem Notstand der Kindheit widerspricht.

> „*Eine solche Fehlkodierung muss im Grunde durch die homöostatische Funktion des affektiven Bewusstseins reguliert werden, welche die biologische Wertigkeit sämtlicher Objekte der Aufmerksamkeit bestimmt (Freuds Konstanzprinzip).*" (Solms, 2013: 1008 f.)

Eine „*effizientere biologische Befriedigung*" (ebd.) ist die Folge, die wiederum zum Automatismus wird. Sie wurde durch erhebliche Dysfunktionen des falsch erlernten Automatismus angestoßen: Leidensdruck aus psychischen und physischen Pathologien, Beziehungsunfähigkeit, Arbeitsunfähigkeit etc. (Unwohlbefinden als Zeichen der Überlebensbedrohung). Der Leidensdruck führt also zu einer Suche nach einer besseren Homöostase, die durch die Einsicht in die prägenden Muster erreicht wird. Doch wie das affektive Bewusstsein so beeinflusst werden kann, dass es die Fehlkodierung nachhaltig korrigiert, bleibt bei Damasio und Solms sehr vage. Die Sprache als (Grundlage der Redekur) ist für Solms bei diesen Prozessen ein

> „außerordentlich effizientes Instrument zur Herstellung übergreifender, reflexiver und abstrakter Zusammenhänge zwischen konkreten Elementen der Wahrnehmung und des Gedächtnisses". (Solms, 2010: 300)

Sie ermöglicht die „Unterordnung des Verhaltens unter selektive Aktionsprogramme" (ebd.). Die Sprache in einer Psychotherapie ist auch das Instrument, das die Internalisierung „künstlich durch den regressiven Charakter der ‚Übertragungsbeziehung'" (ebd.) reaktiviert. Denn Kognition und Wahrnehmung von Worten sind erlernte Verarbeitungsprozesse und wurzeln im emotionalen Gedächtnisprozess (vgl. Solms, 2013: 1006). Sie ermöglichen es uns über „die räumliche und zeitliche Relation der Dinge nachzudenken" (Solms, 2013: 1012), was zu einer Verbesserung des Reaktionsaufschubs führt.

Dies widerspricht jedoch m. E. den Ergebnissen aus der aktuellen Prozess-Outcome-Forschung, die die therapeutische Beziehung mit ihrer empathischen Intersubjektivität – noch jenseits der Sprache und Introspektion – als entscheidenden Wirkfaktor in den Mittelpunkt der Veränderungsprozesse stellt. Die Introspektion (von Bieri, Illouz, Damasio, Solms, Fuchs u. v. m.) als Mittel der selbstbestimmten Veränderung heraufbeschworen, kann keine wirklichen Veränderungsprozesse herbeiführen, geschweige denn zur Heilung von pathologischen, als fremdbestimmend empfundenen Verhaltensweisen führen. Als Wirkfaktor ist sie den Wertemustern des Kern-Selbst und Hintergrundbewusstseins viel zu unterlegen. Hier denken die erwähnten Herren und Damen (in der Tradition von Habermas, Foucault u. v. m. – vgl. Fußnote 32 u. Kapitel 3.1) den Widerspruch nicht zu Ende bzw. räumen der Rationalität, entgegen aller Einsicht in das beziehungsgeprägte Wertedenken, plötzlich eine unabhängige Macht ein.

> „Denn jegliches Denken ist zunächst einmal unbewusst, weil unzählige Prozesse der Informationsverarbeitung im affektiven, motivationalen und kognitiven Bereich zunächst und die meisten davon ausschließlich unbewusst ablaufen. Unablässig kategorisiert und rekategorisiert unser nichterfahrungsmäßiges Unbewusstes auftauchende Stimuli, fügt sie zu Mustern zusammen und vergleicht sie mit bereits vorhandenen Erfahrungsmustern. Nur ein kleiner Teil von Musterabgleichungsprozessen, die noch genauere Kategorisierungen und Differenzierungen bedürfen, haben die Chance, überhaupt reflexiv bewusst werden zu können." (Mertens, 2007: 143)

Und reflexiv bewusst zu werden, bedeutet Zusammenhänge zu erkennen, aber noch lange nicht verändern zu können. Der Abschied von der Macht der unabhängigen (göttlichen) Ratio fällt schwer. Die Einsicht in die Wahrheit der Intersubjektivität, die nur Wirkung zeigt durch die Erfahrung einer besseren Intersubjektivität, die mehr Wohlbefinden und Selbst-Wirksamkeit durch ein Nachreifen der Selbst-Organisation ermöglicht, ist wohl immer noch eine zu unbequeme, kränkende.

Auf der Ebene des Selbst ist der Wille zur Homöostase, als Wille zu einem übergeordneten guten Selbstwert-Gefühl (in seinen pathologischen und gesunden Ausformungen), bisher am differenziertesten als überlebens-getriebene, narzisstische Motivationen von der Psychoanalyse erfasst und in den Regeln ihrer Psychodynamik dargestellt worden. Denn neben dem vom Selbst gesteuerten willentlichen Streben nach Glück ist vor allem auch das Vermeiden von Unglück, dessen Gefühlskanon weit umfangreicher ist (Schmerz, Leid, Ekel, Angst, Wut, Trauer, Scham, Schuld), für die Homöostase eklatant. Denn in diesen Gefühlen zeigen sich die eigentlichen Hürden, die dem Wohlbefinden so oft im Wege stehen: Erst wenn der Leidensdruck zu groß wird, muss ein Weg gefunden werden, um aus den bisherigen automatisierten Mustern auszusteigen (vgl. Damasio, 2013: 67). Doch zeigen sich diese Kräfte nicht linear, lösen sich nicht durch Erkenntnis einfach auf.

Muster, die in der Kindheit geprägt wurden, sind bei pathologischen Familienstrukturen später mit viel Leid verbunden, die aber gleichzeitig von verdrängter Scham, Schmerz und Ängsten verdeckt werden. Hier greifen die bisherigen eindimensionalen Modelle von Lust- und Unlusterfahrungen, die durch eine (phantasievolle) Introspektion angeblich verändert werden könnten, zu kurz. Denn durch ein pathologisches Umfeld sind Muster entstanden, die die Unlusterfahrungen in diesem Umfeld ursprünglich minimieren sollten, doch später dann – als pathologische Verhaltensweisen – große Unlusterfahrungen verursachen: Überlebensstrategie und Unlust halten sich die Waage. Die daraus hervorgehende andauernde Reizüberflutung und Desorientierung birgt eine große Selbst-Verunsicherung. Das reicht bis zu lebensbedrohlichen Zuständen (z. B. bei Essstörungen und Depressionen), verursacht durch unbewusste Widerstände, deren Heilung nur durch eine gesunde neue Selbst-Organisation und Selbst-Reifung aufgrund einer ausreichenden, therapeutisch korrigierenden sozialen Erfahrung *nachhaltig* herbeigeführt werden kann. Der Wille zu Überleben in seinen pathologischen Mustern kämpft lange mit dem Willen zur Heilung bzw. dem Willen zum guten Überleben. Scham, Schuld und Ängste sind mächtige fremdbestimmende Gegner, an denen eine reine Einsicht wenig ausrichten kann.

Man kann also m. E. nur durch die gewählte Situation der korrigierenden sozialen Erfahrung und des empathischen „Getragenseins" – und nicht durch reine Introspektion – willentlich Einfluss nehmen auf die eigenen pathologischen fremdbestimmenden Bewertungs- und Affektmuster. Nur hier bekommt der salutogenetische Wille zur bestmöglichen Homöostase (als heilende und subjektive Wahrheit) ein emotionales intersubjektives Umfeld, das für die Entstehung einer gesünderen psychischen Struktur und Selbst-Organisation notwendig ist.

4.7   Reicht Hemmung als Weg zu einem freieren Willen?

„Alles, was die Fähigkeit des Selbst untergräbt, sein Aktionssystem erfolgreich zu steuern, wird in irgendeiner Form der Psychopathologie zugeschrieben. Die beiden einfachsten Beispiele sind die konstitutionell bedingte Überimpulsivität und die Hemmdefizite. Wenn man aber die unzähligen Permutationen, die durch die Vielfalt der ‚Impulssysteme‘ (basisemotionale Steuerungssysteme) entstehen, in Verbindung mit der nahezu unbegrenzten Vielzahl von Umweltfaktoren betrachtet, die ihre Reifeprozesse sowie Reifung der inhibitorischen Systeme beeinflussen können, wird deutlich, weshalb so viele unterschiedliche Phänomene unter den Oberbegriff ‚Pathologie‘ fallen.“ (Solms, 2010: 296)

Bei Fehlfunktionen können die Hemm- bzw. Regulierungsfunktionen die verschiedenen Emotionssysteme nur *„unzulänglich regulieren"* (ebd.). Eine Fehlanpassung (aufgrund eines pathologischen Umfelds in der Kindheit) und die daraus hervorgehende Behinderung der bestmöglichen (sozialen) Homöostase im Erwachsenenalter, durch *„ungezügelte affektive Reaktionen"* (ebd.) werden von Solms als Fremdbestimmung definiert, von der man sich durch neuerlernte Hemmung befreien kann. Diese Selbst-Kontrolle erreicht man demnach mit *„verhaltensmodifizierenden Maßnahmen"* (ebd.: 150) zur Veränderung der Hemmfunktion. Durch die Redekur der Psychoanalyse, als nachhaltiges Mittel zur Erweiterung der Einflussnahme des hemmenden Ich im Präfrontallappen, wird diese *„flexible Kontrolle"* (ebd.: 299) des Ich in Form seiner Hemmfunktion erweitert, die sich gegen die unflexible Kontrolle durch die Verdrängung (als Ausschluss psychischer Anteile aus dem Einflussbereich des Ich) stellt.

Nach Solms neuropsychoanalytischem Blickwinkel erfolgt der Vorgang der Verdrängungsaufhebung und Ich-Stärkung also durch einen erweiterten Einflussbereich der Funktionen der Präfrontallappen. Denn neuropsychologische Untersuchungen von Patienten in Psychotherapiebehandlung haben eindeutig ergeben, dass sich die Aktivitäten des Gehirns im Laufe der Therapie verändern (vgl. Bakker u. a., 2001; Brody u. a., 1998; Baxter u. a., 1992) – vor allem findet eine *„Reifung der Neuronenschaltkreise"* (Damasio, 2013: 31) in den Präfrontallappen statt. Sie ergibt sich aus der *„Tätigkeit der Lebewesen selbst und ihrer Lernerfahrung"* (ebd.; vgl. Changeux, 1984).

Doch eine reine Veränderung der Hemmung, wie von Damasio, Solms und Fuchs erwähnt, reicht m. E. nicht aus, um eine pathologische Selbstorganisation zu heilen bzw. Verdrängungen aufzulösen. Die Affekte einfach nur besser zu hemmen, macht den Patienten eventuell wieder leistungsfähiger (wie in der VT), verändert aber nicht nachhaltig seine Selbstrepräsentanzen oder sein Wertedenken. Schließt die Neuropsychoanalyse von der (im fMRT) sichtbaren Veränderung der Präfrontallappen aufgrund einer Psychoanalysebehandlung monokausal auf eine Erweiterung der Hemmfunktionen, verfällt sie wiederum einer Eins-zu-eins-Zuweisung von Hirnarealen zu Funktionen, die sie mit ihrer Methode der dynamischen Lokalisation doch eigentlich überwinden wollte.

Ein Depressiver wird nicht geheilt, weil er seine Gefühle über die Sinnlosigkeit seines Lebens besser hemmen kann, und ein Zwangsneurotiker kann nicht seine

Zwänge (als Form der Über-Hemmung) durch mehr Ich-Stärke noch mehr hemmen. Die Ungenauigkeit bzw. eingeschränkte Sichtweise auf die Veränderungsprozesse ergeben sich m. E. aus der Fokussierung vieler Neurowissenschaftler auf die Hemmfunktion als Ich-Funktion, während die Selbst-Organisation als höhere Ebene der Selbst-Repräsentanzen und höhere Ebene der Veränderungsprozesse (vgl. Fischer, 2008: 83, 246 ff.) außen vor gelassen wird.

Folgt man hier Damasio, Solms und Fuchs, scheint dagegen die Erweiterung der Willensfreiheit nur in der Erweiterung der Hemmfunktionen des Ich zu liegen:

> *„Die phylogenetische und ontologische Entwicklung des menschlichen Gehirns ist eine Entwicklung zu zunehmender Freiheit, insofern das Gehirn einerseits immer differenziertere Bereitschaften, ‚offene Schleifen' entwickelt und zum ‚Organ der Möglichkeiten' wird, andererseits der Einsatz dieser Möglichkeiten vermittels spezifischer Hemmungs- und Aufschubfunktionen immer mehr der Verfügung der Person unterstellt wird."* (Fuchs, 2013: 308)

Und:

> *„Unter dem neurowissenschaftlichen Blickwinkel erweist sich das Wesen des freien Willens – vielleicht nicht ganz ohne Ironie – als die Fähigkeit zur Hemmung, das heißt, als Fähigkeit zu entscheiden, etwas nicht zu tun."* (Solms, 2010: 299)

Die inhibitorische Möglichkeit der Hemmfähigkeit des Ich besitzt im eigentlichen Umfang nur der Mensch. Sie wird hauptsächlich im Präfrontallappen verortet und verleiht uns die Möglichkeit, stereotypische Zwänge, die unseren ererbten und erlernten emotionalen Gedächtnissystemen eingeschrieben sind, zu unterdrücken und dann durch Nachdenken aufzuschieben. (Nachdenken ist in diesem Zusammenhang imaginäres Handeln durch im Geiste bewertete Aktivitäten). Reflexives Bewusstsein in Form des Nachdenkens wird zwischen Impuls und Aktion geschoben. Imaginierte Möglichkeiten im Denken und Vorstellen (Introspektion) werden im reflexiven Bewusstsein in ein Selbst-Verhältnis gesetzt. Damit einhergeht die Wahrnehmung: *„Ich (nicht Andere) haben diese Bewegung durch meinen Willen herbeigeführt"* (ebd., 2013: 1014). Das setzt ein voll ausgebildetes Selbst als deklaratives Selbst (= Ich) mit seiner *„Perspektive der dritten Person in Relation zu anderen Objekten"* (ebd.) voraus. Es stellt auch die Grundlage unserer Verantwortung für unsere Taten.

Automatische Reaktionen werden also in der aktuellen Bewusstseinsforschung mit (zunehmendem Heranwachsen und Ausreifung der Hirnstrukturen) über die Hemmfunktionen des Ich modifiziert oder unterdrückt zugunsten einer

> *„aufgeschobenen Belohnung, das vorberechnete Eintauschen von etwas gutem gegen etwas, das später besser sein wird – oder der Verzicht auf etwas Gutes, wenn die Abschätzung der Zukunft vermuten lässt, dass damit später vielleicht auch etwas Schlechtes einhergeht."* (Solms, 2010: 292 f.)

Das Selbst ist also nicht völlig von den im Kern-Selbst gespeicherten Erfahrungsmustern bestimmt. Denn *„der unbewusste Prozess [steht] zu einem beträchtlichen Teil* und auf vielfältige Weise unter bewusster Lenkung." (Damasio, 2013: 283) Für Damasio wird „das Bewusstsein […] durch die Tatsache, dass auch unbewusste Prozesse vorhanden sind, nicht entwertet. Vielmehr vergrößert sich damit sein Wirkungsbereich." (ebd.) Wo Kern-Selbst ist, soll reflektiertes, sprachlich vermitteltes erweitertes Selbst werden. So haben das bewusste Denken und die Freiheit, die es uns verschafft, „wenig mit der Fähigkeit zu tun, die gerade nötigen Tätigkeiten zu steuern. Es hat aber sehr viel mit der Fähigkeit zu tun, vorauszuplanen und zu entscheiden." (ebd.: 285)

Doch was ist, wenn der Wiederholungszwang die Hemmung und auch die Zukunftsplanung affektiv überflutet, der Notstand bis in die Selbst-Organisation vorgedrungen ist? Dies geschieht auch bei Menschen, die oft genug unauffällig bzw. besonders gut angepasst an den gesellschaftlichen Abläufen teilnehmen (z.B. sogenannte Leistungsträger etc.). Oft handelt es sich bei pathologischen Verhaltensweisen eben auch um eine zu starke Hemmung, wie z.B. bei der Erschöpfungsdepression oder Magersucht. Denn das affektive primäre Selbst (= Es) als primäres Selbst bzw. Kern-Selbst und seine erlernten emotionalen Mustern bestimmen die Qualität des deklarativen Selbst maßgeblich. Damasio uns Solms beziehen sich hierbei m.E. nur auf eine Art kognitives Unbewusstes (vgl. ebd.: 286), das es zu hemmen gilt – und nicht auf ein psychodynamisches. Sie gehen dabei immer von „gesunden, robusten unbewussten Prozessen" (ebd.: 284) aus: Ein „robustes Selbst" (ebd.: 285), eine „organisierte Autobiographie" (ebd.) und „definierte Identität" (ebd.: 286) haben demnach ausreichend Freiheit in ihrer Willenskraft, für eine selbstbestimmte optimale Homöostase durch die Regulierung der Hemmung.

Doch auch der Exekutivmechanismus der Hemmung, der ebenfalls hauptsächlich unbewusst abläuft, aber auch bewusst gesteuert werden kann, liegt in den fremdbestimmenden Erfahrungen der ersten Lebensjahre mit den Eltern und anderen Autoritätsfiguren begründet. Er ist somit nicht von Natur aus robust oder gesund oder voll funktionsfähig. Wie kann er also bei einer pathologischen Prägung (aber auch bei einer „milderen Charakterschwäche") selbstbestimmt verändert bzw. erweitert werden – gegen Scham und Schuldgefühle, die die Hemmfunktionen mit gestalten?

Zentral für die Psychoanalyse als Wissenschaft und Heilmethode ist das basale Konzept der Abwehr (vgl. Schöpf, 2014: 134).[136] Es basiert auf einem klinisch beweisbaren Zugang zur Psychodynamik des pathologischen Verhaltens bzw. der psychischen Erkrankungen durch das Phänomen der Übertragung. Die Abwehr, die in der Übertragung reinszeniert wird, ist der Ursprung der psychischen Struktur und der Triebtheorie Freuds – wenn auch mit zahlreichen Widersprüchen (siehe Kapitel 3). Auch wenn „die strukturelle Funktion der Abwehr, die weniger verhaltensnah beob-

---

136 Wie schon erwähnt: Die Suggestion scheiterte am Wiederholungszwang. Der „Stolperstein Verdrängung" führte ja gerade in Freuds *Entwurf einer Psychologie* von 1895 dazu, dass er den Versuch eines neurologischen Unterbaus seiner in Entstehung begriffenen psychoanalytischen Theorie bald aufgab und zum psychodynamischen Modell der *Traumdeutung* überging (vgl. Freud, 1900, Kapitel VII).

achtet werden kann" (OPD, 2009: 122), aus den vier strukturellen Dimensionen der OPD-2 herausgenommen und mittlerweile als *„stärker theoriegeleitet eingeschätzt"* (ebd.) wird (und daher auf ein ergänzendes Modul im Anhang der Struktur-Achse herabgestuft wurde), sollte der entsprechende Vorgang dringend geltungslogisch geklärt werden. Der tief in den pathologischen Verhaltensweisen verwurzelte Vorgang der unbewussten emotionalen Konflikte ist also die zentrale Herausforderungen der Neuropsychoanalyse (vgl. Solms, 2010: 21). Denn der Mensch zeichnet sich nicht nur durch seine besondere Affekt-Hemmung aus, sondern durch sein stark gewertetes Selbst-Bild, das zahlreiche Konflikte im Spannungsfeld der individuellen Bedürfnisse und der intersubjektiven Werte hervorbringt.

Die Exekutivprogramme der Hemmung entstehen durch Beobachtung und das *Nachfühlen* des Verhaltens der emotional verbundenen Bezugspersonen und ihrer Reaktion auf die Reiz-Affekt-Überflutung beim Kind. Die Aktivität der Spiegelneuronen, die bei der Beobachtung von Aktivitäten und Emotionen anderer Menschen (aber auch Tiere oder animierter Gegenstände) die neuronalen Aktivitätsmuster beim Kind hervorbringen, entsprechen einer fiktiven eigene Aktivität (vgl. Damasio, 2013: 163 f.). Die *„Spiegelungsmuster"* (Fonagy/Target, 2005: 196) der Mütter schaffen gesunde oder pathologische Emotionsregulierung beim Kind. So lernt der Mensch im Kontext biologisch sinnvoll zu agieren, in Form von Selbst-Organisation und Intersubjektivität.

„Dieser Mechanismus ist der Lebenssaft der Psychoanalyse." (ebd.). Denn diese psycho-physische Grundlage sorgt dafür, dass Kinder das Verhalten der Eltern internalisieren. Dies geschieht laut Solms aber insbesondere über die Sprache, die zur inneren Sprache des Kindes als Hemmfunktion wird. Sie wird als Fähigkeit des sich entwickelnden Frontalhirns in die entstehende Persönlichkeit integriert: Verbale Verbote werden durch sprachliches Verstehen und inneres Sprechen zu Hemmungen des Verhaltens als Instrument der Selbst-Regulierung. *„Die Sprache ist ein ungemein effizientes Instrument der Selbstregulierung."* (Solms, 2010: 295)[137] Die Bezugspersonen der ersten Lebensjahre „ver-worten" demnach dem Kind seine unangenehmen und angenehmen affektiven Erfahrungen.

Doch Solms nimmt hier eine unausgewiesene Rationalisierung dieser Vorgänge vor: Nur die mit dem Spracherwerb einhergehende empathische Affektregulierung ermöglicht es dem Säugling und Kleinkind seine negativen Zustände zu ertragen (vgl. Mertens, 1991: 31 f.). Diese Überbetonung der Versprachlichung bei gleichzeitiger Vernachlässigung der Empathie verursacht m. E. das Missverständnis und die Übergewichtung der Hemmung als subjektiv-handhabbare reflexive Introspektion für die selbstgewählten Veränderungsprozesse. Die Präfrontallappen und ihre

---

137 Bei Patienten mit eine bestimmten Läsion des Frontallappens, die diese Funktion zerstört, kommt es zu eine Dissoziation von Wissen und Handeln: Wenn man sie bittet etwas zu tun, bestätigen sie verbal es zu tun – tun es dann aber nicht. Sie können ihr Verhalten nicht mehr verbal kontrollieren (vgl. Solms, 2010: 295).

Hemmfunktion werden als Ich-Strukturen *„von den Eltern (und anderen Autoritäts-figuren), die diesen Aspekt der kindlichen Entwicklung in den kritischen ersten Jahren steuern, buchstäblich geformt"* (Solms, 2010: 294) und erhalten so *„ihre individuelle Struktur"* (ebd.). Doch die körperliche Empathie dürfte hier m. E. neben der *Empathie* in der sprachlichen Kommunikation weit überwiegen. Denn die mangelnde Bedürfnisbefriedigung und Bestätigung ist von Beginn des Lebens an vor allem eine körperliche.

Damasio selbst verweist an anderer Stelle darauf, dass die Spiegelneuronen auch *„Als-ob-Apparat"* (Damasio, 2013: 114 f.) oder *„Als-ob-System"* (ebd.) mit *„Als-ob-Körperschleife"* (ebd.) es uns ermöglichen, *„Andere zu verstehen, indem sie uns in einen ähnlichen körperlichen Zustand versetzen."* (ebd.: 116). Zuerst wird also das *Verhalten* der Bezugspersonen gegenüber uns und unseren Bedürfnissen internalisiert und zur psychischen Struktur als eigenem Reizschutz ausgebaut. Diese Struktur beruht auf der Gedächtnis-Funktion einer schnellen, energiesparenden Aktivierung von *Körperzuständen* aus der Erfahrung der Vergangenheit: Das körperlich agierte Mitgefühl ist die Voraussetzung für das Selbst-Gefühl. Wieso sollten wir dann diese Muster plötzlich durch reine Introspektion ändern können?

Die Objektbeziehungstheorie (als eine der Grundlagen der aktuellen Psychoanalyse) hat aus den verdrängten Trieben mittlerweile Objektbeziehungsrepräsentanzen werden lassen, die mit Affekten einhergehen. Durch die Säuglingsforschung hat die Abwehr (Wegdrehen, Schreien, Unruhe) als direkte Form der Interaktion mit den Bezugspersonen ihren reinen Triebcharakter verloren. Die gesuchte gesunde Spiegelung der Affekte ist nunmehr die Grundlage aller Übertragung und bildet die psychische Struktur, bis hin zur selbst-bewussten Reizregulation und zu den Veränderungsprozessen in der Therapie. Heute wird also in der Psychoanalyse vor allem der beziehungstheoretische Kontext berücksichtigt – auch bei der Entstehung der Hemmfunktionen der Ich-Struktur.

> *„Das Unbewusste wird aus all den Objektbeziehungserfahrungen gebildet, welche nicht bewusst werden dürfen, weil die elterlichen Reaktionen auf diese Erfahrungen zu starke Unlust und Angst erzeugt haben."* (Mertens, 2007: 124)

Das bedeutet also, dass die Verdrängung nicht einfach den Trieb reguliert, sondern über Lust- und Unlusterfahrungen *mit* den Bezugspersonen, im Zusammenhang mit den eigenen Bedürfnissen, die Integration des (narzisstischen) Selbst in die beschützende überlebenswichtige Gruppe/Familie und ihrer kulturspezifischen Werte generiert. Unbewusste Konflikte entstehen hier nicht mehr durch Triebabwehr, sondern durch Erfahrungen mit den ersten Bezugspersonen, die – bei pathologischen Verhältnissen – Anerkennungs- und Bindungsbedürfnissen oft widersprechen. Bedrohlich ist demnach die Unlusterfahrung (Strafe, Frust, Kränkung) aufgrund von unerfüllten oder verbotenen Bedürfnissen, die im Widerspruch stehen zu der Sehnsucht nach schützender (vor allem auch körperlicher) Anerkennung der Bezugspersonen, die diese Verbote etablieren. Die Sprache ist diesen Vorgängen als eines von vielen Mitteln unterstellt.

Entsprechend der psychoanalytischen Objektbeziehungstheorie kann man nunmehr für den Vorgang der Verdrängung die Parallele zwischen der neurologischen Bewusstseinsforschung und der Psychoanalyse ziehen, wenn man sich auf Solms neusten Aufsatz *The conscious Id/Das bewusste Es* (2012/2013) bezieht: Bei der Verdrängung kappt das System Bw (zusammen mit der exekutiven Kontrolle des Ich) die Verbindung zwischen Ubw (den inneren geistigen Prozessen, unbewussten Gedächtnisleistungen) und dem System W (der bewussten reflexiven autobiographischen Wahrnehmung). *„Damit wird ein ‚episodischer‘ kognitiver Prozess auf einen ‚assoziativen‘ (prozeduralen oder emotionalen) reduziert."* (Solms, 2013: 1017) Die assoziativen Verknüpfungen ziehen nicht länger das *„repräsentational-reflexive Gewahrsein"* (ebd.) auf sich. Solms vermutet hier eine *„vorzeitige Automatisierung eines Verhaltensalgorithmus"* (ebd.), der der Realität noch nicht entspricht. Der Vorgang bewahrt den Menschen davor, seine Selbst-Defizite bewusst wahrzunehmen, weil sie eine Ursache für unerträgliches Leid wären (narzisstische Kränkung, existentielle Bedrohung) – obwohl das Wissen um dieses Leid unbewusst (im Hintergrundbewusstsein/Kern-Bewusstsein) weiterhin vorhanden ist, da es ja als starkemotional bewertete Erfahrung erlebt wurde. Doch als Vorhersagefehler laufen diese prozedural-konditionierten oder emotionalen Reaktionen Gefahr, Aufmerksamkeit zu wecken in einer Art der Wiederkehr des Verdrängten: Erinnern kann unter Affektdruck geraten. Heftige traumatische Erfahrungen werden deshalb sogar nur prozedural-körpernah mit diffusen Affekten abgespeichert, ohne Bilder (vgl. Rudolf, 2002b: 26). Anders verhält es sich allerdings bei chronischer Bedrohung durch die Bezugspersonen:

> *„Bei einem strukturellen Ich-Defizit sind hingegen wichtige Verbindungen zwischen kognitiven Kompetenzen und subsymbolischen emotionalen Erfahrungen nur unzureichend zustande gekommen."* (Mertens, 2007: 141)

Primärprozesshafte Denkvorgänge (vorsymbolisch und symbolisch konditioniert) sind somit eine Regression zum Schutz des Ich, die man, wenn sie kontrolliert stattfinden, als Kreativität verbucht (vgl. ebd.).

Jenseits der Ich-Funktion der Hemmung betrifft das Verdrängte also die gesamte pathologische Selbst-Organisation und kann nur durch eine emotionale korrigierende Erfahrung, auch und vor allem jenseits der Sprache, rückgängig gemacht werden.

Inhalte des Kern-Selbst werden m. E. dynamisiert, wenn Erfahrungen und Wünsche, aber auch widersprüchliche Regeln der Eltern oder der Gesellschaft gegeneinanderstehen. Durch Auslöser im aktuellen Erleben geraten die alten Bewertungsmuster wieder miteinander in Konflikt. Die psychische Struktur stellt dabei eine sich wiederholte Erfahrung von Wunsch und Umwelt dar (z. B. in Form des Selbst-Bildes, das immer wieder auf gegenteilige Erfahrungen trifft). Deshalb kommt es immer wieder zu weiteren Wunsch-Umwelt-Konflikten, wobei entweder der Wunsch oder die Realität abgewehrt wird, weil sie für die individuelle (pathologische) Psycho-Homöostase schädlich sind.

Diese Schlussfolgerung passt zu dem Konzept der modernen Psychoanalyse, die die evolutionspsychologische Sicht der narzisstischen Selbsttäuschung durch Verdrängung aufgreift. Die psychodynamischen Abwehrmechanismen peinlicher Selbst-Vorgänge sichern hiernach unser Überleben als soziale Wesen. Abwehrvorgänge sind demnach eine Entkoppelung bestimmter Affekte vom Input: Der Affekt wird von der (unbewussten) Registrierung getrennt, mit der er ursprünglich zusammen erfolgte, um nicht rasend vor Wut, platzend vor Neid, enttäuscht vor Liebe das eigene (soziale) Überleben zu gefährden (vgl. Mertens, 2014a: 161 f.).

Doch *„jenseits des Lustprinzips gibt es den Wunsch, Probleme zu lösen.“* (Mertens, 2014a: 155; vgl. Freud 1920: 32, 36; 1940: 134). Dauerhafte Unlusterfahrungen, durch starke ständige Konflikte zwischen narzisstischer Selbst-Organisation und Wünschen, wollen vom salutogenetischen „Willen zur Heilung“ in stets erhofften guten sozialen Beziehungen überwunden werden (dies zeigt sich im wiederkehrenden Gedanken von Patienten am Beginn von neuen Beziehungen als Hoffnung von: „Jetzt wird alles gut.“).

Unser Bewusstsein ist also nicht nur ein Monitor, um narzisstisch unbelastete Verarbeitungsprozesse gelegentlich noch mal in der Introspektion nachvollziehen zu können. Denn nur die emotionale Wieder-Vergegenwärtigung der primärprozesshaften Vorgänge ermöglicht Fehlerkorrekturen, um die Selbst-Organisation besser auszurichten. Also muss die psychodynamische Selbst-Organisation eine andere werden, um eine nachhaltige Heilung herbeizuführen. Das gelingt gezielt und gewollt jedoch nur in einer therapeutischen Beziehung als emotionaler korrigierender Erfahrung. Und erst eine gesunde Struktur, die eine gesunde soziale Homöostase prinzipiell gewährleistet, schafft (im Gegensatz zu einer erweiterten Hemmung die sich in den alten Wertemustern bewegt) eine Grundlage für eine zukünftige optimale selbstbestimmte Selbst-Organisation.

4.8 Heilung der Fremdbestimmung. Oder: Wie gelang das Selbst selbstständig zu seiner bestmöglichen Homöostase?

„Geistiges beruht auf Bedeutung, und Bedeutung auf Beziehung. Sie leiten sich ab von der frühkindlichen Erfahrung […] Korrelate dieser Bedeutung werden dem Gehirn im Verlauf der Sozialisation als neuronale Muster funktionell und morphologisch eingeschrieben. Dadurch wird das Gehirn zum Organ des Geistes.“ (Fuchs, 2013: 222)

„Ideale Homöostasezustände sind der wertvollste Besitz eines Lebewesens“ (Damasio, 2013: 69). Doch allein mit *„Üben, Üben, Üben“* (ebd.: 285, 295) kann bei einem pathologischen Kern-Bewusstsein keine gewollte Veränderung bewirkt werden, um einen besseren Homöostasezustand herzustellen. Das Gefühl von erweiterter Selbst-

bestimmung beruht auf einer Selbst-Organisation, die fehlgelaufene Hemmungen in einem neuen Gesamtkontext der psychischen Struktur verändern muss: Ein Depressiver kann seine Selbstmordgedanken nicht nachhaltig durch Üben ablegen, eine Magersüchtige kann nicht durch Üben wieder zum Essen gebracht werden. Es reicht eben nicht seine *„Willenskraft zu mobilisieren"* (ebd., 2005: 66), um die eigenen Bewertungsmuster zu steuern.

Damasio verweist zwar auf die grundsätzliche Rolle der Emotionen für eine *„vorteilhafte Regulation der Lebensvorgänge"* (ebd.: 51) im Gegensatz zu *„stockenden Lebensumständen"* (ebd.: 77). Wie aber die *„Emotionen, die extrem schlechte Ratgeber sind"*, (ebd.: 52) zu ändern wären, bleibt vollkommen oberflächlich oder sogar dem Behaviorismus verhaftet. Laut Damasio können wir sie nur *„unterdrücken"* (ebd.) oder *„unsere Reaktionen auf ihre Ratschläge entschärfen"* (ebd.).

Kontext und Intensität einer Emotion stellen in der Neurologie zwar mittlerweile wichtige Faktoren dar; doch Damasio verweist auf Wut, Traurigkeit und Phobien leider nur pauschal als *„kontraproduktiv"* und *„hinderlich"* (ebd.: 162) in modernen Gesellschaften, als etwas, das den Zustand des Organismus *„aus seinem normalen Funktionsbereich hinaus drängt"* (ebd.). Eine Psychodynamik von Gefühlen im neurotischen Zusammenhang erwähnt er nicht. Oft scheint es so, als bliebe er absichtlich im Ungefähren, um der Psychoanalyse nicht zu nahezurücken: *„Erfolgreiches Neinsagen setzt eine langwierige, bewusste Vorbereitung voraus"* (ebd.: 286), und wir müssen *„sorgfältig darüber nachdenken, welche Möglichkeiten uns das Unbewusste hier eigentlich anbietet."* (ebd.: 291). Er schreibt von einem *„disziplinierten Ritual"* (ebd.: 295) oder *„gesteigerten Emotionen und sogar Schmerzen – ein empirisch gefundenes Mittel, um dem menschlichen Geist die gewünschten Mechanismen einzuimpfen"* (ebd.), entgegen *„früheren emotionalen Erfahrungen"* (ebd.: 289.). Es gibt weiterhin die Möglichkeit der *„Stärkung des wissenden Selbst und seiner Fähigkeit, die Misslichkeiten und Möglichkeiten des menschlichen Lebens zu erkennen"* (Damasio, 2013: 282). An anderer Stelle verweist Damasio auf genetische Veranlagung. So ist die dramatische Figur des Othello bei ihm *„von Natur aus anfällig für Eifersucht gewesen"* und *„Freuds Interpretation dieser zeitlosen Gestalten vermischt sich mit ihrer entwicklungsgeschichtlichen Herkunft und weist auf sehr verbreitete Aspekte der menschlichen Natur hin."* (ebd., 2013: 293) Eifersucht ist aber nicht gleich Eifersucht – und gerade im Fall von Othello hat sie das normale, gesunde Maß verlassen und ist in ein krankhaftes eingetreten.[138]

---

138 Im Gegensatz zu Neurologie ist die Verschiebung, weg vom Normativen hin zum Intersubjektiven, in der aktuellen Shakespeare-Forschung bereits weitreichend geglückt: Bisher wurde der einheitliche Geniegedanke beschworen, nach dem ein einziger Autor in einsamer Klausur all die überragenden Werke geschaffen hätte (wenn auch hinter dem Mann mit dem Namen Shakespeare andere Genies, wie der Earl of Oxford oder sogar Francis Bacon, vermutet wurden). Doch seit kurzer Zeit gilt in der aktuellen Literatur-Forschung die intersubjektive Entstehung der berühmten Stücke (zwischen Stückeschreiber und Schauspielern als eine Art intersubjektives „Work in Progress") als wahrscheinlich. Demnach wurden, von einem Grundkonzept ausgehend, von Auffüh-

Neurotiker sind auch nicht einfach nur „*schwache, wohlmeinende Sünder*" (ebd.: 294) und neurotische Prägungen auch keine „*unzureichende Erziehung*" (ebd.: 296). Und es stimmt auch nicht, dass wir „*kaum Ahnung*" hätten, von den „*charakteristischen Merkmalen*" (ebd.: 298) bestimmter Fehlfunktionen der Willenskraft. Selbst auf die erwähnten „*erziehungsbedingte*[n] *Faktoren*" (ebd., 2005: 182), die zu Verhaltensweisen führen, die einer „*physischen Schädigung der präfrontalen Regionen*" (ebd.) des Hirns gleichkommen, wird nicht näher eingegangen.

Lieber als auf die naheliegende Psychoanalyse bezieht Damasio sich auf Spinozas Ethik, die schon im 17. Jahrhundert feststellte, dass wir „*die Leidenschaften mit Hilfe einer von der Vernunft ausgelösten Emotion und nicht durch die Vernunft allein überwinden müssen.*" (ebd.: 21) Doch auch wenn Spinoza behauptet, „*einer Emotion, die negative Folgen hat, könne man nur mit einer anderen, stärkeren Emotion entgegenwirken*" (ebd.: 297), hat das für Damasio anscheinend nichts mit der Psychodynamik der Ich-Struktur und frühkindlichen Strukturprägungen zu tun. Zwar glaubt er:

> „*Meiner Meinung nach können wir sagen, dass Freuds Erkenntnis über die Beschaffenheit des Bewusstseins mit den am weitesten entwickelten Sichtweisen der zeitgenössischen Neurowissenschaft vereinbar ist.*" (Damasio, 1999: 38).

Doch beruft er sich zum Thema Freud lediglich auf dessen letzten Aufsatz *Some Elementary Lessons in Psychoanalysis*, der 1938 in London auf Englisch verfasst wurde. Für ihn nimmt Freud hier den einzig plausiblen Standpunkt zum Thema Bewusstsein und Unbewusstes ein:

> „*Der Geist ist ein ganz natürliches Ergebnis der Evolution, und er ist zum größten Teil unbewusst, innerlich und verborgen. Bekannt wird er uns durch das schmale Fenster des Bewusstseins.*" (Damasio, 2005: 189).

Wie oben schon erwähnt hat die Neurologie die Macht des Unbewussten bestätigt, doch weigert sie sich an vielen Stellen oft noch irgendwelche sinnvollen Aussagen zu deren Gesetzmäßigkeiten zu machen. Immer wieder streift Damasio in seinen Beschreibungen ein psychodynamisches Verständnis seiner neurologischen Forschung, eine psychoanalytische Einordnung von Entstehungs- und Veränderungsprozessen – ohne das als solches benennen zu wollen. Als seriöser Naturwissenschaftler die allgemeine Falsifizierbarkeit zu verlassen, scheint er mehr zu fürchten als die Ignoranz alltäglicher klinischer Phänomene. Die korrigierende Erfahrung einer therapeutischen Beziehung wird weder von Solms noch von Damasio erwähnt.

Die wissenschaftstheoretische Tragweite von Freuds psychodynamischem Konzept, in seiner Deckungsgleichheit mit den neuen Befunden der Bewusstseinsforschung, scheint zumindest für Damasio (im wissenschaftstheoretischen Sinn nach

---

rung zu Aufführung Dialoge und Charaktere verfeinert, was auch die verschiedenen Versionen gerade der beliebtesten Stücke (z. B. Hamlet) evident erklärt (vgl. Schabert, 2009).

Thomas Kuhn) noch zu riskant. Die Weigerung der Neurologie und sogar der Neuropsychoanalyse, sich mit dem psycho-pathologischen Phänomenen wirklich auseinanderzusetzen und eine sinnvolle Erklärung für Veränderungsprozesse (jenseits einer Rationalisierung) bereitzustellen, zeugt m. E. von einer Selbsttäuschung oder Hilflosigkeit, die an der Macht der rationalen bewusstseinsgesteuerten Freiheit unbedingt noch weiter festhalten will.

Bei einer pathologischen Selbst-Organisation verliert das Selbst seinen Freiheitsgrad und die Fähigkeit seiner bewussten Lenkfunktion über das Kern-Selbst. Die deklarativen Selbstanteile sind m. E. zu schwach, um die tiefgreifenden Veränderungsprozesse zu gewährleisten. Auch bewusst etablierte neue Hemmfunktionen (wie in der VT) können an einer pathologischen strukturellen Selbst-Organisation wenig ausrichten (siehe Kapitel 3). Das müsste Solms als Psychoanalytiker eigentlich klar sein. Doch als Neurologe scheint er hierauf keine Antwort zu finden.

Ist die psychische Struktur nicht richtig entwickelt worden (durch pathologisierende Erfahrungen), ist der gesamte psychische Apparat davon betroffen; je pathologischer (neurotischer, psychotischer) die emotionalen Muster des Kern-Selbst sind, umso pathologischer ist auch der Rest des aufsteigenden Bewusstseins. Die Macht des Wiederholungszwangs starker, schmerzhafter, emotionaler Erfahrungen bestimmen dann auch große Teile des autobiographischen Selbst. Reflexiv-bewusste Erkenntnisse oder Entscheidungen sind somit immer stark beeinflusst von der Psychodynamik des Hintergrundbewusstseins als „Wertgradienten" (vgl. Fuchs, 2013: 140). Es steht in seiner pathologischen Prägung einer guten Homöostase, einem (maximal) möglichen Wohlbefinden prinzipiell entgegen. Seine pathologische Selbst-Organisation wird jede neue Hemmung außer Kraft setzen oder fehlleiten.

Denn: Neurotische Verhaltensweisen sind ein verstärkter Reizschutz, eine besondere Form, das eigene Verhalten an die Erfahrungen mit den emotionalen und sozialen Regeln in der pathologischen Gruppe/Familie anzupassen. Sie können nicht einfach durch einen neuen, gesünderen Reizschutz ersetzt werden. Sie sind eine Maßnahme, um das Überleben zu sichern unter extremen Bedingungen, und eine Einsicht in die Bedrohlichkeit allein kann nichts daran ändern. Sie sind ein Dauernotstand der Selbst-Organisation, der sich als Notstand selbst aufrechterhält, durch immer neue Dissonanzen mit dem Umfeld – auch wenn dieses im erwachsenen Dasein eigentlich selbst „ab-gewählt" werden könnte.

Hier greift ein einfaches Modell der Homöostase-Optimierung durch die Erweiterung der Ich-Funktionen in Form von Hemmung viel zu kurz. Eine Verbesserung ist nur mit der Umstrukturierung der Selbst-Organisation zu erreichen, die im Rahmen des Dreiinstanzenmodells der Psychoanalyse darstellbar ist. Dies gelingt, wie schon erwähnt, nur durch die korrigierende Erfahrung der therapeutischen Beziehung, die die Beziehungsschäden am Ich und in der Selbst-Organisation nachreifen lässt: Eine willentliche Veränderung der Bewertungs- und Handlungsmuster muss zu einer nachhaltigen, erweiterten, freien Wahl der Handlungsmöglichkeiten führen, die vorher durch einen härteren Überlebenskampf stark eingeschränkt war. Eine umfangreiche Selbst-Einsicht in die eigene Fremdbestimmung ist dazu unbedingt nötig, die Selbst-Kritik als Teil einer angestrebten höchsten Form der Selbst-Organisation unumgänglich. Dazu gehört auch die Einsicht: Ich bin und bleibe in meiner Entwicklung immer von meinem intersubjektiven Umfeld abhängig.

Um den Zustand einer schlechten psychischen Homöostase zu ermessen, um zu heilen, braucht es also das Richtmaß der gesunden Homöostase, des maximalen Wohlbefindens. Hier schwingt die Definition eines theoretischen Ideals (ein „Telos des bestmöglichen sozialen Lebens") immer mit. Wie stellen sich *ideale Homöostasezustände"* (Damasio, 2013: 69) als *„wertvollster Besitz eines Lebewesens"* (ebd.) in der Lebenswelt, der Familie, Firma, Gesellschaft konkret dar?

Die Deutungen der aktuellen Bewusstseinsforschung richten sich genauso an einem impliziten Ideal aus, wie das DSM oder die OPD – ohne diese Wertungen als solche explizit benennen zu wollen. Doch ohne lebensweltliche Wertungen ist weder der Selbst-Begriff noch ein gesundes Gleichgewicht in einer intersubjektiven Umwelt zu fassen. Diese Wertungen müssen aber verhandelbar sein, in Forschung und Praxis immer wieder modifizierbar bleiben. Dazu muss man sie als solche identifizieren. Hier können die Ausführungen der modernen Psychoanalyse und die Ergebnisse der großen Prozess-Outcome-Studien wichtige Hilfestellung leisten, auch auf dem Gebiet der Neurologie, die sich bisher in einer neutralen Beschreibung von biophysikalischen Vorgängen wähnte. Die Wertigkeit der eigenen Forschung und die Zuordnung der Ergebnisse zu sinnvollen Heilungsprozessen und Heilungszuständen kann von der Neurologie nicht länger ignoriert werden. Eine zukünftig enge Zusammenarbeit mit der Psychoanalyseforschung und der der PTW, die sich seit über hundert Jahren dieser Diskussion stellen und Erfahrungen gesammelt haben (auch und gerade mit der entsprechenden Weiterentwicklung eigener Wissenschaftsmodelle), wäre dringend anzuraten.

Das Forschungsmaterial der psychischen Phänomene lässt sich m. E. nach dem jetzigen Stand der Erkenntnisse der Neurologie und PTW gemeinschaftlich wie folgt darstellen:

Der psychische Apparat gründet in der inneren Wahrnehmung, in Bezug auf die äußere Wahrnehmung der Objekte und ihrer Rolle für die eigene Bedürfnisbefriedigung. Die Lebens-Triebkraft des *Such*-Systems führt (über den primären Narzissmus als erlebtes Triebschicksal) im Idealfall hin zur Akzeptanz der äußeren Realität. Im schlechten Verlauf der Entwicklung entstehen durch übermäßig frustrierte Bedürfnisbefriedigung (und durch die Verdrängung/Verschiebung/Regression als Reizschutz) neurotische Konfliktlösungen und somit eine falsch determinierte Realitätswahrnehmung (als Versuch einen Ausgleich zu finden zwischen den eigenen Bedürfnissen des *Such*-Systems und der durch die Beziehungsobjekte lebensfeindlich erfahrenen Umgebung). Neurosen wären demnach nicht Verhaltens-Schäden, wie die Kognitionspsychologie bisher annahm, sondern haben einen homöostatischen

Sinn[139]. Sie sind eine bestimmte Form von Muster *„modifizierter Emotion"* (Damasio, 2005: 71), eine Prägung des Basisemotions-Systems, die die *„reibungslosen Lebensvorgänge"* (ebd.: 158) unter den gegebenen Umständen eines pathologischen Umfeldes so gut wie möglich zu erreichen suchen. Das Gehirn hat sich, in seinem Auftrag das Überleben des (kindlichen) Körpers in seiner Umgebung zu sichern, an die zwischenmenschlichen Verhältnisse dieser Umgebung angepasst: Verhaltensstörungen ergeben Sinn im Umfeld neurotischer Bezugspersonen. Einer (existenzbedrohenden) Verweigerung von Bedürfnisbefriedigung durch die Schutzpersonen und der Überforderung durch eine lebensfeindliche Umgebung wird, wie schon erwähnt, mit einer Überhöhung der normalen sozialen Reaktionsformen entgegengesteuert.

Diese Prägungen/Muster gewährleisten allerdings kein Wohlbefinden als optimale Homöostase, sondern sind nur *„Notlösungen"* (Rudolf u. a., 2000: 239) oder *„vorläufige Bewältigungsversuche"* (ebd.), teilweise an der Grenze der Regulationsfähigkeit und der *„adaptiven Möglichkeiten"* (ebd.) der Psyche. Die Interaktion zur Sicherung der Bedürfnisbefriedigung und als Kommunikation zwischen Beziehungspartnern wirkt aber erst gestört, wenn es sich nicht mehr um das prägende Umfeld handelt.

Der Vorgang der Verdrängung wäre in diesem Zusammenhang ein neuronaler Verarbeitungsprozess, bei dem *„Marker mit emotionalen Bedeutungsinhalten"* (Bihler, 2007: 57) von Erinnerungsbildern getrennt oder blockiert würden. Verbale und nonverbale Kodierung erfolgte hier, im Gegensatz zum normalen Vorgang, getrennt (vgl. Mertens, 1993: 209). Bei ganz extremer emotionaler Reizübersteuerung werden Bilder und Marker sogar zusammen vom Zugang zum reflexiven Bewusstsein abgetrennt, aufgrund von elektrischen Impulsen oder über die Ausschüttung der Neurotransmitter in den betroffen Gedächtniszellen.

Der Therapeut erreicht oft lange Zeit nur die verbale Kodierung, während die nonverbalen Repräsentanzen unberührt bleiben. Durch sehr starke Impulse können sie aber ins autobiographische Gedächtnissystem wieder eingegliedert werden. Die Deutung muss daher nicht nur die verbalisierbare Wiedererinnerung erreichen, sondern auch die emotionale. Außerdem muss sich das Selbst in einer sicheren wohlwollenden Umgebung wägen, die dem Dauernotstand widerspricht und die Notstandsmuster emotional in ihrer Dissonanz deutlich werden lässt.

Durch die korrigierende Aufzeichnung von Emotionen (korrigierende Erfahrungen) können die Aufzeichnungen der ersten Lebensjahre, die die Ich-Strukturen und die Selbst-Organisation bilden, verändert werden. Doch hierbei spielen weniger *eingeübte* Hemmfunktionen eine Rolle, als vielmehr die emotionale Aufarbeitung alter traumatischer und selbst-prägender Erfahrungen, die einen empathischen, stützenden Rahmen für die Übertragung voraussetzt. Eine pathologische Selbst-Organisation, entstanden durch pathologische frühkindliche Bindungserfahrung, kann nur

---

139 Ich würde auch nicht, wie Kandel, von einer *„Störung der Gehirnfunktion"* (Kandel, 2006: 82) sprechen.

durch eine (in Sequenz und Dauer) umfangreiche therapeutische Beziehung nachhaltig geheilt werden.

Das therapeutische Setting entspricht einer von Damasio beschriebenen kulturellen Entwicklung, durch die ein *„homöostatischer Impuls"* (Damasio, 2013: 306) hervorgerufen wird. Solche Impulse reagieren

> *„auf ein wahrgenommenes Ungleichgewicht im Lebensprozess und streben danach, es innerhalb der Beschränkungen, die von der Biologie des Menschen sowie von der physikalischen und sozialen Umwelt vorgegeben sind, zu korrigieren."* (Damasio, 2013: 306)

Stabile Repräsentationen oder Vorstellungen des kortikalen Bewusstseins können, *„sobald sie durch Lernvorgänge erst einmal verankert wurden, äußerlich wie auch innerlich aktiviert"* (ebd.: 1007) und somit auch rekonsolidiert werden. *„Lernen bedeutet, dass zwischen interozeptiven Trieben und exterozeptiven Repräsentationen Verbindungen geknüpft werden, und zwar nach Maßgabe der Gefühle, die bei solchen Begegnungen erzeugt werden."* (ebd.: 1007) Doch dazu muss die Beziehung andauernd und tragend sein.

Die Nachreifung der Ich-Strukturen in der emotionalen therapeutischen Beziehung können Menschen mit Strukturschäden, neurotischen, fremdbestimmenden Verhaltenszwängen zu einer vollen *„Krönung des menschlichen Hirns"* (Solms, 2010: 293) in Form eines ausgereiften Selbst verhelfen.

Die Psychoanalyse ist also eines dieser *„kulturellen Hilfsmittel, die als Reaktion auf ein solches Ungleichgewicht geschaffen wurde"* und *„auf die Wiederherstellung des Gleichgewichts bei Individuen und innerhalb der Gruppe"* (ebd.) zielt. Damit hat sie einen wichtigen Beitrag dazu geleistet, die Möglichkeiten der Selbst-Organisation auf ein höheres Niveau zu bringen, als es *„für das reine Überleben notwendig ist, eines, das noch stärker dem Wohlbefinden verpflichtet ist."* (ebd.: 307) So ist in den neuronalen Schaltkreisen Platz für eine Erweiterung der Selbstbestimmung als eine Möglichkeit, von einem durch automatisierte Erfahrungsmuster bestimmten Zustand zu einem Zustand größerer Wahlmöglichkeiten zu gelangen.

> *„Bei Vorgängen der korrigierenden globalen Rekategorisierung können traumatische Affekte in neuen Beziehungssituationen mit entsprechenden Phantasieinhalten und Sinnkonstruktionen narrativ verknüpft werden. Sämtliche Erinnerungsprozesse sind, wie das Gedächtnis überhaupt, situative, interaktive, dynamische und rekategorisierende Erfahrungen des gesamten Organismus. Sie sind stets an sensomotorisch-affektive rekategorisierende Prozesse in einer neuen Interaktion mit einer zentralen Bezugsperson gebunden."* (Leuzinger-Bohleber u. a., 1998/1: 46)

4.9 Verantwortung und Gesellschaft

Wie weit tragen wir Verantwortung für unser Handeln auf dieser Grundlage der möglichen Selbstbestimmung? Wie weit sind wir verpflichtet, unser Selbst, das von sich weiß, zu einer besseren Homöostase und Reifung zur bringen? Wie weit kann und muss uns die Gesellschaft dabei Hilfestellung leisten?

Die Entwicklung von der *„erzwungenen Macht"* hin zur *„Macht der Überzeugung"* (Damasio, 2013: 38) wertet Damasio als Fortschritt in der Evolution der soziokulturellen Homöostase, die über die Erweiterung der Selbst-Prozesse, Gedächtnis und Vernunft erfolgt und sogar rückwirkend auf die Genome einwirkt. Der *„Wille, die Oberhand zu behalten"* (ebd.: 48) – auch durch soziale Regeln –, ist letztlich der Wille eine emotional diffizile Homöostase herzustellen und zu halten: Es ist *„das gezielte Streben nach Wohlbefinden"* (ebd.: 39); *„vorausschauendes Verhalten"* (ebd.: 337) ist das Ziel aller Denkleistungen (bewusster und unbewusster).

Justiz, Wirtschaft, Politik, Kunst, Medizin und Technik sind diesem Ziel unterstellt (vgl. ebd.: 309). Sie sind *„homöostatische Werkzeuge"* (ebd., 2005: 199). *„Überleben und Wohlbefinden"* (ebd., 2005: 197) hängt nach Damasio in komplexen menschlichen Gesellschaften von einer *„zusätzlichen Art nichtautomatischer Kontrolle im sozialen und kulturellen Raum ab"* (ebd.), durch *„Denken und Entscheidungsfreiheit"* (ebd.). Das beweist sich in unserem Bemühen *„auf die Bedingungen der Ereignisse einzuwirken, welche die Emotionen und Gefühle hervorrufen"* (ebd.).

Gerade weil wir das *„Knowhow für unser grundlegendes Lebensmanagement kennen können"* (Damasio, 2013: 47) und dadurch fähig sind, unserem Lebensmanagement eine neue Richtungen zu geben, haben wir auch die Verantwortung für die bestmögliche soziokulturelle Homöostase: im privaten, wie im gesellschaftlichen Bereich (sofern unsere Frontallappen gesund und ausgereift sind). Die Kenntnisse über unsere biologisch fundierten Möglichkeiten der lebensweltlichen Selbstbestimmung, genauso wie über die soziokulturellen Methoden der Beeinflussung, können unsere Lebensweise verändern.

Das Bewusstsein, als effiziente Wertverwaltung zur Lebensoptimierung, ist durch seine Emotionalität und die Arbeit der Spiegelneuronen fähig, das Wohlbefinden der Anderen zu ermessen und Mitgefühl zu erzeugen: Diese Fähigkeit gilt als wichtiger sozialer Kitt in der menschlichen Gruppe. Die Möglichkeit der Selbstbestimmung bezieht sich zuerst einmal auf die Hemmung der eigenen emotionalen Muster – auch in Bezug auf das Wohlempfinden des Anderen.

Doch Damasio weist sogar darauf hin, dass der Erfolg dieses *„Redaktionsvorgangs"* (ebd.: 186) davon abhängt, *„wie gut unser reifes Selbst die unbewussten Prozesse erzogen hat"* (ebd.), und spricht in diesem Zusammenhang vom *„Niveau der Selbstverarbeitung"* (ebd.: 201). *„Indem wir Licht in bewusste und unbewusste geistige Vorgänge bringen, verbessern wir unsere Aussichten, unsere Denkfähigkeit noch zu erhöhen"* (ebd.). Demnach:

„Je höher die Stufe der Reflexionsfähigkeit im Selbstbewusstsein oder der emotionalen Intelligenz ist, desto wirksamer kann die Korrektur der nicht-bewusst ablaufenden Prozesse in den subkortikalen Strukturen erfolgen." (Mertens, 2014a: 175)[140]

Die Möglichkeit der Selbstbestimmung bezieht sich also über die Hemmung hinaus auf die eigenen emotionalen Muster, die Selbstorganisation – auch bzw. gerade in Bezug auf das Wohlempfinden des Anderen.

Im privaten Bereich müsste sich demnach das Selbst korrigierenden emotionalen intersubjektiven Erfahrungen aussetzen, um auf seine Reifung Einfluss zu nehmen. Im politischen Bereich kann das Selbst-als-Subjekt, mit seiner Fähigkeit zu einer *„relativ objektiven Sichtweise"* (Damasio, 2013: 169 f.) gelangen: Als *„Wissender"* (ebd.) mit *„bewussten Geisteszuständen"* (ebd.) kann es Erkenntnisse über *„qualitative Eigenschaften"* (ebd.) des Selbst-als-Objekt (in lebensweltnahen Modellen) verhandeln und neue Regeln und Werte beschließen. Diese politische Selbst-Erfassung lässt sich messen, in Kategorie fassen und zu normativen Aussagen weiterentwickeln. Sie misst sich am größtmöglichen, nachhaltigen Wohlbefinden für die größtmögliche Gruppe von Menschen und muss immer wieder neu justiert werden.

Natürlich bleibt auch jeder soziale, normative Wert an der *„Nabelschnur"* (ebd.: 47) der Biologie hängen. Und auch wenn diese Nabelschnur beim Menschen weit länger ist als das homöostatische Wünschen und Wollen eines Einzellers, bleibt es doch verwandtschaftlich dieser biologischen Überlebensoptimierung verbunden.

Die Stimmigkeit einer Werteordnung wird von den Teilnehmern in ihrer Lebenswelt gefühlt: Wir können uns freier, selbst-wirksamer fühlen als zu einem vorherigen Zeitpunkt. Diese Veränderung wird dann wieder im Hirn der Gesellschafts-Teilnehmer nachhaltig durch Erfahrungen niedergelegt.

Durch psycho-somatische Krankheiten und den nachgewiesenen Einfluss der Psyche auf Stoffwechsel, Herzkreislauf oder Schlafrhythmus (vgl. Kok, 2013; Ott, 2012) bekommt ein reduziertes Freiheitsgefühl, als Mangel an Selbstbestimmung, eine körperliche und überlebensentscheidende Komponente (Damasio, 2005 (deutsche Ausgabe): 151), die oft auch ein Hinweis für politische Missstände ist. Angst, Herzrasen, Adrenalin, Stress, Entkräftung, Leistungsdruck sind *„integrale Lebensäußerungen, die gleichermaßen seelische, leibliche und physiologische Komponenten enthalten"* (Fuchs, 2013: 262), die sich auch auf die ganze Gruppe beziehen können und mit ihren sozialen Regeln und Werten in Interaktion stehen. Es sind Reaktionen, die als Ausdruckskomponenten der übergeordneten ökologisch-systemischen Steuerung des Selbst und seinem Überleben dienen und die auch im Bereich der politischen Prägung variieren: Die Heilung der Selbstrepräsentanzen kann ohne das Umfeld nicht positiv verändert werden und umgekehrt positiv auf diese zurückwirken. Der Wille zum (kollektiven) Wohlbefinden, als teleologisches Element des menschlichen Lebens bzw. Lebenssinns, setzt somit die politische Freiheit voraus, willentlich

---

140 Die Stufen dieser selbstreflexiven Reife hat Mertens in einer Tabelle definiert (Mertens, 2014a: 163–165). Man kann sie auch als Freiheitsgrade der Selbstbestimmung bewerten.

darauf hinarbeiten zu können, fremdbestimmte Elemente der (neurotischen) Gesellschaft zu überwinden. Freiheit als individuelle Überlebensstrategie (im Wohlgefühl) und als Gesellschaftsnorm (im Wohlgefühl vieler) beweist sich an dem gelebten Gefühl der Selbst-Wirksamkeit und der Eigenverantwortung. Diese setzt die Selbst-Kritik und die Einsicht in die eigenen fremdbestimmenden Anteile unbedingt voraus. Der Wille zur bestmöglichen (gesellschaftlichen) Intersubjektivität, der aus der prinzipiellen Möglichkeit der Selbstbestimmung hervorgeht, ist von der eigenen optimalen Homöostase und freien Wahlmöglichkeit, entgegen der Fremdbestimmung (aus Kindertagen), nicht zu trennen.

Das Menschenbild der körperlichen, lebensweltlichen bestmöglichen Intersubjektivität, aufgrund einer hohen Form der Selbst-Organisationen, kann als neue Sichtweise und Wertezugang zur Welt diese verändern. Die kapitalistische, technikfixierte Weltordnung kann durch eine dem homöostatischen guten Überleben verpflichtete Ordnung abgelöst werden: Wohlbefinden statt Gewinnmaximierung, intersubjektives Gleichgewicht statt individuierte Selbst-Optimierung. Der abgespaltene Geist und seine Vorstellung von der technischen Machbarkeit und „Bezwingung des Körpers", die immer auch auf etwas „Metaphysisch-Überkörperliches" hofft, kann in einer „artgerechten" Lebensweise zur psychischen Reife und umfassenden emotionsbasierten Selbstreflexion übergehen. Die „Banalität unserer Körperlichkeit", seine Begrenztheit und Vergänglichkeit, mag unseren Narzissmus schmerzen. Doch dessen Größenwahn schmerzt zunehmend überlebensbedrohlich unsere Körper und ihre Umwelt.

Jedes Rechtssystem und unsere Demokratie setzen prinzipiell ein Konzept der Eigenverantwortung und individuellen Schuldfähigkeit voraus (auch wenn darin gleichzeitig Ausnahmefälle definiert werden müssen). Über den Begriff der „Verwerflichkeit der Tat" als zentralen, moralischen Rechtsbegriff ergibt sich die Voraussetzung, dass der Täter das Unrecht, was er begeht, begreift, und dass er (trotz bestimmter Bedingtheit) anders hätte handeln können, wenn er *gewollt* hätte. Der Täter muss also *„frei und richtig"* (Wessels/Beulke, 2002: 125) zwischen Recht und Unrecht unterscheiden können.

Schwere Straftäter haben erstmals begonnen, ihre Schuldfähigkeit aufgrund der Ablehnung der Willensfreiheit einiger Hirnforscher in Frage zu stellen. Hier tut sich wohl die wirklichkeitsrelevanteste Dringlichkeit für eine Klärung und beweiskräftige Definition unserer menschlichen Willensfreiheit auf. Unser Strafrecht geht allgemein immer noch von einem starken (wenn auch nicht unbedingten) Freiheitsbegriff aus. In diesem Sinn behaupten Roth und Singer, das Gehirn verleihe „*perfiderweise dem Ich die entsprechende Illusion*" (Roth, 2003: 180) von selbständigem Handeln und Urteilen und damit einhergehend das Gefühl der persönlichen Schuld, etwas Unrechtes getan zu haben. Dieses Ich-Gefühl ist *„unerlässlich für komplexe Handlungsplanung, es wägt ab, erteilt Ratschläge."* (ebd.) Aber es entscheidet nach Roth und Singer eigentlich nichts. *„Ein Prozess freien Willens impliziert jedoch, dass man bewusst verantwortlich für die eigene Entscheidung zu handeln oder nicht zu handeln gemacht werden kann."* (Libet, 2004: 279). Roth schlägt daher vor, das Prinzip der Schuld durch das der Normverletzung zu ersetzen (vgl. Roth, 2004a: 21). Hier verstrickt sich die Neurologie nicht nur in ihre wissenschaftstheoretischen Widersprüche: Sie fügt durch ihr paradigmatisches Marionetten-Menschenbild einzelnen und der Gesellschaft Leid zu. Das Moral- und Strafsystem, das meist unglücklich geprägte Menschen richtet und verwahrt, sollte in seiner eigenen Reife und Selbstbetrachtung weit darüber hinausgehen.

Wir bestrafen Diebe und heilen Kleptomane. So steht hinter dem jetzigen Strafrecht und Strafvollzug unser Moral-Gefühl, das durch die bisherige Dominanz der Vernunft, basierend auf der überkommenen cartesianischen Rationalitäts-Überhöhung, den Menschen und sein Handeln völlig verkennt. Auch wenn einige Strafrechtstheoretiker mittlerweile die Determiniertheit unseres Willens diskutieren, ist und bleibt *„das Prinzip der Verantwortlichkeit des sittlich reifen und seelisch gesunden Menschen eine unumstößliche Realität unserer sozialen Existenz"* (ebd.). Es geht hier aber gar nicht mehr um die totale Entscheidungsfreiheit oder die totale Determinierung. Diese Sichtweisen sind als metaphysische lang überholt. Es geht darum festzustellen, wie Fremdbestimmung zu Stande kommt, wie Selbstbestimmung im gesunden Maße zu definieren ist und welche Einflüsse auf eine Tat zu verzeichnen sind. Doch nur mit einem psychodynamischen Menschenbild kann das auch wissenschaftstheoretisch beweiskräftig werden. Sittliche Reife und seelische Gesundheit erfordern wissenschaftliche Definitionen, geltungslogische Einordnung. Denn Sollen erfordert Können. Können erfordert wiederum ein hohes Struktur- bzw. Selbst-Niveau, das bisher nur schlüssig von der Psychoanalyse epistemologisch erfasst wurde.

Die Willensfreiheit (jenseits der herkömmlichen Widersprüche und Anmaßungen) verändert unser Verständnis der Schuld und darüber hinaus weit mehr noch, das einer sinnvollen Strafe. Neid, Triumph, Vergeltung, Schuld und Allmachtphantasien sind in ihrer Primärprozesshaftigkeit bei früh- und schwergestörten Patienten bestimmend, die dadurch auch häufig zu Straftätern werden. Die Erkenntnisse aus der Zusammenarbeit von Psychotherapie- und Hirnforschung können hier das lebensweltliche und moralische Menschenbild unserer Gesellschaft zum Wohle aller (Opfer und Straftäter) verbessern. Unser Verständnis von Menschenwürde, Verantwortung und Schuldfähigkeit wird dabei von einer Absage an einen starken Freiheitsbegriff zugunsten eines praxisnahen, geltungslogischen Freiheitsbegriffs nicht geschwächt, sondern vielmehr überzeugend gestärkt. Besonders der Umgang mit Schuld im Strafvollzug ist von dieser Definition des Freiheitsbegriffs betroffen. Nicht das Gehirn entscheidet eine Straftat zu begehen, sondern das Selbst, das zusammen mit dem Gehirn durch das Handeln und die Reaktionen des Umfelds modifiziert wird. Es handelt sich um einen Wettstreit der psychodynamischen Motive, deren Entscheidung von den Hemmfunktionen und ihrer Entwicklung in der ganzheitlichen psychischen Struktur bestimmt wird.

Je schwerer eine Straftat, umso eindeutiger lässt sich oft die Bedingtheit des Handelns feststellen. Unser Strafsystem sollte daher ein durch korrigierende Erfahrung bestimmtes System für psychische Nachreifung sein. So können die Hemmstrukturen, Handlungs- und Erfahrungsmuster verändert werden und damit das Selbst des

Täters eine nachhaltig andere Relation zu seinem Umfeld bekommt. Einsperren bzw. Wegsperren zum Schutz der Gesellschaft reicht nicht für eine nachhaltige Veränderung; Abschreckung widerspricht einem Langzeiterfolg. Der bestehende Strafvollzug ist daher wenig effektiv, was verschiedene aktuelle Studien belegen (vgl. Remschmidt, 2013; Bandelow, 2013). Mit dem Gefühl des Zuwachses von Freiheit und der Selbstbestimmung des eigenen Lebens nimmt auch nachweislich das Gefühl der Verantwortung zu, das als Verursachergefühl ein Teil des Freiheitsgefühls ist.

So entspricht m. E. das psychodynamische Persönlichkeits-Modell und der dahinter stehende Wahrheitsbegriff der Psychoanalyse dem Anspruch eines Paradigma-Axioms im Sinne von Kuhn. Man kann an dieser Stelle sogar auf eine gerade stattfindende (wenn auch noch sehr langsame) wissenschaftlichen Revolution hoffen (vgl. Kuhn, 1962): Das Paradigma des falsifizierbar Subjektiven ohne Lebenswelt wird vielleicht bald in der gesamten Wissenschaft (besonders der Naturwissenschaft) allmählich abgelöst vom Paradigma der intersubjektiven Dynamik. Zu bemerken ist das schon in der aktuellen Bewusstseinsforschung der Neurologie. Dabei kann dieses neue Paradigma die Gefahr einer Monopolisierung und eines Hegemonieanspruchs durch das Junktim-Gebot Freuds und die Selbst-Kritik in der Gegenübertragung und Supervision umschiffen. Die Entfremdung des Wissenschaftlers von der (eigenen) Lebenswelt, die Abschaffung der Willensfreiheit durch die experimentelle, monokausale Rationalisierung der Wahrheit, das kapitalistische System, das das falsche maschinelle Menschenbild der Naturwissenschaften für seine Zwecke zu nutzen weiß, kann so von einer neuen reiferen Form des (wissenschaftlichen) Selbstverständnisses des Menschen in seiner Intersubjektivität abgelöst werden. Eine allgemeine Erweiterung der Freiheit und lebensweltgültige Selbstbestimmung wären die Folgen.

5   Zusammenfassung

„Wir hätten heute Hirn. Steht nicht auf der Karte." (Loriot, Ödipussi, 1988)

Das Leib-Seele-Problem ist einem hartnäckigen Cartesianismus zuzuschreiben, der den Menschen – bis in die moderne Neurologie hinein – nicht als leibliches, in der Welt seiendes Lebewesen sehen *will*. Das mentale Erleben kann aber nicht ohne den lebenden, räumlichen Organismus mit seinem Hunger, Schmerz, Selbst-Bild und Bewusstseinsinhalten verstanden werden: Das Mental-Geistige und das Physisch-Organische gehören nicht in zwei verschiedene Welten. Res cogitans und res extensa bleiben jeweils nur epistemologisch begrenzte Ausschnitte aus der Wirklichkeit.

Unser Gehirn hat sich entwickelt, um in aktiven Rekonstruktionsprozessen die Anforderungen der Lebenswelt zu verhandeln – und das Überleben unseres Körpers zu gewährleisten. Die epistemologischen Modelle leiblicher und zwischenleiblicher Phänomene (als zueinander komplementäre Aspekte des „Leibs als Materie" und des „Leibs als Medium des subjektiven Lebensvollzugs"), dürfen den Referenzpunkt der Lebenswelt nicht mehr aus den Augen verlieren. Diese Grundlage ist wissenschaftstheoretisch fundamental. Das Gehirn als Organ des Geistes ist immer Teil des übergreifenden Systems von kulturellen Bedeutungszusammenhängen: Es ist ein Beziehungsorgan.

Der konsequent zu Ende gedachte Doppelaspekt-Monismus, der schon in Freuds psycho-somatischen Triebbegriff angelegt war, beinhaltet die zwei gleichwertigen Einstellungen, die wir zum einzigen Lebendigen, zu den uns wichtigen Phänomenen einnehmen können: eine personalistische und eine naturalistische. Versucht die eine die andere zu überwinden, sollte die Selbsthinterfragung der (narzisstischen) Motivation dieses Unterfangens eine Klärung bringen. Denn kein wissenschaftliches Ansinnen wird die Lebenswelt je verlassen. Somit nehmen Psychoanalyse und PTW eine Art Metatheorie ein, da sie die einzigen Wissenschaften sind, die die psychodynamischen Hintergründe wissenschaftlicher Forschung und Forscher sinnvoll darstellen können. Denn unsere wissenschaftlichen Erklärungsmodelle entstammen, genauso wie unsere Sprache als ihr Medium, der sozialen körperlichen (Über-)Lebenspraxis von Wissenschaftlern, die ihren kulturellen, psychodynamischen Untergrund nie verlassen können.

Die jeweilige Überhöhung des Mentalen bzw. des naturwissenschaftlich-physischen Modells kann letztlich (frühkindlichen) Bindungsmustern und Selbst-Bildern zugeordnet werden, die vom Wissenschaftler nur in einer wissenschaftlichen Selbst-Kritik reflektiert und überwunden werden können. Wissenschaft ist Glaube an die Beweiskraft (für eine Form der Wahrheit) und Glaube entspringt immer einem psychodynamischen Seelenhaushalt. Die Überlegenheitsansprüche und die daraus resultierenden Denkbarrieren und Fehlschlüsse in der Forschung müssen in einer andauernden Selbsthinterfragung, vergleichbar der Supervision der Gegenübertragung, überwunden werden, will man einem ernsthaften bzw. höchsten (persönlichen) Anspruch als Wissenschaftler genügen.

Die historische Biologie ist der Versuch eines neuen, interdisziplinären, lebenswelt-geltungslogischen Forschungsansatzes für psychische Phänomene. Ich habe in dieser Arbeit versucht, aufgrund der verschiedenen Ansätze aus der Psychoanalyse bzw. PTW, der frühkindlichen Bindungsforschung und der aktuellen Neurologie, ihre Beweiskraft am Thema der Willensfreiheit darzustellen. Die historische Biologie beschreibt also die Entstehung von Können durch Erfahrung als implizite *und* als neuronale Koppelung und denkt das Subjekt immer als überlebenswilliges Selbst, als übergreifendes System, in seiner Beziehung zu seiner Umwelt. Bewusstsein kommt so nicht mehr bestimmten physiologischen Teilprozessen zu. Bewusstsein ist das Integral von Körper und Umgebung, das sich fortwährend komplementär-synergetisch verändert und sich z. B. in wissenschaftlicher Forschung darstellt.

Das Primat der homöostatischen Funktion, im Sinne des Überlebens des psychosomatischen menschlichen Selbst, schafft ein neues Menschenbild und damit einhergehend einen wissenschaftstheoretischen Paradigmenwechsel: Bewusstsein oder Gehirn sind keine Entitäten; nur das Leben und der Wille zu Überleben ist eine Entität, eine basale Kausalität (als causa efficiens *und* als causa finalis), die „Wahrheit des Körper-Geistigen".

Eine selbstbestimmte Eigenverantwortung, die über ein Lernen aus der Lust-Unlust-Erfahrung hinausgeht, sich mit den sozialen Zusammenhängen und unseren Erfahrungen bewusst auseinandersetzt, in die Zukunft plant und sich über geplante Erfahrungen bewusst selbst prägt: Dazu ist nur der Mensch fähig. Besonders die Langzeitplanung ist für unser selbstbestimmtes Handeln und für unsere Willensfreiheit relevant und steht im Fokus des Interesses bei der Qualität unserer Entscheidungen und der selbstbestimmten (moralischen) Ausrichtung unseres Strebens. Dabei sind die Möglichkeit, das eigene Verhalten und seine Folgen in der Zukunft zu erwägen, als auch die Überlegungen über die Zukunft, die auf das eigene Handeln wiederum Einfluss nehmen, von entscheidender Bedeutung.

Auf dieser wissenschaftstheoretischen Grundlage steht die individuelle, lebensgeschichtliche Dimension, die in der Psychoanalyse und PTW erforscht und geheilt werden. Ihre Erkenntnisse basieren auf einem eigenen Wahrheitsbegriff, der die falsifizierbare Allgemein- und Letztgültigkeit der bisherigen naturwissenschaftlichen Methode überwindet und sich an der Praxis entwickelt. Die Wahrheit der Deutung und die Wahrheit der Heilung wird vom Patienten mitbestimmt, entsteht als intersubjektive Wahrheit in der therapeutischen Beziehung und verifiziert sich mit der Heilung: der erweiterten Selbstbestimmung des Patienten. Von der geltungslogischen Wahrheit der Lebenswelt ausgehend, lässt sie sich aber dennoch quantifizieren und bleibt doch immer der Praxis verhaftet. Dies haben die Ergebnisse der Prozess-Outcome-Studien der Psychotherapieforschung (und vor allem ihre Katamneseserhebungen) in den letzten Jahren überzeugend deutlich gemacht.

Willensfreiheit ist vor diesem Hintergrund als Selbstbestimmung, erweiterte Willensfreiheit als erweiterte Selbst-Wirksamkeit zu fassen. Bewusstes Überlegen, Entscheiden und Handeln basiert auf einer hohen Selbst-Reifung, wie sie in der modernen Psychoanalyse, auf der Grundlage der Objektbeziehungstheorie und Bindungs-forschung, erfasst werden kann. Psychische Reife und Willensfreiheit misst sich hier an (sozialen) Lebensäußerungen. Sie ist nur als verkörperte psychodynamische Frei-heit erkenntnistheoretisch sinnvoll und ohne wissenschaftstheoretische Widersprü-che zu definieren. Wenn die Neuronen den Geist entfalten, sind (bewusste und un-bewusste) Gedanken und Motive nur als (Über-)Lebenstätigkeiten schlüssig. Freies Handeln entspricht demnach einem neuronalen Muster, das aber als solches nur in Bezug auf ein nicht-freies Handeln bestimmt werden kann und insofern eine Selbst-Kultivierung beinhalten muss. Pathologische Verhaltensphänomene und psychothe-rapeutische Heilungsprozesse fassen diese Selbst-Kultivierung vor dem Hintergrund eines größeren Wohlbefindens, einer besseren sozialen Homöostase, wissenschaft-lich ein.

Die historische Biologie weist also bestimmten neuronalen Mustern eine gel-tungslogisch begründete Notwendigkeit des freien Handelns zu, die gemessen wird am „guten Überleben". Das Strukturmodell der Psychoanalyse, auf dessen Basis Pa-tienten über die empathische therapeutische Beziehung lernen, vom pathologischen, überlebensschädlichen Gefühl der Fremdbestimmung und seinen bedrohlichen Fol-gen, hin zum Gefühl der Selbstbestimmung eines besseren Überlebens zu gelangen, bietet eine überzeugende Theorie und Praxis der Freiheit. Hierbei sind, entspre-chend der Lebenswelt des Patienten, Beziehungswissen und (emotionale) Wertesys-teme die Grundlagen: Typen menschlicher Erfahrungen müssen mit hinreichender Validität identifiziert, diagnostiziert und einem begründeten *wirksamen* Heilungs-prozess unterworfen werden. Ihre Wahrhaftigkeit wird in der therapeutischen Be-ziehung erarbeitet und orientiert sich an der nachhaltig verbesserten Lebenswirk-lichkeit des Patienten. Die Freiheit wird vor diesem Hintergrund zur erweiterbaren Freiheit des Selbsterlebens.

Menschen erfahren nicht Leid und Fremdbestimmung durch eine falsche Program-mierung, sondern durch eine falsche Intersubjektivität in einer Familie und somit einem gesellschaftlichen Rahmen, die sich durch ihre Wiederholung als neuronale Muster und Verhaltensmuster perpetuiert. Sie kann nur durch neue empathischere, anerkennende Intersubjektivität im „Schonraum" des Therapiesettings gezielt ver-ändert werden. Diese Möglichkeit der Körper-Umwelt-Relation in der therapeuti-schen Beziehung als korrigierende biographische „Nachreifung", generiert die Fä-higkeit zur freieren Selbstbestimmung. Die Person transformiert als lebendiger Or-ganismus im sozialen, korrigierenden Umfeld die physikalisch-mentalen Vorgänge in *für sie* geeigneter Weise: Das Lebendige organisiert den Stoff (entwicklungsbiolo-gisch oder heilend) und misst die positive Entwicklung an der Selbst-Wirksamkeit innerhalb des intersubjektiven Umfeldes.

Korrigierende Erfahrungen in der Therapie sind also nicht einfach umprogram-mierende Lernerfahrungen, wie zumeist in der Schule oder im bisherigen Strafvoll-zug. Sie werden uns nicht von der Gesellschaft, dem Therapeuten nach einem Lehr-programm fremdbestimmend oktroyiert. Es sind intersubjektive Erfahrungen, die vor allem einem lebensweltlichen, geltungslogischen Wahrheitsbegriff folgen. Das Ich, als regulierende, affekthemmende psychische Struktur und Funktion, unterliegt hierbei einem Selbst-Konzept – und ist nicht als eine mechanische Zentralsteuerung neuronaler Vorgänge zu verstehen. Und: Gestärkte, geheilte Menschen wirken in ihrer gereiften freieren Selbst-Wirksamkeit wiederum auf die Gesellschaft ein.

Diesem neuen paradigmatisch-psychodynamischen Ansatz folgen bisher leider nur wenige Neurowissenschaftler, die dazu ihre bisherigen Forschungsresultate in einen für sie völlig ungewohnten Selbst-Umwelt-Zusammenhang einordnen mussten, um sie einer Lebensweltkonstrukt-Validierung zu unterstellen. Doch die Neurologie gewinnt durch Erlebnis- und Motivzusammenhänge im Rahmen von Lebensgeschichten und emotionalen Prägungen endlich einen verwertbaren Sinn – jenseits ihrer bisherigen Aussagenleere, die sie mit Leitwissenschafts-Hybris zu kaschieren sucht.

Die aktuelle Hirnforschung bestätigt damit Freuds Konstruktion des psychischen Apparats in allen wesentlichen Punkten – besonders auch sein striktes Festhalten an der psycho-somatischen Qualität des Triebes. Durch diese Konvergenz verstärkt sich auch die Beweislage des psychodynamischen, intersubjektiven Erklärungsmodells.

Literatur

Adler, A. (1982/1912): *„Der nervösen Charakter"*, Fischer, Frankfurt am Main

Adler, A. (1966/1927): *„Menschenkenntnis."*, Fischer, Frankfurt am Main

Adler, A. (1974/1928): *„Die Technik der Individualpsychologie."*, Fischer, Frankfurt am Main

Adler, A. (1979/1933): *„Wozu leben wir?"*, Fischer, Frankfurt am Main

Adorno, T. W. (1966): *„Negative Dialektik."*, Suhrkamp, Frankfurt am Main

Albani, C.; Ablon, S.; Levy, R.; Mertens, W.; Kächele, H. (2008): *„Der ‚Psychotherapie Prozess Q-Set' von Enrico E. Jones. Manual, Deutsche Version und Anwendung."*, Verlag Ulmer Textbank, Ulm

Albani, C.; Blaser, G.; Jones, E. E.; Thomä, H.; Kächele, H. (2001): *„Amalia X im Lichte des Psychotherapie-Prozess Q-Set von E. Jones."*, in: Stuhr, U. (Hg.): *„Langzeit-Psychotherapie. Perspektiven für Therapeuten und Wissenschaftler."*, Kohlhammer, Stuttgart, S. 215–224

Alexander, F. (1946): *„Psychoanalytic Therapy: Principles and Application."*, chapter 2 (*„The development of psychoanalytic therapy"*, pp. 13–24), chapter 4 (*„The principle of corrective emotional experience"*, pp. 66–70), chapter 17 (*„Conclusions and outlook"*, pp. 338–341), Ronald Press, New York

Arbeitskreis OPD (Hg.) (1996) (2009) (2014): *„OPD-2. Operationalisierte dynamische Diagnostik. Das Manual für Diagnostik und Therapieplanung."*, Huber, Bern

Bachrach, H. M.; Galatzer-Levy, R.; Skolnikoff, A.; Waldron, S. (1997/1991): *„Über die Wirksamkeit der Psychoanalyse."*, in: Leuzinger-Bohleber, M; Stuhr, U. (Hg.) *„Psychoanalyse im Rückblick. Methoden, Ergebnisse und Perspektiven der neueren Katamneseforschung."*, Psychosozial Verlag, Gießen, S. 285–319

Bakker, A., van Baklom, A. J., van Dyck, R. (2001): *„Comparing psychotherapy and pharmacotherapy"*, in: American Journal of Psychiatry, 158, S. 1164–1166

Bandelow, B. (2013): *„Wer hat Angst vorm Bösen Mann?"*, Rowolt, Hamburg

Baxter, L. R., Schwarz, J. M., u. a. (1992): *„Caudate glucose metabolic rate changes with both drug and behavior therapy for obsessive-compulsive disorder."*, in: Archives of General Psychiatry, 49, S. 681–689

Bennett, M.; Hacker, P.; Searle, J. R.; Dennett, D.; Robinson, D. (2006): *„Neurowissenschaft und Philosophie"*, in: Sturma, D. (Hg.): *„Philosophie und Neurowissenschaften."*, Suhrkamp, Frankfurt am Main, S. 20–42

Berns, U. (2004): *„Spezifische psychoanalytische Intervention."*, in: Forum der Psychoanalyse, 20, S. 284–299

Bieri, P. (2001): *„Das Handwerk der Freiheit."*, Hanser, München

Bihler, T. (2007): *„Struktur- und prozessorientierte Psychotherapieforschung in der Psychoanalyse. Eine Darstellung des Münchner Bindungs- und Wirkungsforschungsprojekts"* (MBWB)."*, in: Geus-Mertens, E. (Hg.): *„Eine Psychoanalyse für das 21. Jahrhundert – Wolfgang Mertens zum 60. Geburtstag."*, Kohlhammer, Stuttgart, S. 49–59

Birck, A. (2001): *„Die Verarbeitung einer sexuellen Missbrauchserfahrung in der Kindheit bei Frauen in der Psychotherapie."*, Dissertation Psychologie, Köln (http://www.ub.uni-köln.de/ediss/archiv/2000/11w1106.pdf)

Bowlby, J. (1975/1969): *„Bindung – Eine Analyse der Mutter-Kind-Beziehung."*, Kindler, München

Bowlby, J. (1982): *„Psychoanalyse als Kunst und Wissenschaft."*, in: Bowlby, J.: *„Das Glück und die Trauer. Herstellung und Lösung affektiver Bindung."*, Klett, Stuttgart, S. 197–217

Bowlby, J.; Ainsworth, M. (2001/1990): *„Frühe Bindung und kindliche Entwicklung.",* Reinhardt, München/Basel

Brody, A. L.; Saxana, S.; Schwarz, J. M.; Stoessel, P. W.; Maidment, K.; Phelps, M.; Baxter, L. R. (1998): *„FDG-PET predictor of response to behavioral therapy and pharmacotherapy in obsessive compulsive disorder.",* in: Psychiatry Research, 84, S. 1–6

Bucci, W. (1997): *„Psychoanalysis and cognitive science. A multiple code theory.",* Guilford Press, New York

Buchheim, A. (2005): *„Ein Dialog zwischen Bindungsforschung und Psychoanalyse.",* in: Poscheschnik, G. (Hg.): *„Empirische Forschung in der Psychoanalyse. Grundlagen-Anwendungen-Ergebnisse.",* Gießen, Psychosozial-Verlag, S. 293–312

Buchheim, A.; Cierpka, M.; Kächele, H.; Roth, G. (2012): *„Neuronale Veränderungen bei chronisch-depressiven Patienten während psychoanalytischer Psychotherapie. fMRT-Studie mit einem Bindungsparadigma.",* in: Psychotherapeut, 57, S. 219–229

Buchholz, M. (1997): *„Psychoanalytische Professionalität. Andere Anmerkungen zu Grawes Herausforderungen.",* in: Forum der Psychoanalyse, 13/2, S. 75–93

Budge, S. L.; Wampold, B. E. (2014): *„The Relationship: How it Works.",* in: Gelo, O.; Pritz A.; Rieken, B. (Hg.): *„Psychotherapy Research. General Issues, Processes and Outcome.",* Springer, Wien, New York

Burda, G. (2012): *„Formate der Seele.",* Waxmann, Münster

Changeux, J. P. (1984): *„Der neuronale Mensch: Wie die Seele funktioniert.",* Rowohlt, Berlin

Cozolino, L. J. (2002): *„The Neuroscience of Psychotherapy: Building and rebuilding the human brain.",* Norton, New York

Dahlbender, R. W.; Buchheim, P.; Schüßler, G. (Hg.) (2004): *„Lernen an der Praxis. OPD und Qualitätssicherung in der Psychodynamischen Psychotherapie.",* Huber, Bern

Damasio, A. (1997/1994): *Descartes' Irrtum. Fühlen, Denken und das menschliche Gehirn.",* List, München

Damasio, A. (2000/1999): *„Ich fühle, also bin ich. Die Entschlüsselung des Bewusstseins.",* List, München

Damasio, A. (1999): *„Commentary on Panksepp, J.: Emotions as viewed by psychoanalysis and neuroscience.",* in: Neuro-Psychoanalysis, 1, S. 38–39

Damasio, A. (2005/2003): *„Der Spinoza-Effekt. Wie Gefühle unser Leben bestimmen.",* List, Berlin, New York

Damasio, A. (2013/2010): *„Selbst ist der Mensch.",* Pantheon, New York

Deneke, F. W. (1999): *„Psychische Struktur und Gehirn. Die Gestaltung subjektiver Wirklichkeit.",* Schattauer, Stuttgart

Deneke, F. W. (2007): *„Aktuelle Konzeptionen des Unbewussten und Ahnungsbewusstsein.",* in: Geus-Mertens, E. (Hg.): *„Eine Psychoanalyse für das 21. Jahrhundert – Wolfgang Mertens zum 60. Geburtstag.",* Kohlhammer, Stuttgart, S. 80–91

Detel, W.: *„Forschung über Hirn und Geist.",* in: Deutsche Zeitschrift für Philosophie, 52/6, S. 891–920

Dilthey, W. (1905): *„Erste Studien zur Grundlegung der Geisteswissenschaften.",* GW Bd. VII

Dornes, M. (1993): *„Der kompetente Säugling.",* Fischer, Frankfurt am Main

Dorsch – Lexikon der Psychologie (2014): 17. Auflage, Huber, Bern,

Dreher, A. U.; Sandler, J. (1997): *„Zum Problem des Behandlungsziels.",* in: Leuzinger-Bohleber, M.; Stuhr, U. (Hg.): *„Psychoanalyse im Rückblick. Methoden, Ergebnisse und Perspektiven der neueren Katamneseforschung.",* Psychosozial Verlag, Gießen, S. 73–89

Dreher, A. U. (2004): „*Was kann Konzeptforschung?*", in: Leuzinger-Bohleber, M.; Deserno, H.; Hau, St. (Hg.): „*Psychoanalyse als Profession und Wissenschaft.*", Kohlhammer, Stuttgart, S. 115–127

Eagleman, D. (2012): „*Inkognito.*", Campus, Frankfurt am Main

Eggers, C. (2007): „*Willensfreiheit versus Verantwortung.*", in: Tress, W. (Hg.): „*Willensfreiheit zwischen Philosophie, Psychoanalyse und Neurobiologie.*", Vandenhoeck & Ruprecht, Göttingen

Ermann, M. (2010): „*Psychoanalyse heute. Entwicklung seit 1975 und aktuelle Bilanz.*", Kohlhammer, Stuttgart

Ermann, M. (2014): „*Der Andere in der Psychoanalyse. Die intersubjektive Wende.*", Kohlhammer, Stuttgart

Feyerabend, P. (1999/1975): „*Wider den Methodenzwang.*", Suhrkamp, Frankfurt am Main

Fischer, G. (1989): „*Dialektik der Veränderung in Psychoanalyse und Psychotherapie. Modell, Theorie und systematische Fallstudie.*", Asanger, Heidelberg

Fischer, G. (2007): „*Psychoanalyse und Psychotraumatologie – neuere Forschung, Theorie, Praxis.*", in: Geus-Mertens, E. (Hg.): „*Eine Psychoanalyse für das 21. Jahrhundert – Wolfgang Mertens zum 60. Geburtstag.*", Kohlhammer, Stuttgart, S. 60–74

Fischer, G. (2008): „*Logik der Psychotherapie. Philosophische Grundlagen der Psychotherapiewissenschaft.*", Asanger, Kröning

Fischer, G. (2011a): „*Psychotherapiewissenschaft. Einführung in eine neue humanwissenschaftliche Disziplin.*", Psychosozial Verlag, Gießen

Fischer, G.; Barwinski, R.; Becker-Fischer, M. (2011b): „*Emotionale Einsicht und therapeutische Veränderung. Manual der modernen tiefenpsychologischen und analytischen Psychotherapie.*", Asanger, Kröning

Fonagy, P.; Target, M. (1997/1996): „*Voraussagen über die Ergebnisse von Kinderanalysen: Eine retrospektive Studie von 763 Behandlungen am Anna Freud Center.*", in: Leuzinger-Bohleber, M; Stuhr, U. (Hg.): „*Psychoanalyse im Rückblick. Methoden, Ergebnisse und Perspektiven der neueren Katamneseforschung.*", Psychosozial Verlag, Gießen, S. 366–406

Fonagy, P.; Target, M. (2001a): „*Die Ergebnisse von Psychoanalysen – Die Arbeit des Anna Freud Centers.*", in: Stuhr, U. (Hg.): „*Langzeit-Psychotherapie. Perspektiven für Therapeuten und Wissenschaftler.*", Kohlhammer, Stuttgart, S. 71–92

Fonagy, P. (2001b): „*Das Ende einer Familienfehde. Versöhnung von Bindungstheorie und Psychoanalyse.*", in: Jahrbuch der Psychoanalyse, Holz, Stuttgart, S. 304–319

Fonagy, P.; Target, M.; Allison, L. (2003a): „*Gedächtnis und therapeutische Wirkung*", in: Psyche, 57, S. 841–856

Fonagy, P. (2003b/2001): „*Bindungstheorie und Psychoanalyse.*", Klett-Cotta, Stuttgart

Fonagy, P; Target, M. (2004a): „*Frühe Interaktion und die Entwicklung der Selbstregulation.*", in: Streeck-Fischer, A.: „*Adoleszenz – Bindung – Destruktivität.*", Klett-Cotta, Stuttgart, S. 105–135

Fonagy, P., Gergerly, G., Jurist, E., Target, M. (2004b): „*Affektregulierung, Mentalisierung und Entwicklung des Selbst.*", Klett-Cotta, Stuttgart

Fonagy, P.; Target, M. (2004c): „*Bindungstheorien und Ergebnisse von Langzeitpsychoanalysen: Sind unsichere Bindungsnarrative weniger genau?*", in: Leuzinger-Bohleber, M.; Deserno, H.; Hau, St. (Hg.): „*Psychoanalyse als Profession und Wissenschaft.*", Kohlhammer, Stuttgart, S. 172–187

Fonagy, P.; Target, M. (2005/2004): „*Was kann die Entwicklungspsychopathologie Psychoanalytikern über die Psyche sagen?*", in: Poscheschnik, G. (Hg.): „*Empirische Forschung in* der Psychoanalyse. Grundlagen-Anwendungen-Ergebnisse.", Psychosozial-Verlag, Gießen, S. 187–198

Fonagy, P. (2006/2004): *„Psychoanalyse und Bindungstheorie."*, Klett-Cotta, Stuttgart

Foucault, M. (1971/1966): *„Die Ordnung der Dinge."*, Suhrkamp, Frankfurt am Main

Foucault, M. (1973/1969): *„Archäologie des Wissens."*, Suhrkamp, Frankfurt am Main

Foucault, M. (1986/1984): *„Sexualität und Wahrheit."*, Bd. 1–3, Suhrkamp, Frankfurt am Main

Freud, S. (1887–1902/1962): *„Aus den Anfängen der Psychoanalyse. Briefe an Wilhelm Fließ, Abhandlungen und Notizen aus den Jahren 1887–1902."*, (Hg.: Bonaparte, M. Freud, A., Kris, E.), S. Fischer, Frankfurt am Main

Freud, S. (1968): Gesammelte Werke, Fischer, Frankfurt am Main

Freud, S. (1893): *„Charcot."*, GW Bd. 1, S. 21–55

Freud, S. (1895a): *„Studien über Hysterie."*, GW Bd. 1, S. 77–312

Freud, S. (1895b/1950): *„Entwurf einer Psychologie."*, GW Nachtragsband (1987), S. 387–477

Freud, S. (1899): *„Ratschläge für den Arzt bei der psychoanalytischen Behandlung."*, GW Bd. 8, S. 375–387

Freud, S. (1900): *„Traumdeutung."*, GW Bd. 2/3

Freud, S. (1905): *„Drei Abhandlungen zur Sexualtheorie."*, GW Bd. 5, S. 27–145

Freud, S. (1909): *„Bemerkungen über einen Fall von Zwangsneurose."*, GW Bd.7, S. 379–463

Freud, S. (1913a): *„Totem und Tabu. (Einige Übereinstimmungen im Seelenleben der Wilden und der Neurotiker)"*, GW Bd. 9

Freud, S. (1913b): *„Das Interesse an der Psychoanalyse."*, GW Bd. 8, S. 389–420

Freud, S. (1913c): *„Zur Einleitung der Behandlung."*, GW Bd. 8, S. 453–478

Freud, S. (1914a): *„Zur Geschichte der psychoanalytischen Bewegung."*, GW Bd. 10, S. 43–113

Freud, S. (1914b): *„Erinnern, Wiederholen, Durcharbeiten."*, GW Bd. 10, S. 126–134

Freud, S. (1914c): *„Zur Einführung des Narzissmus."*, GW Bd. 10, S. 137–170

Freud, S. (1915a): *„Trieb und Triebschicksale."*, GW Bd.10, S. 210–232

Freud, S. (1915b): *„Die Verdrängung."*, GW Bd. 10, S. 248–261

Freud, S. (1915c): *„Das Unbewusste."*, GW Bd. 10, S. 264–303

Freud, S. (1917): *„Trauer und Melancholie."*, GW Bd. 10, S. 427–446

Freud, S. (1916–1917): *„Vorlesungen zur Einführung in die Psychoanalyse."*, GW Bd. 11

Freud, S. (1918): *„Aus der Geschichte einer infantilen Neurose."*, GW Bd. 12, S. 27–157

Freud, S. (1920): *„Jenseits des Lustprinzips."*, GW Bd. 13, S. 1–69

Freud, S. (1921): *„Massenpsychologie und Ich-Analyse."*, GW Bd. 13, S. 71–161

Freud, S. (1923): *„Das Ich und das Es."*, GW Bd. 13, S. 235–289

Freud, S. (1926a): *„Hemmung, Symptom und Angst."*, GW Bd. 14, S. 111–205

Freud, S. (1926b): *„Die Frage der Laienanalyse. Unterredung mit einem Unparteiischen."*, GW Bd. 14, S. 209–286

Freud, S. (1927a): *„Nachwort zur Frage der Laienanalyse."*, GW Bd. 14, S. 287–296

Freud, S. (1927b): *„Die Zukunft einer Illusion."*, GW Bd. 14, S. 323–379

Freud, S. (1930): *„Das Unbehagen in der Kultur."*, GW Bd. 14, S. 419–505

Freud, S. (1933): *„Neue Folgen der Vorlesungen zur Einführung in die Psychoanalyse."*, GW Bd. 15

Freud, S. (1937): *„Die endliche und die unendliche Analyse."*, GW Bd. 16, S. 59–99

Freud, S. (1938): *„Abriss einer Psychoanalyse."*, GW Bd. 17 (Schriften aus dem Nachlass), S. 63–137

Freud, S. (1940): „*Some Elementary Lessons in Psychoanalysis.*", GW Bd. 17 (Schriften aus dem Nachlass), S. 139–147

Fuchs, T. (2013): „*Das Gehirn – Ein Beziehungsorgan.*", Kohlhammer, Stuttgart

Galin, D. (1974): „*Implications for psychiatry of left and right cerebral specialisation: A neurophysiological context for unconscious processes.*", in: Archives of General Psychiatry, 31, S. 572–583

Gardner, H. (1989/1985): „*Dem Denken auf der Spur: Der Weg der Kognitionswissenschaft.*", Klett-Cotta, Stuttgart

Gelo, O.; Pritz A.; Rieken, B. (Hg.)(2015): „*Psychotherapy Research. General Issues, Processes and Outcome.*", Springer, Wien, New York

Gelo, O. (2015): „*The Process of Change in Psychotherapy: Common and Unique Factors.*", in: Gelo, O.; Pritz, A.; Rieken, B. (Hg.): „*Psychotherapy Research. General Issues, Processes and Outcome.*", Springer, Wien, New York

Geyer, C. (Hg.) (2004): „*Hirnforschung und Willensfreiheit. Zur Deutung der neusten Experimente.*", Suhrkamp, Frankfurt am Main

Gloy, K. (2001): „*Vernunft und das andere der Vernunft.*", Alber, Freiburg/München

Gloy, K. (2006): „*Grundlagen der Gegenwartsphilosophie.*", Fink, Paderborn

Gloy, K. (2011): „*Wahrnehmungswelten*", Alber, Freiburg/München

Goschke, Th. (2002): „*Volition und kognitive Kontrolle.*", in: Müsseler, J., Prinz, W. (Hg.): „*Allgemeine Psychologie.*", Spektrum, Heidelberg, S. 271–335

Goschke, Th. (2004): „*Vom freien Willen zur Selbstdetermination. Kognitive und volitionale Mechanismen der intentionalen Handlungssteuerung.*", in: Psychologische Rundschau, 55, S. 186–197

Goschke, Th. (2006): „*Der bedingte Wille. Willensfreiheit und Selbststeuerung aus der Sicht der kognitiven Neurowissenschaft.*", In: Roth, G.; Grün, K.J. (Hg.): „*Das Gehirn und seine Freiheit.*", Vandenhoeck & Ruprecht, Göttingen

Grande, T.; Oberbracht, C.; Rudolf, G. (1998): „*Einige empirische Zusammenhänge zwischen den Achsen Beziehung, Konflikt und Struktur.*", in: Schauenburg, H. (Hg.): „*OPD in der Praxis. Konzepte, Anwendungen, Ergebnisse der Operationalisierten Psychodynamischen Diagnostik.*", Huber, Bern, S. 121–138

Grande, T.; Rudolf, G.; Oberbracht, C. (1997): „*Die Praxisstudie Analytische Langzeittherapie. Ein Projekt zur prospektiven Untersuchung struktureller Veränderung in Psychoanalysen.*", in: Leuzinger-Bohleber, M.; Stuhr, U. (Hg.): „*Psychoanalyse im Rückblick. Methoden, Ergebnisse und Perspektiven der neueren Katamneseforschung.*", Psychosozial Verlag, Gießen, S. 415–431

Grande, T.; Schauenburg, H.; Rudolf, G. (2002a): „*Zum Begriff der Struktur in verschiedenen Operationalisierungen.*", in: Rudolf, G.; Grande, T.; Henningsen, P. (Hg.): „*Die Struktur der Persönlichkeit. Vom theoretischen Verständnis zur therapeutischen Anwendung des psychodynamischen Grundkonzepts.*", Schattauer, Stuttgart, S. 177–196

Grande, T. (2002b): „*Therapeutische Haltung im Umgang mit Struktur und Konflikt.*", in: Rudolf, G.; Grande, T.; Henningsen, P. (Hg.): „*Die Struktur der Persönlichkeit. Vom theoretischen Verständnis zur therapeutischen Anwendung des psychodynamischen Grundkonzepts.*", Schattauer, Stuttgart, S. 236–248

Grawe, K.; Donati, R.; Berbnauer, F. (1994): „*Psychotherapie im Wandel: Von der Konfession zur Profession.*", Hogrefe, Göttingen

Grawe, K. (1999): „*Wie kann Psychotherapie noch wirksamer werden?*", in: Verhaltenstherapie und psychosoziale Praxis, 31, S. 185–199

Grawe, K. (2004): „*Neuropsychotherapie.*", Hogrefe, Göttingen

Green, A. (1999/1973): „*The Fabric of Affect in the Psychoanalytic Discourse.*", London/New York/Paris

Green, V. (2005): „*Emotionale Entwicklung in Psychoanalyse, Bindungstheorie und Neurowissenschaften.*", Brandes & Apsel, Frankfurt am Main

Greene, J. B.; Sommerville, B.; Nystrom, L. E.; Darley, J.; Cohen, J. (2001): „*An fMRI investigation of emotional engagement in moral judgment.*" Science, 293 (5537), S. 2105–2108

Greiner, K.; Jandl, M. J. (2012): „*Das Psycho-Text-Puzzle und andere Beiträge zu Psychotherapiewissenschaft und Philosophie.*", Sigmund Freud Privat Universitäts-Verlag, Wien

Greiner, K. (2012a): „*Köln versus Wien: Was ist Psychotherapiewissenschaft (PTW)?*", in: „*Das Psycho-Text-Puzzle und andere Beiträge zu Psychotherapiewissenschaft und Philosophie.*", Sigmund Freud Privat Universitäts-Verlag, Wien, S. 25–34

Greiner, K. (2012b): „*Standardisierter Therapieschulendialog (TDS). Therapieschulen-interdisziplin*äre Grundlagenforschung an der Sigmund-Freud-Privatuniversität Wien/Paris (SFU).*", SFU-Habilitationsschrift, Sigmund-Freud-Privatuniversitäts-Verlag, Wien

Grün, K.-J. (2006): „Hirnpsychologische Wende der Transzendentalphilosophie Imanuel Kants.", in: Reth, G.; Grün, K.-J. (Hg.): „*Das Gehirn und seine Freiheit.*", Vandenhoeck & Ruprecht, Göttingen, S. 29–66

Grünbaum, A. (1988/1984): „*Die Grundlagen der Psychoanalyse. Eine philosophische Kritik.*", Reclam, Stuttgart

Grünbaum, A. (2006): „*Is Sigmund Freud's psychoanalytic edifice relevant to the 21st century?*", in: Psychoanalytic Psychology, 23, S. 257–284

Habermas, J. (1968a): „*Erkenntnis und Interesse.*", Suhrkamp, Frankfurt am Main

Habermas, J. (1968b): „*Technik und Wissenschaft als Ideologie.*", Suhrkamp, Frankfurt am Main

Habermas, J. (1981): „*Theorie des kommunikativen Handelns.*", Suhrkamp, Frankfurt am Main

Habermas, J. (1995/1972): „*Wahrheitstheorien.*", in: Habermas, J.: „*Vorstudien und Ergänzungen zur Theorie des kommunikativen Handelns.*", Suhrkamp, Frankfurt am Main, S. 127–183

Habermas, J. (2004): „*Freiheit und Determinismus.*", in: Deutsche Zeitschrift für Philosophie 52/6, S. 871–890

Hampe, M. (2000a): „*Die Erfahrungen, die wir machen, widersprechen den Erfahrungen, die wir haben. Formen der Erfahrung in der Wissenschaft.*", Duncker und Humboldt, Berlin

Hampe, M. (2000b): „*Pluralismus der Wissenschaft und die Einheit der Vernunft.*", in: Hampe, M. (Hg.): „*Die Erfahrungen, die wir machen, widersprechen den Erfahrungen, die wir haben. Formen der Erfahrung in der Wissenschaft.*", Duncker und Humboldt, Berlin, S. 37–40

Hampe, M. (2004): „*Pluralität der Wissenschaften und Einheit der Vernunft – Einige philosophische Anmerkungen zur Psychoanalyse.*", in: Leuzinger-Bohleber, M.; Deserno, H.; Hau, St. (Hg.): „*Psychoanalyse als Profession und Wissenschaft.*", Kohlhammer, Stuttgart, S. 17–32

Han, S.; Northoff, G. (2008): „*Culture-Sensitive Neural Substrates of Human Cognition: A Transcultural Neuroimaging Approach.*", in: Nature Reviews Neuroscience, 9, S. 646–654

Hartmann, H. (1960/1939): „*Ich-Psychologie und Anpassungsproblem.*", in: Internationale Zeitschrift für Psychoanalyse und Imago, Klett-Cotta, Stuttgart

Hartmann, H. (1972/1964): „*Ich-Psychologie.*", Klett-Cotta, Stuttgart

Hassenstein, B. (1979): „*Willensfreiheit und Verantwortlichkeit. Naturwissenschaftliche und juristische Aspekte.*", in: Hassenstein, B.: „*Freiburger Vorlesungen zur Biologie des Menschen.*", Quelle & Meyer, Heidelberg, S. 204

Hegel, G. F. W. (1986/1807): „*Phänomenologie des Geistes.*", GA, Bd. 3, Suhrkamp, Frankfurt am Main

Hegel, G. F. W. (1986/1816): „*Wissenschaft der Logik II.*", GA, Bd. 6, Suhrkamp, Frankfurt am Main

Held, R.; Hein, A. (1963): „*Movement-Produced Simulation in the Development of Visually Guided Behavior.*", in: Journal of Comparative Physiology and Psychology, 56, S. 872–876

Henningsen, P.; Rudolf, G. (2000a): „*Zur Bedeutung der Evidence-Based Medicine* für die Psychotherapeutische Medizin.*", in: Psychotherapie, Psychosomatik, Medizinische Psychologie, 50, S. 366–375

Henningsen, P. (2000b): „*Vom Gehirn lernen? Zur Neurobiologie von psychischer Struktur und innerer Repräsentanz.*", in: Forum der Psychoanalyse, 16, S. 99–115

Herrmann, C. S. (2008): „*Analysis of a Choice-Reaction Task Yields a new Interpretation of Libet's Experiments.*", in: International Journal of Psychophysiology, 67, S. 151–157

Honneth, A. (1992): „*Kampf um Anerkennung. Zur moralischen Grammatik sozialer Konflikte.*" Suhrkamp, Frankfurt am Main

Horster, D. (1984): „*Alfred Adler zur Einführung.*", SOAK-Verlag, Hannover

Hume, D. (2004/1739): „*Ein Traktat über die menschliche Natur.*" Bd. 1–3, Xenomos, Berlin

Hussel, E. (2012/1936): „*Die Krise der Europäischen Wissenschaften und die transzendentale Phänomenologie.*", Felix Meiner, Hamburg

Hüther, G. (2001): „*Bedienungsanleitung für ein menschliches Gehirn.*", Vandenhoeck & Ruprecht, Göttingen

Illouz, E. (2012): „*Warum Liebe weh tut.*", Suhrkamp, Berlin

Jandl, M. J. (2012): „*Das antinomische Paradigma der Hirnforschung am Beispiel von Damasios Descartes' Irrtum.*", in: „*Das Psycho-Text-Puzzle und andere Beiträge zu Psychotherapiewissenschaft und Philosophie.*", Sigmund Freud Privat Universitäts-Verlag, Wien, S. 120–155

Jones, E. E.; Pulos, S. M. (1993): „*Comparing the process in psychodynamic and cognitive-behavioral therapies.*", in: Journal of Consulting and Clinical Psychology, 61, S. 306–316

Jones, E. E. (2001): „*Interaktionen und Veränderung in Langzeittherapien.*", in: Stuhr, U. (Hg.): „*Langzeit-Psychotherapie. Perspektiven für Therapeuten und Wissenschaftler.*", Kohlhammer, Stuttgart, S. 224–237

Joseph, B. (1981): „*Abwehrmechanismen und Phantasien im psychoanalytischen Prozess.*", in: Joseph, B.: „*Psychisches Gleichgewicht und psychische Veränderung.*", Klett-Cotta, Stuttgart, S. 173–188

Kächele, H.; Thomä, H. (1973): „*Wissenschaftstheoretische und methodologische Probleme der klinisch-psychologischen Forschung.*", in: Psyche, 27, S. 205–236

Kächele, H. (1992): „*Psychoanalytische Therapieforschung 1930–1990.*", in: Psyche, 46, S. 259–285

Kächele, H. (1995): „*Klaus Grawes Konfession und die psychoanalytische Profession.*", in: Psyche, 49, S. 481–492

Kächele, H. (2005): „*Korrigierende emotionale Erfahrung – ein Lehr- und Lernprozess.*" Plenarvortrag am 13.04.2005 im Rahmen der 55. Lindauer Psychotherapiewochen, http://www.lptw.de/archiv/vortrag/2005/kaechele.pdf

Kächele, H.; Albani, C.; Buchheim, A.; Grünzig, H.; Hölzer, M.; Hohage, R.; Jimenez, J.; Leuzinger-Bohleber, M.; Mergenthaler, E.; Neudert-Dreyer, L.; Pokorny, D.; Thomä, H. (2006): „*Psychoanalytische Einzelfallforschung: Ein deutscher Musterfall Amelie X.*", in: Psyche, 60, S. 387–425

Kahneman, D.; Tversky, A.; Slovic, P. (1982): „*Judgement under uncertainty: Heuristics and Biases.*", Cambridge University Press, Cambridge

Kahneman, D. (2012/2011): „*Schnelles Denken, langsames Denken.*", Siedler, München

Kambartel, F. (1997): „*Wahrheit und Begründung.*", Palm & Enke, Erlangen/Jena

Kandel, E.; Schwartz, J. H.; Jessel, T. M. (2000): „*Principles of Neural Science.*", 4. Auflage, McGraw-Hill, New York

Kandel, E. (2006/2005): „*Psychiatrie, Psychoanalyse und die neue Biologie des Geistes.*", Suhrkamp, Frankfurt am Main

Kant, I. (1968/1781): „*Kritik der reinen Vernunft.*" Werkausgabe Bd. III, W. Weischedel (Hg.), Suhrkamp, Frankfurt am Main

Kant, I. (1968/1798): „*Der Streit der Fakultäten.*", in: „*Schriften zur Anthropologie, Geschichtsphilosophie, Politik und Pädagogik.*" Werkausgabe Bd. XI/1, W. Weischedel (Hg.), Suhrkamp, Frankfurt am Main

Kleist, H. von (1998/1898): „*Über die allmähliche Verfassung der Gedanken beim Reden.*", Dielmann, Frankfurt am Main

Kernberg, O. (1976): „*Objektbeziehungen und Praxis der Psychoanalyse.*", Klett-Cotta, Stuttgart

Kernberg, O. (1978/1975): „*Borderline-Störungen und pathologischer Narzißmus.*", Suhrkamp, Frankfurt am Main

Kernberg, O. (1981/1976): „*Objektbeziehungen und Praxis der Psychoanalyse*", Klett-Cotta, Stuttgart

Kernberg, O. (1988): „*Schwere Persönlichkeitsstörungen. Theorie, Diagnose, Behandlungsstrategien.*", Klett-Cotta, Stuttgart

Kernberg, O. (1991): „*Wandlung psychotherapeutischer Konzepte.*", in: Lindauer Texte, Bd. 1, Springer, Heidelberg

Kernberg, O. (1997/1995): „*Widerstände gegen Forschung in der Psychoanalyse.*", in: Leuzinger-Bohleber, M; Stuhr, U. (Hg.) *Psychoanalyse im Rückblick. Methoden, Ergebnisse und Perspektiven der neueren Katamneseforschung.*", Psychosozial Verlag, Gießen, S. 39–45

Kernberg, O. (1996): „*Ein psychoanalytisches Modell der Klassifizierung von Persönlichkeitsstörungen.*", in: Der Psychotherapeut, 41, S. 288–296

Kernberg, O. (2001): „*Aktuelle Herausforderungen an die Psychoanalyse.*", in: Stuhr, U. (Hg.): „*Langzeit-Psychotherapie. Perspektiven für Therapeuten und Wissenschaftler.*", Kohlhammer, Stuttgart, S. 61–70

Kernberg, O. (2004): „*Psychoanalyse und empirische Forschung: Eine angloamerikanische Perspektive.*", in: Leuzinger-Bohleber, M.; Deserno, H.; Hau, St. (Hg.): „*Psychoanalyse als Profession und Wissenschaft.*", Kohlhammer, Stuttgart, S. 83–96

Klein, St. (2014): „*Träume. Eine Reise in unsere innere Wirklichkeit.*", S. Fischer, Frankfurt am Main

Klug, G.; Huber, D. (2006): „*Die psychische Struktur in den Skalen psychischer Kompetenz.*", in: Forum der Psychoanalyse, 22, S. 394–402

Knight, R. P. (1941/42): „*Evaluation of the results of psychoanalytic therapy.*", in: American Journal of Psychiatry, 98, S. 434–446

Köchy, K.; Stederoth, D. (Hg.) (2006): „*Willensfreiheit als interdisziplinäres Problem.*", Karl Alber, München

Kohut, H. (1973/1971): „*Narzißmus. Ein Theorie der psychoanalytischen Behandlung narzißtischer Persönlichkeitsstörungen.*", Suhrkamp, Frankfurt am Main

Kok, B. E.; Coffey, K.; Catalino, L.; Vacharkulksenisuk, T.; Algol, A.; Brantley, M.; Fredericksen, B. (2013): „*How Positive Emotions Build Physical Health: Perceived Positive Social Connections Account for the Upward Spiral Between Positive Emotions and Vagal Tone.*", in: Psychological Science, 24

Krause, R.; Fabregat-Ocampo, M. (2002): „*Struktur und Affekt.*", in: Rudolf, G.; Grande, T.; Henningsen, P. (Hg.): „*Die Struktur der Persönlichkeit. Vom theoretischen Verständnis zur therapeutischen Anwendung des psychodynamischen Grundkonzepts.*", Schattauer, Stuttgart, S. 80–89

Küchenhoff, J. (2002): „*In Strukturen denken. Strukturkonzepte in Philosophie, Psychiatrie und Psychoanalyse und ihre praktischen Auswirkungen.*", in: Rudolf, G.; Grande, T.; Henningsen, P. (Hg.): „*Die Struktur der Persönlichkeit. Vom theoretischen Verständnis zur therapeutischen Anwendung des psychodynamischen Grundkonzepts.*", Schattauer, Stuttgart, S. 68–79

Kuhn, Th. (1976/1962): „*Die Struktur wissenschaftlicher Revolution.*", Suhrkamp, Frankfurt am Main

Kuhn, Th. (1992/1977): „*Die Entstehung des Neuen. Studien zur Struktur der Wissenschaftsgeschichte.*", Suhrkamp, Frankfurt am Main

Lear, J. (1997/1996): „*The shrink is in.*", in: Leuzinger-Bohleber, M.; Stuhr, U. (Hg.), „*Psychoanalyse im Rückblick. Methoden, Ergebnisse und Perspektiven der neueren Katamneseforschung.*", Psychosozial Verlag, Gießen, S. 92–105

Leichsenring, F.; Rabung, S. (2008): „*Effectiveness of Long-Term Psychodynamic Psychotherapy. A Meta-Analysis.*", in: Journal of the American Medical Association, 300, S. 1551–1565

Leuzinger-Bohleber, M; Stuhr, U. (Hg.) (1997a): „*Psychoanalyse im Rückblick. Methoden, Ergebnisse und Perspektiven der neueren Katamneseforschung.*", Psychosozial Verlag, Gießen

Leuzinger-Bohleber, M. (1997b): „*Psychoanalytische Katamneseforschung und die Wissenschaft zwischen den Wissenschaften*", in: Leuzinger-Bohleber, M; Stuhr, U. (Hg.): „*Psychoanalyse im Rückblick. Methoden, Ergebnisse und Perspektiven der neueren Katamneseforschung.*", Psychosozial Verlag, Gießen, S. 125–163

Leuzinger-Bohleber, M.; Stuhr, U.; Rüger, B.; Fäh, M.; Fischer, G.; Goldacker, U. v.; Hammel, A.; Herold, R.; Holm-Hadulla, R.; Klein, I.; Krusche, H.; Klöß-Retmann, L.; Rath, H.; Schneider, Ch.; Walker, Ch.; Westenberger-Breuer, H.; Willenberg, H. (1997c): „*Langzeitwirkungen von Psychoanalysen und psychoanalytischen Psychotherapien: eine repräsentative Katamnesestudie.*", in: Leuzinger-Bohleber, M; Stuhr, U. (Hg.): „*Psychoanalyse im Rückblick. Methoden, Ergebnisse und Perspektiven der neueren Katamneseforschung.*", Psychosozial Verlag, Gießen, S. 470–495

Leuzinger-Bohleber, M.; Mertens, W.; Koukkou, M. (Hg.) (1998): „*Erinnerung von Wirklichkeiten. Psychoanalyse und Neurowissenschaften im Dialog.*", Bd. 1+2, Verlag Internationale Psychoanalyse, Stuttgart

Leuzinger-Bohleber, M.; Stuhr, U.; Rüger, B.; Beutel, M. (2001): „*Langzeitwirkungen von Psychoanalysen und Psychotherapien: Eine multiperspektivische, repräsentative Katamnesestudie.*", in: Psyche, 55, S. 193–276

Leuzinger-Bohleber, M.; Rüger, B.; Stuhr, U.; Beutel, M. (2002): „*Forschen und Heilen in der Psychoanalyse.*", Kohlhammer, Stuttgart

Leuzinger-Bohleber, M.; Deserno, H.; Hau, St. (Hg.) (2004): *„Psychoanalyse als Profession und Wissenschaft.",* Kohlhammer, Stuttgart

Leuzinger-Bohleber, M.; Haubl, R. (Hg.) (2011): *„Psychoanalyse: Interdisziplinär, international, intergenerationell. Zum 50-jährigen Bestehen des Sigmund-Freud-Instituts.",* Vandenhoeck & Ruprecht, Göttingen

Leuzinger-Bohleber, M. (2014): *„Das Unbewusste: Eine Brücke zwischen Psychoanalyse und Cognitive Science. Forscher und Praktiker im Dialog.",* Einführung in den Kongress am SFI, 28.02.–02.03.2014, www.sfi-frankfurt.de

Libet, B. (1985): *Unconscious cerebral initiative and the role of conscious will in voluntary action,* in: The Behavioral and Brain Sciences, 8, S. 529–566.

Libet, B. (2004/1999): *„Haben wir einen freien Willen?"* in: Geyer, C. (Hg.): *„Hirnforschung und Willensfreiheit. Zur Deutung der neusten Experimente.",* Suhrkamp, Frankfurt am Main, S. 268–289

Loewald, H. W. (1986/1960): *„Zur therapeutischen Wirkung der Psychoanalyse.",* in: *„Psychoanalyse. Aufsätze aus den Jahren 1951–1979.",* Klett-Cotta, Stuttgart, S. 209–247

Loewald, H. W. (1980/1977): *„Psychoanalyse.",* Klett-Cotta, Stuttgart

Lorenzer, A. (1985/1974): *„Die Wahrheit der psychoanalytischen Erkenntnis.",* Suhrkamp, Frankfurt am Main

Lorenzer, A. (1986): *„Tiefenhermeneutische Kulturanalyse.",* in: Lorenzer, A. (Hg.): *„Kultur-Analysen. Psychoanalytische Studien zur Kultur.",* Fischer Taschenbuch Verlag, Frankfurt am Main, S. 11–98

Lück, M., Roth, G. (2007): *„Frühkindliche emotionale Entwicklung und ihre neuronalen Grundlagen.",* in: Analytische Kinder- und Jugendlichenpsychotherapie, 133, S. 49–79

Ludwig-Körner, C. (1992): *„Der Selbstbegriff in der Psychologie und Psychotherapie.",* Deutscher Universitätsverlag, Wiesbaden

Marcuse, L. (1979): *„Triebstruktur und Gesellschaft.",* Schriften, Bd. V, Suhrkamp, Frankfurt am Main

McAleavey, A.; Castonguay, L.G. (2014): *„The Process of Change in Psychotherapy: Common and Unique Factors.",* in: Gelo, O.; Pritz, A.; Rieken, B. (Hg.): *„Psychotherapy Research. General Issues, Processes and Outcome.",* Springer, Wien, New York

McClure, S. M.; Laibson, D. I.; Loewenstein, G.; Cohen, J. D. (2004): *„Separate neural Systems Value immediate and delayed monetary Rewards.",* Science, 306, S. 503–507

McGowan, P. O.; Sasaki, A.; D'Allesio, A. C.; Dymov, S.; Labonté, B.; Szyf, M.; Turecke, G.; (2009): *„Epigenetic Regulation of the Glucocorticoid Receptor in Human Brain Associates with Childhood Abuse.",* in: Nature Neuroscience, 12, S. 342–348

Merleau-Ponty, M. (1966/1945): *„Phänomenologie der Wahrnehmung.",* de Gruyter, Berlin

Merleau-Ponty, M. (1986/1964): *„Das Sichtbare und das Unsichtbare.",* Fink, München

Mertens, W. (1991): *„Was hat sich in den theoretischen Grundlagen der Psychotherapie gewandelt?",* in: Lindauer Texte, Bd. 1, Springer-Verlag, Heidelberg

Mertens, W. (2000/1990): *„Einführung in die psychoanalytische Therapie.",* Bd. 1, (überarbeitete Auflage) Kohlhammer, Stuttgart

Mertens, W. (1993/1991): *„Einführung in die psychoanalytische Therapie.",* Bd. 3, (überarbeitete Auflage), Kohlhammer, Stuttgart

Mertens, W. (1994): *„Psychoanalyse auf dem Prüfstand? Eine Erwiderung auf die Metaanalyse von Klaus Grawe.",* Quintessenz, Berlin

Mertens, W. (1997/1995): *„Warum Psychoanalysen lange dauern. Gedanken zum angemessenen katamnesischen Vorgehen.",* in: Leuzinger-Bohleber, M.; Stuhr, U. (Hg.): *„Psycho-*

analyse im Rückblick. Methoden, Ergebnisse und Perspektiven der neueren Katamneseforschung.", Psychosozial Verlag, Gießen, S. 182–202

Mertens, W. (2007): „*Zur Konzeption des Unbewussten – Einige Überlegungen zu einer interdisziplinären Theoriebildung des Unbewussten.*", in: Geus-Mertens, E. (Hg.): „*Eine Psychoanalyse für das 21. Jahrhundert – Wolfgang Mertens zum 60. Geburtstag.*", Kohlhammer, Stuttgart, S. 114–163

Mertens, W. (2008/1997): „*Psychoanalyse. Geschichte und Methode.*", C.H. Beck, München

Mertens, W. (2014a): „*Psychoanalyse im 21. Jahrhundert. Eine Standortbestimmung.*", Kohlhammer, Stuttgart

Mertens, W. (Hg.) (2014b): „*Handbuch psychoanalytischer Grundbegriffe.*", Kohlhammer, Stuttgart

Metzinger, Th. (1999): „*Subjekt und Selbstmodelle.*", Mentis, Paderborn

Metzinger, Th. (2009): „*Der Ego-Tunnel. Eine neue Philosophie des Selbst: Von der Hirnforschung zur Bewusstseinsethik.*", Berliner Taschenbuch Verlag, Berlin

Moser, U. (1991): „*Vom Umgang mit Labyrinthen. Praxis und Forschung in der Psychoanalyse.*", in: Psyche, 45, S. 315–334

Moser, U. (1992): „*Zeichen der Veränderung im affektiven Kontext von Traum und psychoanalytischer Situation.*", in: Psyche, 46, S. 923–957

Moser, U.; Zeppelin, I. von (1996): „*Der geträumte Traum. Wie Träume entstehen und sich verändern.*", Kohlhammer, Stuttgart

Moser, U. (1999): „*Selbstmodelle und Selbstaffekte im Traum.*", in: Psyche, 53, S. 220–248

Müller, O. (2003): „*Hilary Putnam und der Abschied vom Skeptizismus. Oder: Warum die Welt keine Computersimulation ist.*", in: Wirklichkeit ohne Illusionen, Bd. 1., Mentis, Paderborn

Nietzsche, F. (1988/1887): „*Die fröhliche Wissenschaft.*", KSA, Bd. III, dtv, München

Nietzsche, F. (1988/1886): „*Also sprach Zarathustra*", KSA, Bd. IV, dtv, München

Oberbracht, C. (2002): „*Passen oder verpassen? Prognostische Bedeutung der Struktureinschätzung nach OPD für die therapeutische Arbeitsbeziehung.*", in: Rudolf, G.; Grande, T.; Henningsen, P. (Hg.): „*Die Struktur der Persönlichkeit. Vom theoretischen Verständnis zur therapeutischen Anwendung des psychodynamischen Grundkonzepts.*", Schattauer, Stuttgart, S. 197–219

Orlinsky, D. E., Howard, K. I. (1986): „*Process and outcome in psychotherapy.*", in: Garfield, S.; Bergin, A. (Hg.): „*Handbook of psychotherapy and behavior change.*" (3rd ed.), Wiley, New York, S. 311–381

Orlinsky, D. E., Howard, K. H. (1987): „*A generic model of Psychotherapy.*", in: Journal of Integrative and Eclectic Psychotherapy, 6, S. 6–27

Orlinsky, D. E.; Grawe, K.; Parks, B. K. (1994): „*Process and outcome in psychotherapy – nocheinmal.*", in: S. L. Garfield (Hg.), „*Handbook of psychotherapy and behavior change.*", (4th ed., pp. 270–276), Wiley, New York

Orlinsky, D. E. (1994): „*Learning from many masters.*", in: Psychotherapeut, 39, S. 2–9.

Orlinsky, D. E.; Russell, R. L. (1995): „*Tradition and Change in Psychotherapy Research: Notes on the Fourth Generation.*", in: Russell, R. L. (Hg.): „*Reassessing Psychotherapy Research.*", Guilford Press, New York, London, S. 185–214

Orlinsky, D. E. (2009): „*The ‚Generic Model of Psychotherapy' After 25 Years: Evolution of a Research-Based Metatheory.*", in: Journal of Psychotherapy Integration, 19/4, S. 319–339

Ott, U.; Gard, T.; Hölzel, B.; Sack, A.; Hempel, H.; Lazar, S.; Vaitl, D. (2012): *„Pain attenuation through mindfulness is associated with decreased cognitive control and increased sensory processing in the brain.*", in: Cerebral Cortex, *22*, S. 2692–2702

Ott, U. (2011): *„Meditation für Skeptiker.*", Knauer e-Book

Panksepp, J. (1998): *„Affektive Neuroscience: The Foundations of Human and Animal Emotions.*", Oxford University Press, New York

Panksepp, J. (1999): *„Emotions as viewed by psychoanalysis and neuroscience: an exercise in consilience.*", in: Neuro-Psychoanalysis, 1, S. 15–39

Panksepp, J. (2003): *„Damasios error?*", in: Consciousness and Emotion, 4, S. 111–134.

Parloff, M. B. (1984): *„Psychotherapy research and its incredible crisis.*", in: Clinical Psychological Review, 4, S. 95–109

Piaget, J. (1972/1966a): *„Die Psychologie des Kindes.*", S. Fischer, Frankfurt am Main

Piaget, J. (1978/1947): *„Das Weltbild des Kindes.*", Klett-Cotta, Stuttgart

Piaget, J. (1979/1966b): *„Die Entwicklung des inneren Bildes beim Kind.*", Suhrkamp, Frankfurt am Main

Piaget, J. (1973/1968): *„Einführung in die genetische Erkenntnistheorie.*", Suhrkamp, Frankfurt am Main

Piaget, J. (1995/1954): *„Intelligenz und Affektivität in der Entwicklung des Kindes.*", Frankfurt am Main, Suhrkamp

Piaget, J. (1988/1978/1926); *„Das Weltbild des Kindes.*", Klett-Cotta, Stuttgart

Planck, M. (2001/1936): *„Vom Wesen der Willensfreiheit.*", in: Planck, M.: *„Vorträge, Reden, Erinnerungen.*" Springer, Berlin, S. 137–154

Poscheschnik, G. (Hg.) (2005): *„Empirische Forschung in der Psychoanalyse. Grundlagen-Anwendungen-Ergebnisse.*", Psychosozial-Verlag, Gießen

Prinz, W. (1996): *„Freiheit oder Wissenschaft?*", in: Cranach, M. von; Foppa, K. (Hg.): *„Freiheit des Entscheidens und Handelns. Ein Problem der nomologischen Psychologie.*", Asanger, Heidelberg, S. 86–103

Prinz, W. (2004): *„Der Mensch ist nicht frei. Ein Gespräch.*", in: Geyer, C. (Hg.): *„Hirnforschung und Willensfreiheit.*", Suhrkamp, Frankfurt am Main, S. 20–26

Pritz, A. (Hg.) (1996a): *„Psychotherapie – Eine neue Wissenschaft vom Menschen.*", Springer, Wien, New York

Pritz, A.; Teufelhart, H. (1996b): *„Psychotherapie – Wissenschaft vom Subjektiven.*", in: Pritz, A. (Hg.): *„Psychotherapie – Eine neue Wissenschaft vom Menschen.*", Springer, Wien, New York, S. 1–18

Putnam, H. (1993): *„Von einem realistischen Standpunkt. Schriften zu Sprache und Wirklichkeit.*", Rowohlt, Reinbeck

Ramachandran, V. (1994): *„Phantom limbs, neglect syndromes, repressed memories and Freudian psychology.*", in: International Review of Neurobiology, 37, S. 291–333

Rattner, J. (2013): *„Alfred Adler: Der Mensch und seine Lehre.*", Verlag für Tiefenpsychologie, Berlin

Remschmidt, H. (2013): *„Tötungs- und Gewaltdelikte junger Menschen. Ursache, Begutachtung, Prognose.*", Springer, Berlin

Reiter, L; Steiner, E. (1996): *„Psychotherapie und Wissenschaft – Beobachtungen einer Profession.*", in: Pritz, A. (Hg.): *„Psychotherapie – Eine neue Wissenschaft vom Menschen.*", Springer, Wien, New York, S. 159–203

Resch, F. (2002): *„Struktur und Strukturveränderung im Kindes- und Jugendalter.*", in: Rudolf, G.; Grande, T.; Henningsen, P. (Hg.): *„Die Struktur der Persönlichkeit. Vom theoretischen*

Verständnis zur therapeutischen Anwendung des psychodynamischen Grundkonzepts.", Schattauer, Stuttgart, S. 116–131

Rieken, B. (2005): *„Nordsee ist Mordsee. Sturmfluten und ihre Bedeutung für die Mentalitäts-geschichte der Friesen.*", Waxmann, Münster

Rieken, B. (2010): *„Wiederentdeckung des teleologischen Denkens? Der anthropogene Klima-wandel aus ethnologisch-psychologischer und wissenschaftsgeschichtlicher Perspektive.*", in: Voss, M. (Hg.): *„Der Klimawandel.*", VS-Verlag, Wiesbaden, S. 301–312

Rieken, B. (Hg.) (2011): *„Alfred Adler heute. Zur Aktualität der Individualpsychologie.*", Waxmann, Münster

Rieken, B. (2011): *„Psychotherapiewissenschaft, Hermeneutik und das Unbewusste.*", in: Rieken, B. (Hg.): *„Alfred Adler heute. Zur Aktualität der Individualpsychologie.*", Waxmann, Münster

Rieken, B. (2013): *„Überlegungen zur Akademisierung der Psychotherapie – am Beispiel der Sigmund-Freud-Privatuniversität Wien.*", in: Zeitschrift für Individualpsychologie, 38/3, S. 285–302

Rieken, B. (2015): *„The Foundations of the History of Science in the light of Psychotherapy Science.*", in: Gelo, O.; Pritz, A.; Rieken, B. (Hg.): *„Psychotherapy Research. General Issues, Processes and Outcome.*", Springer, Wien, New York

Röckerrath, K. (2004): *„Neglect und Anosognosie: Psychoanalytische Arbeit mit rechtshirnge-schädigten Patienten.*", in: Leuzinger-Bohleber, M.; Deserno, H.; Hau, St. (Hg.): *„Psycho-analyse als Profession und Wissenschaft.*", Kohlhammer, Stuttgart, S. 310–330

Roth, G. (1996): *„Das Gehirn und seine Wirklichkeit. Kognitive Neurobiologie und ihre philo-sophische Konsequenz.*", Suhrkamp, Frankfurt am Main

Roth, G. (2001): *„Fühlen, Denken, Handeln.*", Suhrkamp, Frankfurt am Main

Roth, G. (2003): *„Aus Sicht des Gehirns.*", Suhrkamp, Frankfurt am Main

Roth, G. (2004a): *„Das Problem der Willensfreiheit. Die empirischen Befunde.*", in: Informati-on Philosophie, 5, S. 14–21

Roth, G. (2004b): *„Worüber dürfen Hirnforscher reden – und in welcher Weise?*", in: Deutsche Zeitschrift für Philosophie, 52/2, S. 223–234

Roth, G. (2004c): *„Das Verhältnis von bewusster und unbewusster Verhaltenssteuerung.*", in: Psychotherapie-Forum, 12, S. 59–70

Roth, G.; Singer, W., Monyer, H., Rösler, F. (2004d): *„Das Manifest. Elf führende Neurowis-senschaftler über Gegenwart und Zukunft der Hirnforschung.*", in: Gehirn und Geist, 6, S. 30–37

Roth, G.; Grün, K. J. (Hg.) (2006a): *„Das Gehirn und seine Freiheit.*", Vandenhoeck & Rup-recht, Göttingen

Roth, G. (2006b): *„Vorwort zur deutschen Ausgabe. Geist, Seele, Gehirn.*", in: Kandel, E. (Hg.): *„Psychiatrie, Psychoanalyse und die neue Biologie des Geistes.*", Suhrkamp, Frankfurt am Main

Roth, G. (2006c): *„Das Zusammenwirken bewusst und unbewusst arbeitender Hirngebiete bei der Steuerung von Willenshandlungen.*", in: Köchy, K.; Stederoth, D. (Hg.): *„Willensfrei-heit als interdisziplinäres Problem.*", Karl Alber, München, S. 17–38

Roth, G. (2007): *„Persönlichkeit, Entscheidung und Verhalten.*"; Klett-Cotta, Stuttgart

Roth, G.; Pauen, M. (2008): *„Freiheit, Schuld und Verantwortung. Grundzüge einer naturalis-tischen Theorie der Willensfreiheit.*", Suhrkamp, Frankfurt am Main

Rudolf, G.; Motzkau, H. (1997): *„Die Auswirkungen von biographischen Belastungen auf die Gesundheit von erwachsenen Männern und Frauen.*", in: Psychosomatische Medizin, 43, S. 349–368

Rudolf, G. (1998): *„Die Struktur-Checkliste. Ein anwendungsfreundliches Hilfsmittel für die Strukturdiagnostik nach OPD.*", in: Schauenburg, H. (Hg.): *„OPD in der Praxis. Konzepte, Anwendungen, Ergebnisse der Operationalisierten Psychodynamischen Diagnostik.*", Huber, Bern, S. 167–181

Rudolf, G.; Grande, T.; Oberbracht, C. (2000): *„Die Heidelberger Umstrukturierungsskala. Ein Modell der Veränderung in psychoanalytischen Therapien und seine Operationalisierung in einer Schätzskala.*", in: Psychotherapeut, 45, S. 237–246

Rudolf, G.; Grande, T.; Dilg, R.; Jakobsen, T.; Keller, W.; Oberbracht, C.; Pauli-Magnus, C.; Stehle, S.; Wilke, S. (2001): *„Strukturelle Veränderungen in psychoanalytischen Behandlungen – Zur Praxisstudie analytischer Langzeittherapien (PAL).*", in: Stuhr, U. (Hg.): *„Langzeit-Psychotherapie. Perspektiven für Therapeuten und Wissenschaftler.*", Kohlhammer, Stuttgart

Rudolf, G.; Grande, T.; Henningsen, P. (Hg.) (2002a): *„Die Struktur der Persönlichkeit. Vom theoretischen Verständnis zur therapeutischen Anwendung des psychodynamischen Grundkonzepts.*", Schattauer, Stuttgart

Rudolf, G. (2002b): *„Struktur als psychodynamisches Konzept der Persönlichkeit.*", in: Rudolf, G.; Grande, T.; Henningsen, P. (Hg.): *„Die Struktur der Persönlichkeit. Vom theoretischen Verständnis zur therapeutischen Anwendung des psychodynamischen Grundkonzepts.*", Schattauer, Stuttgart, S. 2–48

Rudolf, G. (2002c): *„Strukturbezogene Psychotherapie.*", in: Rudolf, G.; Grande, T.; Henningsen, P. (Hg.): *„Die Struktur der Persönlichkeit. Vom theoretischen Verständnis zur therapeutischen Anwendung des psychodynamischen Grundkonzepts.*", Schattauer, Stuttgart, S. 249–271

Rudolf, G. (2005): *„Psychoanalyse und Forschung: unüberwindliche Gegensätze?*", in: Poscheschnik, G. (Hg.): *„Empirische Forschung in der Psychoanalyse. Grundlagen-Anwendungen-Ergebnisse.*", Psychosozial-Verlag, Gießen, S. 63–76

Sandell, R. (1997): *„Langzeitwirkung von Psychotherapie und Psychoanalyse.*", in: Leuzinger-Bohleber, M; Stuhr, U. (Hg.): *„Psychoanalyse im Rückblick. Methoden, Ergebnisse und Perspektiven der neueren Katamneseforschung.*", Psychosozial Verlag, Gießen, S. 348–365

Sandell, R.; Blomberg, J.; Lazar, A.; Carlsson, J.; Broberg, J.; Schubert, J. (2001): *„Unterschiedliche Langzeitergebnisse von Psychoanalysen und Langzeitpsychotherapien. Aus der Forschung des Stockholmer Psychoanalyse- und Psychotherapieprojekts.*", in: Psyche, 55, S. 277–310

Sander, M. J. (2012): *„Was man für Geld nicht kaufen kann. Die moralischen Gesetze des Marktes.*", Ullstein, Berlin

Sandler, J.; Holder, A.; Dare, C.; Dreher, A. (2003): *„Freuds Modelle der Seele. Eine Einführung.*", Psychosozial Verlag, Gießen

Schabert, I. (2009): *„Shakespeare-Handbuch: Die Zeit – Der Mensch – Das Werk – Die Nachwelt.*" Kröner, Stuttgart

Schauenburg, H.; Freyberger, H. J.; Cierpka, M.; Buchheim, P. (Hg.) (1998): *„OPD in der Praxis. Konzepte, Anwendungen, Ergebnisse der Operationalisierten Psychodynamischen Diagnostik.*", Huber, Bern

Schiemann, A. (2004): „*Kann es einen freien Willen geben? – Risiken und Nebenwirkungen der Hirnforschung für das deutsche Strafrecht.*", in: Neue Juristische Wochenschrift, 29, S. 2056–2059

Schnädelbach, H. (2002): „*Erkenntnistheorie zur Einführung.*", Junius, Hamburg

Schnädelbach, H. (2012): „*Was Philosophen wissen und was man von ihnen lernen kann.*", C. H. Beck, München

Schopenhauer, A. (1977/1839): „*Über die Freiheit des menschlichen Willens.*", Elsnerdruck, Berlin

Schopenhauer, A. (1977/1848): „*Die Welt als Wille und Vorstellung.*",Werke, Bd. II, Diogenes, Zürich

Schöpf, A. (2014): „*Philosophische Grundlagen der Psychoanalyse. Eine wissenschaftliche und wissenschaftstheoretische Analyse.*", Kohlhammer, Stuttgart

Schulz, S. (2001): „*Affektive Indikation struktureller Störungen.*", Kohlhammer, Stuttgart

Schultz-Hencke, H. (1940): „*Der gehemmte Mensch.*", Thieme, Leipzig

Schweitzer, A. (1966): „*Die Lehre von der Ehrfurcht vor dem Leben*", Unionverlag, Zürich

Searle, J. (1993/1992): „*Die Wiederentdeckung des Geistes.*", Frankfurt am Main, Suhrkamp

Searle, J. (1995): „*The mystery of consciousness.*", New York Review of Books, 42, S. 60–66

Searle, J. (1995): „*Die Konstruktion der gesellschaftlichen Wirklichkeit.*", Suhrkamp, Frankfurt am Main

Searle, J. (2012): „*Wie wir die soziale Welt machen.*", Suhrkamp, Berlin

Shedler, J. (2010): „*The efficacy of psychodynamic psychotherapy.*" American Psychologist, 65, S. 98–109

Siegel, D. (1999): „*The developing mind: Toward a neurobiology of interpersonal experience.*", Guilford Press, New York

Siles, W. B.; Meshot, C. M.; Anderson, T. M.; Sloan, W. W. (1992): „*Assimilation of problematic experiences: The case of John Jones.*", in: Psychotherapy Research, 2, S. 81–101

Singer, W. (2002): „*Der Beobachter im Gehirn. Essays zur Hirnforschung.*", Suhrkamp, Frankfurt am Main

Singer, W. (2004): „*Selbsterfahrung und neurobiologische Fremdbeschreibung. Zwei konfliktträchtige Erkenntnisquellen.*", in: Deutsche Zeitschrift für Philosophie, 52/2, S. 235–255

Solms, M. (1995): „*Is the brain more real than the mind?*", in: Bareuther, H.; Brede, K.; Ebert-Saleh, M.; Spangenberg, N.(Hg.): „*Traum und Gedächtnis. Materialien aus dem Sigmund Freud Institut.*", 15, LIT, Münster, S. 37–54

Solms, M. (1999): „*Angst in Träumen. Ein neuropsychoanalytischer Ansatz.*", in: Bareuther, H.; Brede, K.; Ebert-Saleh, M.; Grünberg, K.; Hau, S. (Hg.): „*Traum, Affekt und Selbst. Psychoanalytische Beiträge aus dem Sigmund-Freud-Institut.*",1, Tübingen, S. 213–239

Solms, M.; Kaplan-Solms, K. (2003a/2000): „*Neuro-Psychoanalyse.*", Klett-Cotta, Stuttgart

Solms, M.; Turnbull, O. (2010/2002): „*Das Gehirn und seine innere Welt. Neurowissenschaft und Psychoanalyse.*", Walter, Mannheim

Solms, M. (2003b): „*Was bleibt von Freud?*", Spiegel Special 4/2003, S. 60–62

Solms, M.; Turnbull, O. (2005): „*Gedächtnis und Phantasie*", in: Green, V. (Hg.): „*Emotionale Entwicklung in Psychoanalyse, Bindungstheorie und Neurowissenschaften.*", Brandes & Apsel, Frankfurt am Main, S. 69–113

Solms, M.; Panksepp, J. (2012): „*The Id knows more than the Ego admits: Neuropsychoanalytic and primal consciousness perspectives on the interface between affective and cognitive neuroscience.*", in: Brain Science, 2/2, S. 147–175

Solms, M. (2013/2011): „*Das bewusste Es.*", in: Psyche, 67, S. 991–1022

Solms, M. (2014): *„Unbewusst, das Unbewusste."*, in: Mertens, W. (Hg.): *„Handbuch psycho-analytischer Grundbegriffe."*, Kohlhammer, Stuttgart, S. 1020–1028

Spinoza, B. de (2012/1675): *„Die Ethik."*, Teil 1, Marixverlag, Wiesbaden

Spitzer, M. (2004): *„Selbstbestimmen. Gehirnforschung und die Frage: Was sollen wir tun?"*, Spektrum, München

Stein, E. (2005): *„Übersetzungen von Alexandre Koyré: Descartes und die Scholastik."*, in: Edit Stein, Gesamtausgabe, Bd. 25 (Übersetzungen V), Herder, Freiburg

Stern, D. (1992/1985): *„Die Lebenserfahrung des Säuglings."*, Klett-Cotta, Stuttgart

Stern, D. (1998/1995): *„Die Mutterschaftskonstellation."*, Klett-Cotta, Stuttgart

Stern, D.; Sander, L.; Nahum, J.; Harrison, A.; Lyons-Ruth, K.; Morgan, A.; Bruschweiler-Stern, N.; Tronick, E. (2002/1998): *„Nicht-deutende Mechanismen in der psychoanalyti-schen Therapie. Das ‚Etwas-Mehr' als Deutung."*, in: Psyche, 56, S. 974–1006

Stern, D. (2005/2004): *„Der Gegenwartsmoment."*, Brandes & Apsel, Frankfurt am Main

Stiles, W. B.; Shapiro, D. A.; Elliott, R. (1986): *„Are all psychotherapies equivalent?"*, in: American Psychologist, 41, S. 165–180

Stuhr, U. (1997): *„Psychoanalyse und qualitative Psychotherapieforschung."*, in: Leuzinger-Boh-leber, M.; Stuhr, U. (Hg.) (1997): *„Psychoanalyse im Rückblick. Methoden, Ergebnisse und Perspektiven der neueren Katamneseforschung."*, Psychosozial Verlag, Gießen, S. 164–181

Stuhr, U. (Hg.), (2001a): *„Langzeit-Psychotherapie. Perspektiven für Therapeuten und Wissen-schaftler."*, Kohlhammer, Stuttgart

Stuhr, U. (2001b): *„Methodische Überlegungen zur Kombination qualitativer und quantitativer Methoden in der psychoanalytischen Katamneseforschung und Hinweise zu ihrer Integra-tion."*, in: Stuhr, U. (Hg.): *„Langzeit-Psychotherapie. Perspektiven für Therapeuten und Wissenschaftler."*, Kohlhammer, Stuttgart, S. 133–149

Stuhr, U. (2004): *„Qualitative Ansätze in der Psychotherapieforschung."*, in: Leuzinger-Boh-leber, M.; Deserno, H.; Hau, St. (Hg.): *„Psychoanalyse als Profession und Wissenschaft."*, Kohlhammer, Stuttgart, S. 160–171

Swaab, D. (2012): *„Wir sind unser Gehirn."*, Droemer & Knauer, München

Szyf, M. (2012): *„The Early-Life Social Environment and DNA Methylation."*, in: Clinical Ge-netics, 81, S. 341–349

Thomä, H.; Kächele, H. (1985): *„Lehrbuch der psychoanalytischen Therapie."*, Bd. 1, Springer, Berlin

Tress, W.; Heinz, R. (2007): *„Willensfreiheit zwischen Psychoanalyse, Philosophie und Neuro-biologie."*, Vandenhoeck & Ruprecht, Göttingen

Tsankova, N.; Renthal, W.; Kumar,, A.; Nestler, E. (2007): *„Epigenetic Regulation in Psychiatric Disorders."*, in: Nature Reviews Neuroscience, 8, S. 355–367

Vaihinger, H. (1911): *„Die Philosophie des ‚Als Ob'. System der theoretischen, praktischen und religiösen Fiktionen auf Grund eines idealistischen Positivismus."*, Reuther & Reichard, Berlin

Varvin, S. (1997): *„Die Oslo-Studie. Eine Prozess-Ergebnisstudie der Psychoanalyse – Werk-stattbericht."*, in: Leuzinger-Bohleber, M; Stuhr, U. (Hg.): *„Psychoanalyse im Rückblick. Methoden, Ergebnisse und Perspektiven der neueren Katamneseforschung."*, Psychosozial Verlag, Gießen, S. 407–414

Vogel, M. (2004): *„Gehirn im Kontext. Anmerkungen zur philosophierenden Hirnforschung."*, in: Deutsche Zeitschrift für Philosophie, 52/6, S. 985–1005

Vohs, K.; Schooler, J. (2008): *„The Value of Believing in Free Will: Encouraging a Belief in De-terminism Increases Cheating."*, in: Psychological Science, 19/1, S. 49–54

Waal, F. de (2006): „*Der Affe in uns.*", Hanser, München

Wallerstein, R. S.; Robbins, L. L.; Sargent, H. D.; Luborsky, L. (1956): „*The Psychotherapy research project of the Menninger Foundation: rationale, method and sample use.*", in: Bulletin of the Menninger Clinic, 20, Gilford, New York, S. 221–278

Wallerstein, R. S. (1986): „*Forty-two Lives in Treatment. A Study of Psychoanalysis and Psychotherapy.*", Guilford, New York

Wallerstein, R. S. (1989): „*Follow-up in psychoanalysis. Clinical and research values.*", in: Journal of the American Psychoanalytic Association, 37, S. 921–941

Wallerstein, R. S. (1996): „*Psychoanalytische Forschung: Wo sind wir unterschiedlicher Meinung?*", in: Newsletter of the International Psychoanalytical Association (deutsche Ausgabe), 5/1, S. 15–17

Wallerstein, R. S. (1997/1989): „*Katamnese in der Psychoanalyse: Zu ihrem klinischen und empirischen Wert.*", in: Leuzinger-Bohleber, M; Stuhr, U. (Hg.): „*Psychoanalyse im Rückblick. Methoden, Ergebnisse und Perspektiven der neueren Katamneseforschung.*", Psychosozial Verlag, Gießen, S. 46–60

Wallerstein, R. S. (2001): „*Die Generationen der Psychotherapieforschung ein Überblick.*"; in: Stuhr, U. (Hg.): „*Langzeittherapie. Perspektiven für Therapeuten und Wissenschaftler.*", Kohlhammer, Stuttgart, S. 38–60

Wallner, F. (1992): „*Acht Vorlesungen über den konstruktiven Realismus.*", WUF, Wien

Wallner, F. (1996): „*Eine neue Ontologie für Psychotherapie. Zur Korrektur eines epistemologischen Mißverständnisses.*", in: Pritz, A. (Hg.): „*Psychotherapie – Eine neue Wissenschaft vom Menschen.*", Springer, Wien, New York, S. 341–357

Wallner, F. (2002): „*Die Verwendung der Wissenschaft.*", Kovač, Hamburg

Walter, H. (1998) : „*Neurophilosophie der Willensfreiheit.*", Minetis, Paderborn

Watzlawick, P.; Krauser, F. (1988/1982): „*Die Unsicherheit unserer Wirklichkeit.*", Piper, München

Welzer, H. (2006): „*Nur nicht über Sinn reden! Stets wird ‚Interdisziplinarität' gefordert. Doch in der Praxis trennen Geistes- und Naturwissenschaftler Welten. Ein Erfahrungsbericht.*"; Die Zeit, 2006/18, S. 37

Werner, Ch.; Langenmayr, A. (2005): „*Psychoanalyse und Empirie.*", 4 Bde., Vandenhoeck & Ruprecht, Göttingen

Wessels, J.; Beulke, W. (2002): „*Strafrecht, Allgemeiner Teil.*"; 32. Auflage

Westenberger-Breuer, H.: „*Das Behandlungsziel der Psychoanalyse: Ein Konzept im interdisziplinären Vergleich.*", in: Psychotherapie im Dialog, 1, 120–123

Wilson, E. O. (1998): „*Die Einheit des Wissens.*", Siedler, Berlin

Winnicott, D. W. (1956/1983): „*Klinische Varianten der Übertragung.*", in: Winnicott, D. W. (Hg.): „*Von der Kinderheilkunde zur Psychoanalyse.*", Fischer, Frankfurt am Main, S. 222–229

Winnicott, D. W. (1974/1965): „*Reifeprozesse und fördernde Umwelt. Studien zur Theorie der emotionalen Entwicklung.*", Kindler, München

Wittgenstein, L. (1963/1921): „*Tractatus logico-philosophicus.*", Suhrkamp, Frankfurt am Main